LAW AND
ETHICS

法律与伦理

2017 No.1　　　　　第 一 期

侯欣一／主　　编
夏纪森／执行主编

社会科学文献出版社
SOCIAL SCIENCES ACADEMIC PRESS (CHINA)

试 刊 词

"这是最好的时代，这是最坏的时代"。狄更斯的这句话是一种文学性的"现代性症候"（韦伯语）的描述。"现代性"是一个包含了尖锐矛盾冲突的领域：一方面启蒙运动以来的现代性带来了社会经济的发展和现代政治体制的进步；另一方面这种"启蒙理性/现代性"慢慢变成了"工具理性"，导致了对文化、对个体生活的囚禁和异化。

与现代性观念相伴的现代法治观念，强调个体权利的不可侵犯。高扬权利话语使人们清醒地意识到自己的权利，并且勇敢地捍卫。但是，权利话语的极端化会导致巨大的负面效应：权利间的相互对峙会增加社会冲突，阻碍社会必要的沟通；责任话语的缺失将导致整个社会变成陌生人的疆域，公民对参与社会生活毫无热情。因而，法律的自治不应该仅仅是对实在法的片面追求和机械贯彻，要保持法律的品质和精神，必须融入伦理道德的要素。适切的法律自治应是在注重实在法范畴的同时对伦理道德给予适度的吸纳。

在一个文化多元的风险社会中，尽管人类对于特定事实必将形成若干不同的意见，但我们不能因此就停止对伦理道德的探究。正如康德所言，"有两样东西，人们越是经常持久地对之凝神思索，它们就越是使内心充满常新而日增的惊奇和敬畏：我头上的星空和我心中的道德律"。我们需要本着敬畏之心，在未知之中，在不确定之中，继续向前迈进。为此，我们需要宽容，即为了能够掌握未来，我们必须对新事物抱有开放的态度。开放不是无原则的，面对着全球范围内的社会、经济、文化和生态的危机，我们应该把希望、知识和行动结合起来，为积极的目标创造客观条件使之尽快实现，为消极的后果切断因果链条使之无法到来。

基于上述认识，作为一份新生的刊物，本刊将秉持兼容并包的原则，以书代刊的形式，开拓一片法学家与伦理学家自由交流的学术空间，构筑一个有助于互相理解、凝聚基本共识的思想论坛。同时，本刊还将为青年学者提供更大的发挥空间，希望能与学界的大批新人同步成长。

本刊的宗旨可以用十六个字来表述，即"正义理念、伦理关怀、中国问题、世界视野"。这个宗旨意味着我们不能简单地复制西方的概念、范畴、体系，而要在吸收、反思和借鉴的基础上积极创建中国的法律哲学。同时，我们要向世界发言，积极参与到世界结构的重塑中。

法治的基本精神在于限制政府权力和保障公民权利，这种精神蕴含着法律至上、权力制衡、法律面前人人平等和法律的正当程序等法治原则。当然，由于法治关涉从理想到原则、从立法到司法、从制度到意识各个方面，因而，在不同的历史时空中曾呈现出不同的法治秩序形态。"天理、人情和国法"的文化传统与中国转型时期的多重面相会使法治中国呈现出自身的文化形式，也只有在"现代法治"与"中国意义"的两相沟通中，才能构筑中国法治的主体性。

《法律与伦理》编辑委员会谨识

目录

目　录

法治与德治研究

从何种意义上理解法治文明[*]

——法治与德治关系的一种思考

李瑜青[**]

内容提要： 反对把法治与德治相对立的观点，认为政治民主、社会正义、保障人权、公民平等自由等原则的确认，并成为一个国家或社会维系社会合作、规范人们行为的基础，这是这个国家或社会进入法治文明状态的表现。而法治文明价值寻问的重心在于人并非作为法的对立面而存在的，人永远是法治的目的，法治总体现着独特的人性立场，表达着对人的基本价值、人的生存意义、人格尊严的人文关怀，这说明法治文明与一定的德治是相通的，法治文明中所表达的德治内容包含如在处理人与法的关系上主张以人为本，强调人的理性在法律生活中的重要性，主张自由、平等、人权、正义等价值追求等。

关键词： 法治文明；法治价值；德治

引　论

国内学界存在把法治与德治相对立的观点，其实这是误解。在治国的方略上，不存在所谓和法治相对立的德治，法治是与人治相对立的。在国家治理的决定性条件上，是主张建立一个良好的有权威的法律和制度，还是寄希望于出现一两个明君圣贤；国家或社会是依靠公平、正义之法律来治理，还是依照少数领导者个人的智慧和德性，并通过施"仁政"来实现；国家对人的行为的规范，主要是依靠一般性的法律规则，还是主要依靠个人的具体情况具体指引；国家在政治制度上是实行民主还是专制，便是法治与人治对立的实质。而在法治状态下，强调法律的至上性，任何人

---

[*] 本文为笔者主持的中国法学会（部级）重大课题"法律实施的保障机制研究"部分成果之一。

[**] 李瑜青，华东理工大学法学院教授，博士生导师，中国法社会学研究会副会长，上海市法哲学研究会会长。

和组织的行为都必须接受法律的规制。这时，法治中内涵着一定德治的内容。这里所谓"德治"，即主张以道德规范来约束人们的行为从而达到社会秩序的国家治理观念和方式，而道德规范的约束是以一种非正式制度约束出现的，与法治相结合使得德治的内容被确定。笔者在这里从对法治文明的解读，对上述的观点做出论证。

一　何为法治文明

　　法治，其实不能仅仅看作治理国家的一种方法或手段。一个国家或社会在建设过程中，有多种社会控制的方法，特别强调法律规范在社会控制上的作用，这主要是从手段上理解法治。但法治还要强调这个国家或社会把法律推崇为最高的统治力量，以约束政府权力并对社会进行有效的治理。这时法治作为治理国家的方式是与人治相对立，反映出它独特的治理国家的价值取向。[①]　正是在这个意义上，我们看到，虽然一定国家在历史上也提出依法治国的观点，但当这种观点主要是把法律当作治国的工具，遵循的最高原则乃是"君主至上"，其内涵的思想属于人治而不属于法治的范畴。法治内涵的价值趋向，《牛津法律大辞典》认为，法治是"一个无比重要的但未能定义，也不是随便就能定义的概念，它意指所有的权威机构、立法、行政、司法及其他机构都要服从于某些原则。这些原则一般被看作是表达了法律的各种特性，如正义的基本原则、道德原则、公平和合理诉讼程序的观念，它含有对个人的至高无上的价值观念和尊严的尊重。在任何法律制度中，法治的内容是：对立法权的限制；反对滥用行政权力的保护措施；获得法律的忠告、帮助和保护的大量的和平等的机会；对个人和团体各种权利和自由的正当保护；以及在法律面前人人平等……它不是强调政府要维护和执行法律及秩序，而是说政府本身要服从法律制度，而不能不顾法律或重新制定适应本身利益的法律"[②]。这样法治的实质性含义就十分清楚了，它强调了政治民主、社会正义、保障人权、公民平等自由等原则。一个国家或社会的建设体现这些价值原则，社会成员对这些原则普遍认同，并成为维系社会合作、规范人们行为的基础，这个国家或社会实行法治，也就进入了法治文明状态，这时法治的一些要素被沉

---

　　① 李瑜青等著《论德治与法治》，上海人民出版社，2001，第319页。
　　② 《牛津法律大辞典》，法律出版社，2001，第790页。

淀下来，增强了人们对客观世界的适应、认知和精神追求，并成为社会的公序良俗。

这里我们涉及对几个相关概念的解释。我们看到，其实法治作为一种治国的思想要转变为现实是一个历史过程。用美国学者庞德的话说：法律是和一定时间、空间的文明联系的。法律在不同阶段所表达的文明有所不同。法治文明是法律文明的高级形态的表达。而文明我们不能理解为只是制度形态的东西。"文明"从词义上是与"野蛮""蒙昧"相对的概念，所反映的是人类于征服自然的过程中在文化上取得的种种进步，这种进步不仅反映在物质形态、制度形态上，也反映在精神、思想形态上。

因此，当笔者在这里用"法治文明"这个概念来讨论问题时，是要主张法治文明实际是一个时代的命题。法治文明实现最为深刻的根据在于社会的经济发展及相关的政治、文化生活发展的内在要求。从历史上看，当人类还普遍处在自然经济或半自然经济条件下，由于自然经济的特征，以及相关的政治、文化因素的作用，不可能出现法治文明。就自然经济特征而言，这种生产是为了满足生产者个人或某些特定社会集团的需要，而不是为了交换，生产活动的封闭性、保守性，使得社会主体的活动以血缘为纽带展开，这时，以血缘、家族为基础的伦理规范的整合功能在社会生活中具有很重要的意义。与此相关的是政治生活的专制和独断，所谓的国家规范或法律，这时占主导的在很大程度上实际是家族伦理的放大，在古代的中国和世界其他国家的发展中我们都能看到这样的时代内容。人们对家长的尊重被神圣化为对皇帝或国王的崇拜，皇帝或国王是最大的家长。在文化上，血缘情感、伦理道德等成为一个国家通行的主体精神和社会规则。从理论上做一抽象，我们说那是人类还处于"自然文明"或"伦理文明"的时代。①

而法治文明的时代则不同。市场经济或扩大了的商品经济与法治的联系，不是一种历史的偶合，而是具有内在的必然性的。就运行机制而言，市场经济是以市场作为资源配置的主导方式的经济，这种经济活动看上去只是人们经济生活的方式变化了，其实深入分析则是改变了人的生存方式，即人们的生产不只是为了满足生产者或某些特定社会集团，生产从一开始就具有交换性、等价性、平等性，开放、流通、竞争等经济活动的特

---

① 李瑜青等著《论德治与法治》，上海人民出版社，2001，第320页。

点，这使一切自然人、法人与国家一样，都必须以独立的权利主体出现，在市场上求得生存和发展。这样，市场经济客观上需要一种表面上凌驾于社会之上的力量，赋予市场主体维护自身利益、保障自己追逐自身利益合法权利的社会力量。市场经济所需要的规则具有一定品格上的要求，只能由法治承担这个角色。人们的经济生活反映到政治及文化上，民主政治、社会正义、公正平等、保障人权等价值原则，就成为这个社会存在和发展的客观要求，并取代把血缘情感、伦理规则、血缘共存等观念绝对化的伦理时代。反映到治国模式上，就要求政治的理念、制度和权力的运行行为需要法律来加以确定、保护和制约，运用长效的法治机制防止野蛮政治，从而保障社会文明的发展。①

我国在社会主义建设过程中，将"依法治国，建设社会主义法治国家"作为国家的一项根本方式和奋斗目标确定下来，是具有极为重要的里程碑意义的。传统中国缺乏法治的基础，法律是以皇权为中心，以"重刑轻民"为表征。这个历史起点，对社会主义新中国的法治建设有着极为深刻的影响，使得改革开放之前社会主义法律制度建设出现过多次挫折。究其原因，我们可以从政治、经济、文化等多方面分析，但笔者认为特别有必要指出的是，法的发展在当时受到自身的限制，这种限制使人们不能马上意识到法在社会生活中的重要作用。对法的作用的这种限制，当然与当时社会经济发展的特点密切相关。从经济上说，社会主义新中国由于工业化基础很薄弱，国家或政府不得不扮演直接的"经济组织者和管理者"的角色，通过直接的计划和行政指令最大限度地集中资源，并进行资源配置，以推进工业化进程。但在完成了社会主义改造，建立了社会主义公有制经济基础后，由于历史的惯性和受苏联模式的影响，形成了以指令性计划为主的经济体制。这种体制由于国家享有至高无上的权力和几乎无所不包的渗透力量，行政控制力量在社会生活中占据了主导地位，法只是作为行政的辅助力量而起作用，这使得法律虚无主义的文化传统在社会主义条件下又以新的特殊方式表现出来。造成了在社会主义建设中不少的悲剧性事件。因此，经过思想的解放运动和反思"文化大革命"的痛苦经历以及改革开放确定的现代化发展的历史主题后，促进了法的现代化转型。邓小平同志作为中国改革开放的总设计师十分重视社会主义法治建设，随着中国社会主义市场经济的建设和改革的深入发展，我国在 20 世纪 90 年代初

---

① 李瑜青等著《论德治与法治》，上海人民出版社，2001，第 320 页。

郑重地将"依法治国，建设社会主义法治国家"作为治国方略确定下来并写进宪法，这是中国社会历史进步的重要里程碑，说明中国社会在中国共产党人的领导下，在经历了历史反复，不断总结经验的基础上，遵循社会发展的客观要求，自觉地推进中国社会现代文明的发展。而党的十八届四中全会做出的决定，即《中共中央关于全面推进依法治国若干重大问题的决定》，则把法治文明推向更全面发展的方向。

二 法治文明价值寻问的重心

在讨论了法治文明内涵后，有必要深入讨论法治文明价值寻问的重心问题，也就是要讨论支持法治文明的价值基础。一般来说，价值论与认识论或实践论所思考的角度有很大区别。认识论所要解决的是人们认识外部事物是何以可能的，人们认识外部事物的过程及其规律性等问题。实践论是说明人在改造自然（物质生产劳动）或狭义的社会交往或精神生产等活动过程的内容、结构及其与社会有机体互动中的规律等问题。而价值论则不一样，价值论要说明一定事物对人的意义、评价的方式及其实现等问题。①

何谓价值和价值的基础，学者有不同看法。对"价值"一词内涵的不同理解是引发人们众多异议的根源。根据《辞海》所载，价值是"指凝结在商品中的、无差别的一般劳动"，"引申为意义、有用性"。显然，前者是经济学意义上的价值，后者则是泛指一般价值，法治文明的价值所指的正是一般价值。我国学界对价值具体含义的认识有不同的视角。一种是侧重于主体，着重从主体的地位和作用去认识价值，强调价值因主体而产生，是主体所赋予客体的，因而是一种主观性的东西。另一种是侧重于从客体角度认识价值，认为客体的属性和功能是产生价值的主要依据，也就是说客体之所以能满足主体的需要，是由于它具有一定的功能和属性。但大多数学者主张应将上述两种观点联系起来，着重从主客体之间的关系去理解价值，把价值当作一种关系的范畴，因为价值是从人们对待满足他们需要的外界物的关系中产生的，只有主体的需要或只有客体的功能都不能形成价值。因此，马克思说："'价值'这个普遍的概

---

① 见《简明社会科学词典》，上海辞书出版社，1982，第351页。

念是从人们对待满足他们需要的外界物的关系中产生的"。① 它"表示物的对人有用或使人愉快等等的属性","实际上是表示物为人而存在"。② 笔者也主张这个观点。

但价值还存在着一个评价问题。人们总要说明一定事物价值存在的根据所在,这是在做价值评价。所谓的"价值评价"是指价值在意识中的反映,是一定事物对主体需要的估计、测量和评判③。价值评价是具有主观性的,它往往受到人的习惯、认识水平、外在影响、个人情绪等因素的作用。然而,我们不能由此认为价值不具有客观性。价值客观性的根据就在于,客体与主体需要之间的价值关系本身是实践关系,其结果是主观与客观的一致。

与价值评价相联系,人们在具体分析一定事物时,就涉及"价值基础"的概念。一个事物的存在,它不仅表现为它与其他事物的关系,而且也表现为对自身的关系。前者可以说是一个事物的外在价值,后者可以说是一个事物的内在价值。外在价值由内在价值所决定,内在价值通过外在价值表现出来。一个事物对其自身需要的内在价值关系,是一定事物存在并发展的最为重要的根据。本文中的"价值基础"的概念,就是在这个意义上提出的。当然,一个具体事物的内在价值不是抽象的,它总是与人相关,具有自身客观的社会性质。虽然人们评价时会有不同,但我们要把价值评价与科学认识相区别。价值评价是价值判断、情感体验和意志作用的综合反映,是以主体的需要为条件的一种思维形式。而科学认识则要以抽象思维的形式来反映客体的本质和规律,从而揭示一定事物自身的价值基础。科学认识是价值评价的重要前提。这样,就可以使我们对事物的价值认识建立在正确思维的基础上。

作为法治文明价值基础的寻问,我们要强调其历史性的表达,唯这种历史性的表达才可能反映这种价值基础寻问的深刻性。笔者在这里试图从思想发展史的角度对这个问题做出说明。笔者不赞成有学者认为的古代社会没有法治思想。其实,在古代中国法治发展史上,主张"良法之治"的观点、"以法限权"的观点等是典型的法治思想的表达。据考察,西方历史上法治思想源于古希腊的梭伦立法,但明确提出法治主张,并系统阐述法治理论的思想家是柏拉图、亚里士多德等。他们的理论中对"良法之

---

① 《马克思恩格斯全集》第 19 卷,人民出版社,1963,第 406 页。
② 《马克思恩格斯全集》第 26 卷,人民出版社,1974,第 139、326、406 页。
③ 参见李瑜青等《法理学》,上海大学出版社,2004,第 276 页。

治"“以法限权”等观点做了多方面的论证。古希腊的法治思想具有早熟的特征，到古罗马时期法学家所主张的法律统治，虽在设计上形成了自己的模式，但法治思想的重心没有改变。中世纪则是以神学法学的方式来表达古希腊亚里士多德等人的主张。而中国古代社会，也并非像有学者所认为的绝然不存在法治思维，只是这种法治思想是以雏形的形态表达的，通过如中国古代关于"天"“道"“理"永恒法的思想、"民本"至上的自然法思想、"祖训"至上的习惯法思想及以"礼"为代表的行为规范思想等，以"不成熟"的法治思想雏形的方式表达出对当时君权进行限制的观点。中国古代存在的这种法治思维雏形，也对当代中国法治思维的践行提供了重要的文化资源及深入思考的路径。

而人类进入近代社会之后，由于商品经济发展引起的观念上的变化及对封建的压抑人性的历史的深刻反思与批判，当时进步的启蒙思想家打出了"理性"、"民主"和"法治"的旗帜，并就何谓法治，何以需要法治，以及如何实行法治等问题进行了系统的理论阐释和论证，一些民主制度和法治制度在当时相对发达的国家中也迅速建立起以法律限制权力的管理模式等。有代表性的如洛克、孟德斯鸠、卢梭、杰斐逊等一批启蒙思想家，积极张扬法治的思想。英国的洛克举起自由主义的大旗，在法治上提出了分权和权力制约理论。法国的孟德斯鸠则在洛克分权理论的基础上明确提出三权分立的理论构想。卢梭则强调国家构成的基本要素不是官员而是法律，以法律来监督统治者、官员的执政，以法律来界定其权能和职能。法律面前人人平等是法治的基本要求。美国思想家杰斐逊则明确，法治的前提是法律本身必须体现人民意志，立法权属于全体人民。上述启蒙思想家继承了古代法治思想的积极内容，并且使这种法治思想转化为治理国家的实践探索。而中国近现代史中所张扬的法治内容可以说与西方具有相通性。

历史进入当代之后情况更显复杂。就西方社会而言，由于经济危机的频繁爆发，垄断在很多领域代替了自由竞争。政治方面，阶级矛盾加剧，政治斗争与民权运动此起彼伏。在这种背景下，西方思想家的法治理论更加关注于具体、微观的问题，法治理论出现了重要转向，首先，突出的表现为法学家们开始从不同路向、多角度探究法治，呈现大致三种意义上对法治的理解。其一，法律意义上的法治（形式法治）。这是职业法学家对法治的认识，他们一般愿意就法治论法治，或者把法治问题限定在法律领域内讨论和研究。他们普遍关注法律的形式化，普遍从实证意义上探讨法治的标准。① 其二，价值意义上的法治（实质法治）。这主要是政治伦理学家的法治认识，它的基本特点是从伦理观念出发认识法治，努力揭示法治的政治伦理含义，规定法治的终极目标即正义、善和个人权利和自由。②其三，社会意义上的法治。这是社会法学家或法社会学家关于法治的认识，即从整个社会的大背景下或法律或社会的关系中发现法治得以

---

① 新实证主义法学家拉兹认为，法治包括两方面的含义：1. 人们应当为法律所统治并服从法律；2. 法律应当能够引导人们的行为。为了保证法律具有引导人的行为能力，拉兹又提出了法治的若干原则。这些原则也就是为实现法治所要求的法律形式要件，其中包括：1. 所有法律都应该是不溯及既往的、公开的和明晰的；2. 法律应当是相对稳定的；3. 特别法的制定应依据公开、稳定、明晰和一般的规律为指导；4. 司法独立必须予以保证；5. 自然正义应予遵守；6. 法律应当具有审查权力，以保证其他原则的实施；7. 法院应当是容易接近的；8. 不应允许预防犯罪的机构利用自由裁量权歪曲法律。其中前三个原则是对法律本身的要求，后五个原则是对法律实施机构的要求。

② 新自然法学派的代表人物罗尔斯和德沃金、新自由主义法学派的代表人物哈耶克持有这样的认识路向。美国哈佛大学教授罗尔斯于1971年出版《正义论》一书，该书被西方学者推崇为20世纪政治哲学、法哲学的最伟大成就。罗尔斯的正义理论是社会正义理论。他提出两个正义原则："第一，每个人都具有这样一种平等权利，即与其他人的同样自由相容的最广泛的基本自由；第二，社会和经济的不平等将是这样安排的：（1）合理地指望它们对每个人都有利，（2）加上地位和官职对所有人开放"。第一个原则被称为"平等原则"，第二个被称为"差异原则"。平等原则主要考虑确立和保障公民的平等自由；差异原则适用于收入、财富和社会地位的分配，即如何对待人们之间的不平等。其突出特点是，罗尔斯强调一切社会经济不平等只有对所有人，特别是对处于最不利条件的人来说有利的情况才是合理的。而对由于社会或自然条件造成的不平等，社会应采取补救措施。可见，罗尔斯的社会正义原则追求的是实体的正义。他还提出了正义的四个原则：法律的可行性；类似案件，类似处理；法无明文规定不为罪；自然正义观。因此，在他看来，法治是实施正义的前提。德沃金于1977年出版了《认真对待权利》一书，该书系统阐述了权利论法哲学。德沃金所说的权利，不是每个人所理解的权利，它们可以是法定的权利，也可以是道德或政治上的权利，也就是说，它们既是实证上的权利，又是"自然权利"。在所有权利中，他认为最重要的是关怀和尊重的平等权利。他指出，政府必须以关怀和尊重的态度对待其所治理的人民，政府不仅关怀和尊重人民，而且要平等地给予关怀和尊重。也就是说，政府绝不能以某些公民值得倍加关怀而使他们有资格获得更多的商品和机会，也绝不能因某些团体中某个公民的更好生活概念使他比其他人高贵或优越，从而限制他人的活动。无疑，德沃金也反对形式上的平等，强调实质上的平等，主张给处于不利地位的群体和个人以更多的保护。哈耶克是新自由法学派的代表人物，他的法治理论建立在完整的社会秩序观之上。他的法治思想包括以下内容：第一，法治是一种自由秩序，法治是个人自由的必要条件，而非障碍。第二，法律面前人人平等，任何法律都应平等地适用于任何人。他主张的是真正自发的平等，法律应该以平等地增进所有人的机会为目标。第三，民主的政府应该是受限制的政府，即应严格限制在合法范围内。值得一提的是，哈耶克对法治之法应具备的属性做了详尽的论述。他认为法治之法的原则要素为法的一般性与抽象性，法的公知性和确定性以及法的平等性。所以，就认识和研究的路向而言，哈耶克坚持的是一条综合统一的认识路向，即不仅从法律的层面，而且从价值层面对法治进行探讨。因此，哈耶克的法治思想是形式法治和实质法治相结合的模式，它深化了现代法治理论。

形成和维持的规律和真实原因。① 其次，随着行政权力的扩张以及国家对社会经济干预的加强，近代法治理论已经不能解释国家权力在法律制度中出现的新变化，行政机关的自由裁量权必须在法治视野下做出重新解释。②

由此，在法治文明价值寻问的重心上，人并非作为法的对立面而存在，人永远是法治的目的，法治总体现着独特的人性立场，表达着对人的基本价值、人的生存意义、人格尊严的人文关怀，说明德治内涵于法治文明中，是法治的价值基础。

---

① 当代的法学家昂格尔基本坚持这样的认识方向。美国批判法学派代表人物昂格尔在其力作《现代社会中的法律》一书中，从历史转变和现代社会的转折两个层面上透视法律，阐述了法在复杂社会中的地位。昂格尔从实证意义上研究西方自由资本主义条件下的法治标准。他认为法治秩序下的法律不仅具有公共性和实在性，更重要的是具有普遍性和自治性，而法律的普遍性和自治性属法治的根本标准。法律的普遍性，是指立法的普遍性和适用法律的一致性。昂格尔指出："为了确保普遍性，行政必须与立法相分离；而为了确保一致性，审判必须与行政相分离。实际上，这两个分离恰恰是法治理想的核心"。法律的自治性表现在实体、机构、方法和职业四个方面，即存在一套独立的法律规则体系，这种法治的首要前提包括：保持司法独立；法律推理具有一种有别于科学解释以及伦理、政治经济论证的方法或风格；存在一种相对独立的法律职业集团。在探讨法治产生的社会历史条件时，他认为，现代法治形成需要两个前提条件：一是集团多元化；二是自然法观念。只有将两者结合起来，才会导致法治理想的形成。可见，昂格尔的法治思想一方面关注法律的形式化，另一方面注重法律来源于社会，既要考虑社会组织的特性因素，又要考虑文化及社会意识模式的因素。

② 英国当代著名宪法学者詹宁斯就提出，法治并不意味着必然与政府的自由裁量权相矛盾。他说："并不意味着只有当赋予立法机关以广泛的自由裁量权时，才会存在法治，而当广泛的规程制定权——为贯彻一般立法和应付紧急状态制定行政规则的权力——为执行或行政官员拥有时，就不存在法治了"。相反，"保障法治也许要求——英国臣民的人身财产应完全处于当权者的自由决定与裁量之下"。近代法治理论强调应当依据法治原则成立限权政府，但强调国家权力的有效规范与制约，必然抑制了国家权力主观能动性的发挥，势必影响国家权力快速应变的效率。现代西方学者也认为要保护公民权利就必须控制政府权力，但强调政府权力与公民权利的平衡，认为政府在自己的权限范围内行使权力是保障公民权利的最主要的手段，实现了由"消极限权"向现代"积极控权"的转变。"限权"是从静态的角度消极地划分政府权力以及行使权力的方式。"控权"则是在静态划分的基础上根据社会生活的实际需要扩大政府权力的范围，并通过有效的控制手段实现对政府权力的调控。美国当代法学家弗里德曼也指出："回到与海克或基顿的法治概念相应的'守夜人'国家去，太脱离现代民主社会的现实了"。他认为，问题的关键应是如何设法在一个权力扩大的社会中维护法治和个人自由。为此，他提出五个原则：（1）要有用以防范公共权力的非法干预和滥用自由裁量权的行政管辖。（2）规定一些肯定的标准作为公共权力对私人权利干涉范围的界限。（3）对合法利益必须进行不可预见的干预时应予赔偿。（4）政府活动必须要件之以取消政府和一般公共权力所享有的不追究法律责任的豁免权。（5）高级行政当局以及最终由议会行使对公共权力的监督。这些积极控权的原则无疑成为现代西方法治理论的组成部分。

三 法治文明所内涵的德治内容

就法治文明所内涵的德治内容，我们有必要进行提炼。

（一）在人与法的关系上主张以人为本，反映法治文明所内涵的德治内容

我们都知道，人是社会的主体，是推动社会不断进步的根本动力，人为世界就是人类根据自身生存和发展的需要而构筑的。而在相关的法的理论中，唯法治的理论，明确接受如此的思想，认为法无论是作为对历史经验的归纳与传承，还是作为现代需要而进行的理性建构，它都是由人创造的，是人为世界的一种存在，自然法则并不具有人类社会法的含义。法调整的是人与人之间的社会关系，它通过对人与人的权利与义务的配制，来协调人与人之间的矛盾和冲突。法为人所创造之后，其执行和遵守的整个实施过程仍需要人来支撑，并以人的现实生活场景为其实现的时间和空间的纬度。没有人就无所谓法，离开了人，法也就失去了存在的必要。因此，人是法的起点，是法的价值主体，也是法的实践主体。同时，法治理论主张法不仅产生于个人的现实生活，也构成个人生存和发展的环境。一如在个人基础上形成的社会与国家（政府）等社会机制，并在更大的程度上和更广阔的范围内，构成个人生存和生活的重要部分。在这个意义上，可以认为法与个人之间的内在联系远比社会与国家（政府）之间的联系更为真实而紧密。因此，法治无论作为一种思想理念，还是作为一种制度安排，它的根基与灵魂就在于其人文的价值荷载以及相应的人文信仰，正是在这个意义上，法治理论主张"良法之治""依法治权""以法控权"，从而使法律体现其以人为本的要求。以人为本的价值理念这种德治的思想是法治文明的思想基础。

（二）张扬人性具有战胜自我的能力，反映法治文明所内涵的德治内容

法律要体现正义，就要认识人的本性。拷问人的本性是法治理论的逻辑起点。不管人性本善或本恶，相信人性具有战胜自我的能力，而不需要借助外在的某种神秘力量，这是法治文明始终内涵的文化品格。

古希腊的德谟克利特很早就从人性的角度论证法治，柏拉图和亚里士多德则在当时条件下把这种观点进一步完善。德莫克利特认为人性本恶。城邦之所以需要法治是维护人类自身的需要。因为人与人之间总是相互敌视、相互倾轧、相互妒忌,人性的这些弱点往往是把社会引向分裂和内乱的根源。① 人类的本性是追求一种快乐的生活;但人非圣贤,自私自利的人和损人利己的事总存在。但人性的伟大之处在于创设法治,"对那些遵从法律的人,法律显然是适合他本性的美德,"② 使人们能够和谐生活,过幸福生活的愿望得以实现。柏拉图提出法治的构想是在他理想国的实践遭受挫折,开始承认人性的力量和法律在政治生活中的作用之后,他在这方面的思考为亚里士多德所发展。亚里士多德在《政治学》中明确指出:"法律是最优良的统治者","法治应当优于一人之治"。他的这一著名论断就是以人性的弱点为逻辑起点进行推导。亚里士多德列举了人性中的恶:人的本性中都有感情,所以个人容易感情用事,容易偏私;人容易信口开河,今天这样讲,明天那样讲,缺乏稳定性。但人的本性中还有高于自然本性的理性,法治使人的欲望受到限制。正视人性的冲突是法治建立的基础。

西方法治发展到近代获得了更加成熟的理论内容,一批资产阶级思想家如洛克、孟德斯鸠等人对人性、对法的问题都有过重要论述。一般来讲,近代思想家主要从人自我保护的自然本性出发,考察法治理论的人性基础。英国思想家洛克是法治分权理论的创立者,他认为:"如果同一批人同时拥有制定和执行法律的权力,这就给人们的弱点以绝大的诱惑,使他们动辄要攫取权力,借以使他们自己免于服从他们所制定的法律,并且在制定和执行法律时,使法律适合于自己的私人利益,违反了社会和政府的目的。"③ 我们要通过制度的设计,使人性向善的方面发展。孟德斯鸠在论及利益和人性的关系时说道:"假如有上帝,他必须不能不是正直的;因为,假如他不正直,就有可能成为一切人中最坏的、最不完善的一个"。而人不是上帝,有人性的弱点,所以"人人都有可能做非正义之事,因为这样做,对他们有利;他们宁愿满足自己,不愿意满足别人。一切举动,均出于对自己的考虑,没有一个毫无作为的坏人。必定有一个理由决定一切,而这种理由,总不外乎利益"。"人人并非永远看得见这种关系,往往甚至看见了还故意远而避之,而利益所在,人人眼明,却永远如此。正义

---

① 北京大学哲学系编译《古希腊罗马哲学》,商务印书馆,1957,第119页。
② 北京大学哲学系编译《古希腊罗马哲学》,商务印书馆,1982,第67页。
③ 洛克:《政府论》,商务印书馆,1996,第89页。

发出呼声，但是人之七情，纷纭错杂，正义呼声很难听见。"① 因此，法律作为正义的准则来调整人们的利益关系是必要的。任何一种社会秩序类型都以对人性的特殊设定和估价为前提，但法治理论又相信人性具有战胜自我的能力，人的世界可以通过人自己的力量，而不需要借助于外在的神灵或世外高人，人通过制度的设计就可以使社会生活处于有效的状态。法治张扬人性具有战胜自我的能力，体现了德治思想是法治文明价值基础。

（三）强调人的理性在法律生活中的重要性，反映法治文明所内涵的德治内容

理性是人们所内具的不同于感性认知方式和感性驱动行为方式的另一种认知方式和对行为控制、驱动的思维方式。法治是理性之治，理性不仅催生出西方法治主义的诞生，追求理性也成为西方法治始终如一的关怀。

理性是自然法的本质，自然法与理性紧密联系是西方自然法理论的传统。在历史上，自然法学者对理性与法律关系的认识经历了从天上到人间的复归过程。古代的自然法学家常常把理性与自然相等同，强调理性的普遍性与永恒性。早在古希腊，亚里士多德在《政治学》一书中将法律定义为"不受主观愿望影响的理性"，他认为，法律不会说话，不会像人那样信口开河，今天这样说明天那样说，法律具有稳定性，是"没有感性的智慧"。② 斯多葛学派认为，维系宇宙的基本原则是理性，自然法即是理性，理性是判断善恶、是非的标准，自然法是判断人为法的基础。虽然斯多葛学派将理性与自然等同，将普遍理性与正义和法律相衔接，但对自然、理性与正义和法律关系进行系统论证的是西塞罗。罗马法学家西塞罗第一次明确提出自然法的本质就是正确的理性。西塞罗认为，人是自然界里最特殊的动物，其特殊性就在于人是所有生物中唯一具有优越的理性的种类。"人和神具有同种德性，任何其他种类的生物都不具有它。这种德性不是别的，就是达到完善，进入最高境界的自然。"③ 自然予人以理性，理性是上帝与人类的共同财产，是人与上帝沟通的桥梁。"法律是最高的理性，是自然生出的指导人们应做而不应做，这种理性在人类理念中稳定而充分发展便是法律。法是一种自然的权利，是理智的人的精神和理性，是衡量

---

① 〔法〕孟德斯鸠：《波斯人信札》，人民文学出版社，1984，第145页。
② 亚里士多德：《政治学》，商务印书馆，1981，第163页。
③ 西塞罗：《论共和国论法律》，中国政法大学出版社，1997，第193页。

正义与非正义的标准。"① 由此可见，理性主义构成西塞罗自然法思想的精髓，在西塞罗的思想中，法律、自然、理性三者之间存在着某种同一性，而其中的正当理性就是宇宙的主宰力量。

西方的理性主义发展是曲折的，在古希腊才开始萌芽的西方法治理念在中世纪遇到挫折。中世纪是一个非理性的时代，以神性取代人性的神治主义笼罩欧洲大陆，神是世界的主宰，人没有任何独立性的躯壳。就其现实的人的生活而言，人的自由几乎被完全剥夺，封建等级制度与基督教神学相互结合，使人的独立、尊严及自由遭受到普遍的压抑和否定。在这种背景下，要形成法治主义，必须恢复和重建人类理性。于是以反对神性、呼唤人类理性为宗旨的人文主义揭开了人类解放的序幕。人文主义者用人道来反对神道，提倡个性解放、个人幸福，反对封建束缚，肯定了人的尊严、人的伟大，这一时期人文主义张扬人性，反对神性，为理性主义在西方的恢复奠定了基础。

17、18 世纪是一个启蒙的时代，启蒙即光明之意，而这个光明即是理性之光，所以"理性"是启蒙时代的汇聚点和中心。启蒙思想家们称他们所处的时代是"理性时代"，他们以理性对抗神学，以人权反对神权，以知识消除蒙昧，以建立合乎理性的社会和培养理性的个人。他们认为理性是人类的一种自然的能力，是"自然的光亮"，这种"自然的光亮"在中世纪被淹没了，现在理性时代来临了，他们要用理性来启迪人类。他们坚信人能够通过理性之光来完善自身和社会，他们憧憬着一个更自由、更人道、更理智的社会，相信社会是进步的。在启蒙运动中作为一种认知活动意义上的理性具有了新的内涵：1. 从认识的主体来说，理性主义者认为一切认知活动的起点都是"人"，人是认识的主体，外部世界是客体，并且人的理性保证了人类获取的知识具有客观性和真实性，因此一切科学知识、社会制度的合理性、合法性的尺度就是理性。2. 从认识对象来说，理性主义者相信客观世界充满了必然的因果联系，一个有序的体系和结构隐藏在纷乱的表面现象之下，客观世界存在着必然的、普遍的规律。3. 从认识的方法来说，理性主义者认为数学的方法是一切科学的楷模。在笛卡尔看来，数学的方法就是从公理和自明的原则开始，以这种原则为出发点进行推理，如果推理在逻辑上是正确无误的，那么如此演绎出来的

---

① 西塞罗：《论共和国论法律》，中国政法大学出版社，1997，第 120 页。

结论和命题就会同原则一样确实。①

伴随着文艺复兴、启蒙运动兴起和商品经济的发展，17～18 世纪，自然法学说达到了顶峰。古典自然法理论对法律中的"理性"范畴做了修正。在文艺复兴的人文主义推动下，他们强调"理性"是人的理性，是天赋人权、平等、自由、博爱等，试图以新的自然法理论重新规范人与人、人与社会、人与国家的关系。在他们看来，理性作为人的一种自然能力，是人们评价是非善恶的标准、是人们达到幸福所依据的方法、是人类行为和信仰的正当理由。诚如古典自然法学派代表人物格老修斯所言："自然法是政治的理性准则，它指示任何与我们理性和社会相一致的行为就是道义上公正的行为；反之，就是道义上罪恶的行为"。② 在这里，格老修斯把自然法、道德、理性和人的本性联系起来，不再把法律的基础归于上帝或宇宙自然，而是从人的理性之中寻找法律的根源。在他看来，一切法律均根源于人的本性，具体的实在法渊源于自然法，自然法又渊源于人性。作为人的本性的理性就是法律之母。他从正当理性的角度对自然法做出了道德正义性的价值评价。无论是格老修斯，还是洛克、霍布斯、孟德斯鸠、卢梭，古典自然法学家普遍认为，人类理性是自然法的内在特质和终极目标，自然法的基本原则就是突出人的价值和尊重人的基本人格，自然法体现的是人的平等、自由、公正，正是这种理性法使得西方人以关怀人、尊重人为第一要素。在启蒙运动中崛起的新兴资产阶级，经历了理性主义的熏陶后，很大程度上接受了自然法思想，并以此形成了一套理性主义的法的观念、价值、原则、制度，创立了一整套资产阶级法律体系和法治社会模式。虽然进入当代这种理性主义思想传统还有过波折，但它一直是法治理论的重要内容。而对理性的张扬是一种德治思想的理论表达并成为法治文明的价值基础。

（四）对自由、平等、人权、正义的追求，反映法治文明所内涵的德治内容

法治表现为制度，内在于精神。自由、平等、人权、正义等是法治价值的基准和理想目标，仔细考察西方法治价值目标的确立过程和西方思想史的形成过程，就会发现西方法治的价值取向与西方人文精神的基本内容

---

① 〔美〕梯利：《西方哲学史》，商务印书馆，2000，第308页。
② 张宏生：《西方法律思想史》，北京大学出版社，1983，第217页。

是基本一致的。发轫于古希腊，到文艺复兴时期以人文主义为主题和启蒙运动时期以近代平等、自由等为核心的人文精神，铸就了西方法治的价值取向。

古典法治观念已经存在尊重人和关怀人的传统。早在公元前 5 世纪，以普罗泰戈拉为代表的智者学派，开始改变自然哲学家注重研究事物的客观性和神的本性，开始对人和社会的研究。在研究中，他提出了"人是万物的尺度"这一人文命题，表达了最早的人类中心思想。正是在这一人文命题的指导下，普罗泰戈拉反对政治、法律上的"自然论"，而坚持"约定论"。他主张，所谓正义与非正义、荣誉与可耻，事实上是法律使然的。公民可以根据自己的需要和意志来废除传统的法律、道德，制定合乎自己利益的法律、道德。也就是说，法律道德的存废都应当以人为其衡量的尺度。从人的需要出发，以普罗泰戈拉为代表的希腊智者们提出了法律正义与平等的要求。他们认为，法律必须是大家同意的，是正义的准则和善恶的标准。苏格拉底深受智者学派人文思想的影响，他提出"美德就是知识"的著名论断，他说，"知识即德性，无知即罪恶"。① 最高的知识就是对善的这个永恒的、普遍的、绝对不变的概念的知识。正是在这个道德观念的基础上，苏格拉底指出正义是法律的一种美德，正义的法律合乎人们的利益，能够促成人们美好而公正的生活。在柏拉图和亚里士多德时代，希腊哲学的主流已经由自然的哲学转变为人的哲学。柏拉图和亚里士多德的学说就是转变的产物。在柏拉图的政治哲学中，人既是它的出发点，也是它的最终归属。以人为逻辑起点，他首先提出了人治，但为了人的现实利益和幸福，他最终接受了法治。与柏拉图相同，亚里士多德的主张也建立在对人的认知和关怀上。他认为，追求美好的生活和幸福，这是人的本性。又因为人的本性中有恶的存在，他提出了法治的主张。此外，根据人的需要，他又对法律的统治提出了若干要求，如良法必须是符合公众利益而不只是谋求某一阶级或利益的法。良法不可能是限制和剥夺自由的法。良法必须是能够促进和建立正义和善德的政体，并为维持和巩固这种政体服务。对人类自身关注的倾向，在普罗泰戈拉、苏格拉底、柏拉图、亚里士多德的学说中都可以发现，并且逐渐从一种学说演化成一种气质，那就是西方最初的人文精神。

中世纪，人文精神的萌芽被与之相对立的"以神为本"所中断并取

---

① 苗力田、李毓章：《西方法哲学史》，人民出版社，1990，第 54 页。

代。中世纪"以神为本"以神创论为依据，认为神创造了人，人因神的存在而存在，把现实社会发展的一切统统归结为神与上帝。神本论不仅认为历史是上帝创造的，而且认为历史是为上帝服务的。它否认了社会的物质基础，更否认了人是历史的创造者。在中世纪基督教文化中，人性被淹没在神性中，人的价值和尊严被践踏。随着生产力的发展、人们对现实的感受与思想的觉醒，以神为本受到人们强烈而广泛的批判。14～17世纪中期，在欧洲掀起了以人性解放为宗旨的文艺复兴运动。欧洲的文艺复兴运动是当时进步的思想家、文学家、艺术家、教育家和科学家、史学家发动、组织和领导的。这些人文主义者强烈疾呼以"人"为世界的中心，反对以"神"为中心的世界观和人生观，主张以"人性"取代"神性"，以科学、知识取代愚昧无知；以积极的人生态度和奋发进取的精神取代消极悲观和避世的人文哲学。人文主义者在反对神学的斗争中创立了人文主义思想，他们以人文主义思想为斗争武器，向反动的封建势力及其精神植株展开了斗争，由此开始了一场资产阶级新文化运动。欧洲文艺复兴的先驱但丁大胆地歌颂了人的价值和尊严，他说："人的高贵，就其许许多多的成果而言，超过天使的高尚"。他认为"人类作为一个整体而言，它的本分工作是不断行使其智力发展的全部能力。人的智力发展甚至比天使还强"。① 反映了新兴资产阶级争取生存权利的愿望和乐观精神。欧洲文艺复兴时期的人文主义大力提倡发展人的意志自由和个性自由。人文主义者宣扬人的意志自由和个性自由，反对基督教主张的禁欲主义和蒙昧主义，提倡个性自由和平等，反对神权和专制主义。但丁是文艺复兴时期第一个肯定"人类是自由的"，"人类一旦获得充分自由，就能处于最佳状态"。② 意大利人文主义者瓦拉在《自由意志论》一书中，主张每个人都有自己的思想自由，只有独立的个性自由，才能创造出人间的奇迹，造福于人。荷兰人文主义者伊拉斯谟在他的代表作《愚人颂》中，认为"自由意志"是专属于人的专有名词，只有自由、快乐、知识和理性是组成道德和良心的重要因素。法国人文主义思想家蒙田的"我考虑我自己"的名言在欧洲广为流传，深刻地表达了人文主义对意志和个性的追求。文艺复兴倡导的人文主义要求冲破神权和王权压抑人的主体性和藐视人的尊严、价值、生命、权利的状况，从人本身出发，关注人的本质及人与自然的关系，更强

---

① 〔意〕但丁：《论世界帝国》，商务印书馆，1985，第4页。
② 〔意〕但丁：《论世界帝国》，商务印书馆，1985，第16页。

调人的地位、尊严、作用和价值；恢复和维护人的本真的存在，强调人的主体性、意志自由性。人文主义者大力张扬自由、平等的思想，为资产阶级法治确立的自由平等原则提供了思想准备。

继文艺复兴后，18世纪在西方又开始了一场思想文化的大争鸣即启蒙运动。这个世纪出现了大批彪炳史册的人物，他们大胆的言论、深刻的思想，使许多新的政治观念得到极大的普及，并震撼着一代又一代人的心灵，使自由、平等、民主法治等观念深入人心，深刻改变了西方人的法治观念和思维方式。文艺复兴后，"人道主义"逐渐取代"人文主义"一词，并广为流传。到18世纪时，资产阶级接过文艺复兴时代人文主义精神的接力棒并继续前进，使人道主义成为启蒙运动的指导思想。以孟德斯鸠、伏尔泰和卢梭等为首的启蒙思想家，针对"王权神授"说，提出了"天赋人权"的观念，申明了自由、平等的思想。这一思想的前进，是基于资本主义经济的发展，而表现在政治上，也是从文艺复兴时期向封建神权挑战，发展成为直接指向封建等级制的特权。启蒙思想家普遍认为特权制度一贯依靠的不是契约而是暴力和专横，所以应该加以根除而取而代之以自然、合理的共和制度，以保障人们的权益。

在文艺复兴时期的人文思想具体化为"自由、平等、博爱"等内容。卢梭是对西方近代思想有着深刻影响的人物，他的"每一个人都生而自由、平等"和"人生而自由，却无往不在枷锁之中"的格言，点燃了为自由、平等而奋斗的烈火。卢梭对自由平等是这样解释的："自由是因为一切个人的依附都要削弱国家共同体同样大的一部分力量；平等是因为没有它，自由便不存在。"[1]"一个人抛弃了自由，便贬低了自己的存在；抛弃了生命，便完全消灭了自己的存在。因为任何物质财富都不能抵偿这两样东西，所以无论以任何代价抛弃生命和自由，都违反自然同时违反理性。""放弃了自己的自由，就是放弃自己做人的资格，就是放弃人的权利，甚至就是放弃自己的义务。对于一个放弃了一切的人是无法加以任何补偿的。这样一种弃权是不合人性的，而且取消了自由意志的一切自由，就是取消了自己行为的一切道德性。"[2]"法律面前人人平等"原则正是在这一思想背景下写进资产阶级宪法的。自由平等并不排除法治。"人是自由的，尽管屈服于法律之下，但那只不过是服从既属于我自己所有也属于

---

[1] 法学教材编辑部编《西方法律思想史资料选编》，北京大学出版社，1983，第67页。

[2] 〔法〕卢梭：《社会契约论》，商务印书馆，1982，第137页。

任何别人所有的公共意志，……法律的条件对人人都是同等的。因此就既没有主人，也就没有奴隶"。①

在思想界，洛克的自由主义思想奠定了西方自由主义法治传统的理论基础。洛克认为，人生来就享有完全自由的权利并不受控制地享受自然法的一切权利和利益，人们在自然状态下拥有天赋的自由平等权利，人们同等地享有一切权利，人们可以自由活动，自由地追求财富，自由在自然状态下个人自由决定自己意志和行动的权利。在社会状态下，它是在不妨碍他人的前提下个人所拥有的一切权利。洛克还认为，公民还具有在法律面前一律平等的权利。法律以自然法为依据，它是对全体社会成员的要求和准则。洛克把法律看作是自然法在社会状态下的要求，它的意义在于维护和保护公民天赋的自由和平等。他指出"法律的目的不是废除或限制自由，而是保护和扩大自由。这是因为在一切能够接受法律支配的人类的状态中，哪里没有法律，哪里就没有自由"。② 洛克更多地强调了个人自由，主张把个人的天赋人权——生命、自由财产等认作立法的原则。他把自由平等的权利上升到自然法的层次，并把它理解为自然法的要求。洛克对自由平等的界定，构成了近代自由主义思想的基本框架，也正是洛克的自由主义的理论为资产阶级的民主政治和法治的形成提供了依据。

资产阶级的革命运动最终确立了法律在社会生活中的地位，确立了人本思想。从法国的《人权宣言》到美国的《独立宣言》，都是对长期存在的对人的平等、自由权利的不懈追求的结晶。而且，西方法治社会所确立的私权神圣、契约自由、罪刑法定等法律原则和制度，无一不是弘扬自由、平等、权利的一种体现。可以说，西方的法治文明表现出对人的尊严、自由、平等和权利的张扬和保障，在精神层面上获得了符合时代需要的内容。法治文明从文化内核的角度表现为对自由、平等、人权、正义的思想追求，体现了人文精神是法治文明的价值基础。

我们从西方法治思想的分析入手说明人文精神是法治文明的价值基础是由于西方法治思想的发展有其典型性。但事实上，在人类社会发展过程中始终贯穿着"人"的思想，只不过在不同的历史时期、民族国家和文化传统中，有着不同的表现形式。中国人文传统，颇具"早熟"性，远在周代，与殷商时期的尊神重鬼相对应，"重人""敬德"观念应运而生。先

① 〔法〕卢梭：《社会契约论》，商务印书馆，1982，第16、24 页。
② 〔英〕洛克：《政府论》下篇，商务印书馆，第36 页。

秦典籍所谓"惟人万物之灵"①，"人者，天地之德，阴阳之交，鬼神之会，五刑之秀气也"，②便是中国式的人文精神的先期表述。之后，以孔孟为代表的儒家学说推崇重视人的"仁"学思想，提出"民贵君轻"的"民本"思想。西汉时期出现了儒家大一统的儒家文化，具有民本主义因素的德治思想取得正统地位，对人及社会的关怀提到一个新的高度。魏晋时期的思想家比较重视人的个性发展和情感生活。汉唐比较强调人的气质、修养，重视奋发有为的社会意识。宋明时期则稍有不同，它以人的品格的具体抽象化，天理的思想去概括，使人文精神从人间飞到天上。明末清初，由于西方文明的输入拓宽了人们的眼界，出现了一股反礼制规范的人文的潮流。自清代严复提出"主权在民"思想以来，中国的人文主义思想进一步发展。尤其是"五四"新文化运动中提出的"民主"和"科学"思想，其核心就在于要打破封建礼教和封建枷锁，争取人性的解放和个性发展，争取个人独立自主的权利。③因此，中国有着丰富的人文文化。

但是，纵观中国传统文化，尽管包含了"人本""民本"人文精神，但与西方的人文精神相比较，却有自身独特的路径。有学者将之概括为以下三点：1. 从本性上讲，中国传统人文精神不是一种超验的、独立的和纯粹的精神，而是从属于世俗权威的伦理精神或政治精神。2. 中国传统人文精神注重情感，情与理模糊不清。3. 中国传统人文精神特别注重人的内在德性的培植。④另外，中国的人文传统注重人文与天道的契合，以伦理为中心，民本与尊君形成一体。人不是社会主体的人，只是全体的一分子。我国学者庞朴对中国传统人文文化做了精辟的表述："把人看成群体的分子，不是个体，而是角色，得出人是具有群体生存需要，有伦理道德自觉的互动个体的结论，并把仁爱、正义、宽容、和谐、义务、贡献之类纳入这种认识中，认为每个人都是他所属关系的派生物，他的命运同群体息息相关，这就是中国人文主义的人论。"⑤这种人文文化对法治文明所要求的如和谐、秩序要素提供了价值基础，因此不能说中国文化中没有现代法治文明所要求的成分，但中国古代的人文传统总难以突破故道，它在自然经济所规定的文化系统运转。未能直接引出近代的文化精神。人们的生活长

---

① 《尚书·泰誓上》。

② 《礼记·礼运》。

③ 吕世伦、张学超：《以人为本与社会主义法治》，《法制与社会发展》2005 年第 1 期。

④ 汪太贤：《法治的理念与方略》，中国检察出版社，2001，第 158~165 页。

⑤ 庞朴：《中国文明的人文精神（论纲）》，光明日报 1986 年 1 月 6 日。

期处于专制政体中，滋养出的主要是以人情、伦理来判断行为的正当性，以社会身份决定人的地位和权利的思维方式。而法律则寄生于现实政治，形成一种对政治权威的依附性，法的价值在很大程度上也局限在工具上。

因为长期深受人治的影响，当代中国渴望建立一种高于或优于人治的理想社会。推行法治、借鉴西方法治经验、建立社会主义法治社会是必然选择。然而，长久以来，我国在法治建设的过程中，注重了法律制度的建设，却忽视了对人文价值、人文理想的关怀和建构。其实思想、观念的建设是具有根本性的，我们看到在某些地方有些人法治意识淡薄，社会在很大程度上也存在不知法、不懂法、不守法现象。有些人对法律采取规避的方法，法律在人民的心目中还远没有形成一种至高的权威。同时，在中西法文化碰撞、交流、磨合和整合的过程中，有的人盲目地崇拜西方法律文化和其市场法则，又使得人们在摆脱自然经济条件下对"人的依赖关系"的同时，又滑入对"物的依赖关系"之中，产生人的"异化"现象。因此使有的人丧失了人生的终极目标和理想，导致极端的利己主义、机会主义、短期行为等现象的泛滥，这一切反映出市场经济浪潮中人文精神在某些地方的失落和人文素质的下滑。从西方法治传统和人文精神的关系中可以看到，人文精神是法治的精神基础和核心。人文精神是人类共同的精神财富，它对人的价值的关怀和人生意义的追求是人类创设一切制度的动因。人文精神在过去哺育了西方的法治文明，在当代也将是我国法治建设的精神支柱。中国在推进法治化的进程中，必须培育现代人文精神。

无论是移植西方人文精神的内容，还是继承中国传统人文精神的精华，还是对中国传统人文精神进行创造性转化，我们认为，作为一套观念体系，重构的中国现代人文精神应有其基本的理念，笔者赞成有的学者所提出的观点，这个基本理念要人文精神"一切从人出发、以人为中心，把人作为观念、行为和制度的主体；人的解放和自由，人的尊严、幸福和全面发展，应当成为个人、群体、社会和政府的终极关怀；作为主体的个人和团体，应当有公平、宽容、诚信、自主、自强、自律的自觉意识和观念。人文精神以弘扬人的主体性和价值性、对人的权利的平等尊重和关怀为特质"。① 也就是说，法治社会应构建"以人为本"的人文精神。面临当前的人文精神危机，如何在中国本土重构人文精神，如何形成中国特色的法治精神，以此推动我国社会主义法治文明的实现，也就成为当代法治理论面临的重大问题之一。

---

① 张文显：《法哲学范畴研究》（修订版），中国政法大学出版社，2001，第389页。

法治中国建设中司法职业伦理的谦抑面向[*]

莫良元^{**}

内容摘要： 法治中国建设是传统社会转向现代社会的国家治理体系的重要组成部分，其中转型社会纠纷特质对于司法的治理能力现代化提出更高的期待，司法职业共同体需要具备适应新时代要求的职业伦理品格。遵循司法法治的内在实践逻辑，司法与立法的良性互动是司法职业谦抑面向的实践基点。司法运行机制在过程性环节上对司法职业共同体提出开放性场域要求，同时社会智识体系为司法职业伦理的谦抑面向提供更为充分的机遇。

关键词： 法治中国；转型社会；司法职业伦理；谦抑面向

中国社会由传统走向现代的转型时代背景，是我们考量中国问题的基本现实情势，其为法治中国建设提出的是具有突出实践样态的创新命题。法治中国建设是国家治理体系的重要组成部分，需要重点关切的方面包括司法的治理能力现代化，尤其在转型社会纠纷解决的现实路径中考验着司法职业共同体的职业伦理品格。司法职业伦理的理论研究引起越来越多学者的注意，但主要在司法职业的内在视域中探寻如何规制其职业行为的道德伦理与司法技能提升。而转型社会纠纷解决诉求对于司法职业的高度期待仅仅关注司法职业行为的一般性规制，这是远远不能回答现实中司法所面对的种种质疑，乃至非难，尤其在相关司法热点案件所留给社会的许多不良印记。司法的治理能力现代化需要关照的内涵该当从法治中国建设的整体视域下进行考量，具体表现为与立法的关联、司法场域的现实变迁以及司法智识来源依赖等方面，司法职业伦理的谦抑面向在实践逻辑中的建构价值是真正提升司法公信力的法治路径。

---

    * 本文为 2013 年度教育部人文社会科学研究规划项目"转型社会司法热点案件的法社会学研究"（13YJA820038）的阶段性成果，并获得常州大学人才引进项目支持。
   ** 莫良元，男，安徽望江人，常州大学史良法学院教授，法学博士。

一 谦抑面向的实践基点：转型社会司法
与立法的良性互动

转型社会的时代特质为司法职业的法治中国建设命题所诠释的多维期待，客观本真地反映出其正当性与规范性的核心诉求，转型社会纠纷解决的现实逻辑直接拷问着司法职业合法性主旨判断的应然趋向，司法的治理能力现代化路径选择在谦抑面向的实践基点需要考量的是司法与立法的结构性关联。

首先，转型社会司法的治理能力现代化期待在司法改革的时代背景中，关涉司法职业谦抑面向的实然逻辑印证着其功能限度的基础性判断。经历了新中国六十年辉煌的历史发展，中国社会已然进入关键的现代化转型期。转型中国是机遇与挑战同时并存的社会，新中国前 30 年的探索和曲折让我们充分认识了稳定对社会主义国家建设的意义，而改革开放 30 多年来，我们对转型社会的体会则尤为深刻。社会主义市场经济发展让世界瞩目，同时我们的国家贫富差距还很大，甚至到了比较危险的边界；社会主义民主政治建设进入历史发展的最好时期，但是腐败现象到了民众看官必贪的怪圈；社会主义文化异彩纷呈，同时文化的低俗化倾向突出；社会主义和谐社会建设已成全民共识，但社会生活中的不和谐现象威胁着国家的稳定不时发生，等等。近三十多年是国人对世界和自我的认识已日渐明朗清晰的时代，也是必须重新审视自我和世界的时代。进行中国特色社会主义建设是我们的事业，唯有从我们自身出发，不唯别人也不妄自尊大，社会主义和谐社会建设才会实现。社会主义法治中国建设的提出为我们找到了解决问题的路径，法治中国是转型中国的目标已为各界所认同。

法治中国的要件当然包括司法的治理能力现代化，而时下司法改革成为整体社会备受关注的课题，从另一侧面证明司法提供的公共产品远远没有满足社会的需要，司法解决纠纷的能力与转型社会的需求之间出现了备受责难和质疑的紧张关系。梅因曾精辟地指出，"社会的需要和社会的意见常常是或多或少地走在法律的前面，我们可能非常接近地达到它们之间缺口的接合处，但是永远的趋势是要把这缺口重新打开，因为法律是稳定的，而我们所谈到的社会是进步的。"①

---

① 〔英〕梅因：《古代法》，沈景一译，商务印书馆，1984，第15页。

必须从实然的转型社会对司法提出的客观诉求出发考量如何处理司法与立法的逻辑关联，简单保守与盲目冲动是司法职业主旨依赖的排斥性选项，对立法的谦抑面向是其实践基点的规范性特质所在。关注转型社会的法律实效成为考量司法职业常态化的社会识别基准，司法公正的多维期待似乎关涉着司法职业能否成功处理其与立法的一般性结构关联，司法治理能力现代化的程序理性主义范式为司法的现代性内涵明确规范了司法的逻辑节点。

其次，转型社会司法实践运行图景的差异化关注倾向，司法对立法的本体论依赖向转向方法论探求是其谦抑面向的应然性逻辑进路。随着司法改革向更深层次和更为广阔领域进发之际，我们较为清晰地发现司法正义的法治理想与普通的个案正义悲剧之间所演绎出的是如此荒诞不经，"理论走向后现代、案件发生于现代、解决方法却是前现代"。① 面对国家和社会交考的社会转型期纠纷解决考卷，司法职业共同体所表现出的压力重重，更多的是一种主体的责任自觉，简单的政治表态不能掩盖司法技能提高路径的匮乏窘境。所以由对立法的本体论依赖向方法论探求转向是转型社会对司法职业共同体的客观要求，也就自然成为其主体性确立的应然标识。改革开放三十多年来，随着西方各种法学学说纷至沓来，角逐于这片生机盎然的国土，对法律为何物的本体论问题已渐趋为我们所熟悉并能够做出一定的理性思辨。同时，全民教育水平的普遍提高和互联网的发展，法治给我们带来的民主意识和人权观念发展为历史上最好时期，这应是多维诠释社会转型期各类纠纷大量涌现司法救济途径的主要原因，正如学者所言这是"一个彰显权利的时代"。② 对公民权利的有力保障是普通民众对现代性司法的一个极为朴素的本体论认知，也是司法职业共同体意蕴司法治理能力现代化内涵的前提和预设，社会转型期各类纠纷司法救济的及时性要求所表征的更多的是一个方法论的诉求。

实证考察基层人民法院遇到的困惑，不断直面转型社会大量纠纷的持续增长，极限性地考验着它们司法技能的方法论功底。司法职业共同体对"法律效果与社会效果相统一"权衡标准的技术偏重，这便是其解决转型社会纠纷以实现司法正义的方法论的自觉性探求。司法运行过程绝不是一

① 学界的研究早已关注后现代法学的理论进路，社会转型特质的案件层出不穷地考验着司法职业共同体，但被媒体所报道的刑讯逼供的传统取证模式不时见于当下。
② 夏勇主编《走向权利的时代：中国公民权利发展研究》，中国政法大学出版社，1995，第1页。

个简单自动售货机的售货交易流程，如果对待司法的社会效果仅持忽视和冷漠态度，必然会将司法职业共同体引向挑战政治的风险歧途。"给予法律制度生命和真实性的是外面的社会世界"。① 社会法学主张的"活法"和"行动中的法"所揭示的司法过程的社会生命价值，充分说明法律效果与社会效果之间并不是对立二分的。"法律社会学必须从探明活法开始。它的注意力将主要指向具体的而非抽象的东西。"② 另外，现代社会分工和国家的制度安排都为司法职业共同体的职业角色赋予更多的司法技能期盼，并且法律效果也是司法独立的正当性根据。但是，基层法庭优秀法官的司法知识结构和职业技能，通过他们的典型性事迹折射出现代性司法的方法论价值趋向，与那种仅仅关注于判决理由论证学说的司法内部证成方法论形成极为鲜明的比照。因此，社会转型意蕴的司法职业共同体由立法的本体论依赖向方法论转向是司法谦抑面向的中国语境，也是社会转型期解决诉讼爆炸风险的制度规避依归。

最后，转型社会的司法实践诠释出司法与立法的良性互动是解决其谦抑面向实践基点的司法治理能力现代化命题的关键所在，关涉司法解释与相关立法缺陷的实然呈现，需要对其进行及时发现和更新判断，从而为司法法治路径选择明晰规范化与程序化的具体制度。转型社会的司法诉求期待在热点案件的实证研究中较为确切地表征司法运行逻辑的直接性社会关切。众所周知，司法判决过程绝非机械适用法律的自动售货机效应，立法的滞后性与语言的周延性缺陷本身就是司法法治运行实践中遇到的实然性困境，司法解释虽然能够解决一定范围的实践性难题，但不可能全然无视社会的变迁情势所意蕴的多重性期待。故而，建立司法与立法的良性互动机制以期解决司法实践中的动态性场域力量竞技困境，及时回应转型社会公正与秩序的基础性价值诉求。司法职业是现实法律规范缺陷性最先知悉的实践主体，对现有法律的规范遵循是其基本的职业素养与法治要求，是否严格自身的司法实践规范在热点案件的社会集中关注中会得到较为充分的展示与解读。

发现问题与解决问题考验着司法职业共同体的主旨依赖趋向选择，立法的多重缺陷不能成为司法随意超越现有法律规范的借口和正当性理由，

---

① 〔美〕弗里德曼：《法律制度——从社会科学角度观察》，李琼英、林欣译，中国政法大学出版社，1995，第17页。
② 〔奥〕尤根·埃里希：《法律社会学基本原理（三）》，叶名怡、袁震译，九州出版社，2007，第1095页。

如何实现法律的时代进展同步性关联在技术层面的实然逻辑为司法职业共同体的谦抑面向确证实践基点，司法热点案件中社会场域对司法场域的简单穿越，拷问的不仅仅是个案正义的实现诉求，更为基本的是如何处理社会动力场的谦抑面向逻辑关涉。具体而言，机械司法而将各种责任推及与立法缘由的粗暴做法是不会得到任何压力的减释，反而会在国家权力结构性张力中失去应有的信任担保，许霆案的实践逻辑发展充分诠释出司法与立法良性互动的较为成功突发情势处理范例。基于对现实法律运行的动态情势判断，司法与立法的权力结构性直接关涉似乎并不是导致司法热点案件的社会期待缘由，也就是说，司法对立法的谦抑面向是一种常态化职业主旨依赖趋向，尤其在我国国家权力的结构性配置中两者的逻辑关联不具有对抗性拒斥空间，意识形态的观念是决定司法职业共同体的国家信任基石所在。值得注意的是，国家立法机关对司法实践的个案监督在受到学术批评之后未能得到经验性的逻辑归总，司法实践中的问题是否与国家最高权力机关之间实现一定意义上的互动机制安排需要进行客观化评估，但是对立法的谦抑面向应始终成为司法职业伦理的实践基点，建构和保持及时沟通与困境回应的有效机制是确立自身正当性在转型社会司法治理能力现代化路径选择的逻辑关涉，尤其是最高人民法院的相关机构在此环节中发挥其国家权力结构性配置优势，以期实现司法法治社会期待应然性诉求。

二　谦抑面向的常态逻辑：转型社会司法场域的开放与规制

虽然法治观念已深入人心，社会主义法律体系基本建立，但法治中国理想图景并未如期而至，当现实中的"同案不同判""同命不同价"等司法实践具象场景屡次三番展现于国人视线之际，成功践履改革开放的中国给予民众所带来的现代性司法到底该是一个如何的答卷直接拷问着司法职业共同体，这应该是转型社会司法运行过程备受关注的背景性常识和理论预设所在，同时也是司法的治理能力现代化必须回答的时代命题，谦抑面向的常态逻辑考量司法职业共同体的技术理性须遵循开放与规制的应然法则。

首先，转型社会法治的实践性图式直接拷问现代性司法处理社会纠纷的回应性与独立性品格之间的技术张力限度，司法运行过程的开放与规制需要在谦抑面向的常态逻辑中得到有效贯彻与实然呈现。关涉人治和法治之争已经过去三十多年，① 对法治理念的知悉在民众和精英之间已无交流上的障碍，可谓对法治的信仰共识已经成为中国改革开放三十多年来一个基本社会现实判断。无论从国家层面或是社会层面，对建设法治中国的理想规划渐趋走出近乎激情狂热的维西方法治标准依归，开始初具理性地反思中国语境中的主体性制度创新对法治实践性梳理。这是在实践法治道路进程中的客观必然趋向，尤其是司法作为其关键环节从理念走向制度实践路途遭遇的必然拷问。正义的司法法治内涵诠释在社会转型期将司法职业共同体推到了举国上下聚焦关注的前台，司法改革的各项举措充分彰显着建设法治中国果敢坚定的政治智慧。学界对司法转型的判断通常归为从传统走向现代的理论趋向，② 但对实践性图式的关注明显不够。司法法治诉求是司法职业共同体在社会转型的中国语境下践履法治中国建设方略必须完成的时代任务和使命，也是其在面对纷繁复杂社会纠纷大量涌入各级人民法院情境下认真梳理传统司法技能与现代法治思维之间的紧张关系，重新整合集体智慧和力量为现代性司法确定航标的当然抉择。

司法的治理能力现代化意蕴公正高效权威的目标定位，与此进行具象比对和关照，诠释出司法职业共同体在实现依法治国方略的规则之治进程中的实践性图式。评估和计量这种实践性图式从国家视角我们选取最高人民法院公布的四个《人民法院五年改革纲要》和最近十年全国人大分别对最高人民法院和地方各级人民法院的工作报告的审议情况作为考察对象。关于前者，从 1999 年的第一个《人民法院五年改革纲要》开始，司法职业共同体针对相关司法制度提出具体目标规划和相应的改革措施，而且在制度创新层面逐步深入，这些都明确昭示出转型中国现代性司法的相关改革信息；关于后者，全国人大对最高人民法院工作报告的审议情况，彰显出国家政治对司法职业共同体响应司法改革的阶段性成果的民主评估和满意度检测，也应是我们关注现代性司法的法治实践性图式的中国语境。③最高人民法院分别于 1999 年、2005 年、2009 年和 2014 年公布了人民法院第一个、第二个、第三个和第四个五年改革纲要，全国人大对最高人民法院的工作报告的审议情况，充分说明司法职业共同体的各项改革是得到

---

① 王礼明：《人治和法治》，《人民日报》1979 年 1 月 26 日。

② 胡云腾、袁春湘：《转型中的司法改革与改革中的司法转型》，《法律科学》2009 年第 3 期。

③ 有关学者认为人大审议人民法院工作报告，尤其表决程序，不合乎法治要义。其实这是对我国宪政的一种西方标准的学者型诠释，此种观点值得商榷。

国家政治决策认可的。当然，现代性司法遵循开放与规制的谦抑面向实践逻辑，以解决转型社会纠纷为基本导向已经成为司法职业共同体必须提高中国语境认知的政治性觉悟，即司法为民的理念。

其次，转型社会司法热点案件的司法实践逻辑诠释出对现代性司法运行过程的公开与规制特质诉求，其具有较为清晰的社会识别趋向，谦抑面向需要在社会关注中得到具体验证与技术评估。中国已经进入社会转型关键时期，社会纠纷复杂多样，司法救济是纠纷解决途径的主要形式，也是建设法治中国的必然趋向。关涉最近十年来每年最高人民法院和全国各级人民法院受理和审结的案件数量尤其巨大，[①] 这在世界范围内各国法院的司法实践中都是不可思议的，并且我国的法官队伍数量与之进行比较，我们就可想而知基层法院的工作是何种状态，这也是一个现代性司法的中国语境问题。这些汇集于统计报告数字印象意义的案件得到全社会瞩目和关注的数量有限，但这些有限的案件经过各类媒体对其进行报道传递，具象化了部分司法实践，分镜像式地将司法运行过程的相关信息公布于世，国人的法治知识增量也随之得到质的提升。当然，这些与科学技术的发展，尤其网络技术的进步密切相关，一个稍带社会敏感的案件可以在最短的时间内为全社会所知悉、了解，并最终演绎为司法热点案件。如果将转型中国社会出现的所有纠纷、进入司法程序得到救济的纠纷和被媒体报道为全国人民知悉的纠纷做出数据统计，这三类数据的具体内涵进行理性比例考量，那些不被我们所知悉的案件可能会使我们更加忧心忡忡，经济体制改革的成就给中国人民所带来的富裕生活质量追求在新的历史时期更好诠释着人权的基本内涵，对同类案件的处理是否相同，只是社会对司法职业共同体的朴素性追问。

涉讼信访在最近十年最高人民法院的工作报告中所占的分量表征了一个基本信号，即如何理性回应司法运行过程中广大人民群众的法治信仰问题。信访问题本身意蕴着中国语境，涉讼信访就更是如此，学界对此已有较为充分的研究，主要有三种观点，即废除派、改革派和强化派。[②] 废除派一般认为司法独立的确立必然要以终结信访制度为前提，既判力学说是其主要理论渊源；强化派更多是从中国国情出发，尤其以我党的政治智慧和历史经验总结为视角，对信访制度进行中国国情式解读；改革派则是居

① 具体数据可以参阅每年最高人民法院在全国人民代表大会期间所做的《工作报告》。
② 张永和：《2003－2007 年信访问题研究综述》，《西南政法大学学报》2008 年第 6 期。

于两者之间的调和策略，更多地倾向于取消信访制度，只是一个时间上以退为进的策略选择。对信访制度的具体倾向不是简单的站队问题，需要对其，尤其是涉法信访进行反思性追问，个案的正义在数量上与程序正义之间是否有着一定的限度要求，司法独立所带来的程序正义与司法腐败之间是否具有免疫制度保障，既判力理论的预设条件是技能偏向还是伦理旨归。在考察涉讼信访案件的实证研究中我们发现，涉案当事人选择此救济途径往往意味着一种对正义追寻的悲剧人生。① 对司法腐败的免疫制度建构应成为司法治理能力现代化的重要内涵，技能提高是需要在面向实地作战才会得到广大人民群众的宽容和理解，司法独立不应被司法腐败绑架。因此，司法运行过程对社会开放与对自身规制是解决司法信任的正当性要求，司法职业共同体实现司法正义必须接受社会监督，其具体的监督路径可以研究，应从制度层面确保司法为民法治理念得到充分实践。

最后，现代性司法在对话与衡平的决策机制考量中确证着司法职业共同体谦抑面向的常态逻辑，司法治理能力现代化的实践过程在社会转型期得到学术界与实务界的普遍关注和期盼，这是中国社会发展的必然结果。相关司法理论和学说在中国社会转型期的纠纷解决面前往往表现出捉襟见肘、群相无奈之态，其中缘由值得进行深入反思。司法运行逻辑的真理性判断不能希冀精英智慧的发明创造，因为其能否真正实现关键在于解决未来纠纷社会共识程度。因此，司法运行过程在法治中国图景实现路径中其社会场域主体识别要对社会整体具有开放性，通过司法热点案件的实践逻辑判断，有必要加入社会共识交流和达成的司法民主化环节，这是法律效果和社会效果有机统一的程序性要求，也是司法职业行为具有正当性的基础性要件。司法民主与司法独立之间的关系梳理，我们得知两者各自追寻的制度价值有所区别，但彼此所意蕴的司法法治具有融通性，司法独立强调的是司法运行要排除干扰，遵循司法程序正义要求，而司法民主则强调司法运行过程应具有公开性，司法运行的程序正当性应为社会民众所了解，拒斥司法神秘主义。② 司法运行的职业智识发现主体对社会开放需要有科技手段给予保障，这也使司法民主在今天比过去实现路径具有更为便利的客观条件，媒体的多样化和信息的公开化能够在技术层面担当此任。

---

① 孔维凤：《从孙法武事件看信访工作的制度缺失》，《河南社会科学》2009 年第 5 期。

② 周永坤：《我们需要什么样的司法民主》，《法学》2009 年第 2 期；孙丽君：《司法的悖论——司法的民主化与司法的精英化之矛盾探究》，《河北法学》2007 年第 4 期；何兵：《司法职业化与民主化》，《法学研究》2005 年第 4 期。

司法热点案件得到社会广泛讨论后其法治走向趋势鲜明，接受社会效果的评估和拷问能够保证社会共识成为其司法智识性发现的可靠路径。

社会共识的形成和达致决定着司法治理能力现代化过程中社会现实场域能否得到应有尊重，如何表述和检测社会共识也就成为现代性司法智识生成和发现的重要环节。司法运行实践逻辑需要提供一个与转型社会进行充分对话的机制，以保障其发现程序的正当性。其中理由主要来自三个方面：首先，转型社会纠纷具有复杂性、突发性和易变性的特征，解决纠纷的时间向度要求现代性司法对转型社会的正当性诉求应给予充分关注，即现代性司法的回应性品格；其次，司法裁判是智识化程度极高的职业行为，其自身局限性也要求对社会的大智慧开放，以求得源头活水之效，即现代性司法的开放性品格；最后，也是最为重要的原因，各级法院的法官在司法的治理能力现代化过程中，既不能出现能动性的恣意妄为举动，也不可表现谦抑性的机械僵化形态，弥合两者之间紧张关系需要配置合适的衡平机制，与转型社会进行充分对话也就是理性的必然选择，即现代性司法的衡平性品格。有学者指出："法学知识是历史语境化的，而非普遍科学化的，它是'小写的'，而不是'大写的'，它是一种'参与'，而非客观分析。个体化和共同体化的法学知识，不会因为学者的'自我克制'，从而摆脱社会历史法律实践的'非客观'的束缚"。[①] 另外，公民的法律意识发展和科学技术的有力支持，尤其广泛普及的互联网等媒体已经为对话机制的实现解决了技术上的障碍。"当今社会关系以及知识与真理关系的性质，要求司法对纠纷的解决不能继续沿袭那种法官独断结论的精密司法模式，司法应当逐步成为一种论坛，纠纷解决结果应当成为一个合理性论证过程的产物"。[②]

三　谦抑面向的智识依赖：转型社会司法职业共同体的主体自觉

司法的治理能力现代化路径选择在终极意义上关涉转型社会纠纷解决的实然性命题，司法职业共同体的谦抑面向不仅仅是功能系统的外在环境制衡逻辑使然，社会现实场域的多维力量竞技能否真正实现各自诉求效能

---

① 刘星：《法学"科学主义"的困境》，《法学研究》2004 年第 3 期。
② 韩德明：《司法的独立与民主：价值整合和制度架构》，《江苏社会科学》2009 年第 5 期。

取决于司法职业谦抑面向的智识依赖。正如拉兹指出的，"既然在法律之上产生的任何问题受制于法院的终局性判决，那么当这些问题交由司法机关处理，但法官并不依据法律而是按照其他理由判决时，显然，法律不能有效地指引人们的行为。这一观点的强意义是，既然法官的判决终局性地确立了案件中的法律是什么，那么只有法官正确地适用法律时，当事人才受法律的指引。否则，人们只能根据他们对法官将要做什么的预测来指引自己的行为，但是，这种预测不是根据法律而是根据其他考量。"① 司法职业的主体性要素在司法实践运行过程中发挥其主观性内在期待才是司法的治理能力现代化路径选择逻辑归结，也就是说，司法职业共同体的主体自觉在转型社会的谦抑面向需要在其功能系统的规范性诉求中得到彻底贯彻与共识达致，司法法治生成逻辑归宿来自于司法职业的现代性主体关照。

第一，司法职业谦抑面向的智识依赖来源于其程序理性规范的主体实践能力，而提升司法技能的规范教育则是其主要路径依赖。司法热点案件的演绎进程诠释出司法职业的主体实践能力的社会质疑度随着司法场域逐步延展而不断增强，案件的疑难性与新型化并不是司法实践的常态性分布，各级人民法院的审级监督似乎在司法运行过程中关注的往往是司法技能差异度悬殊，基层法院与上级法院因由法官的智识化程度区分鲜明而在司法技术证成的一般性判断上出现程序正义的质疑较为普遍。正如耶林总结的那样，"法学就是在法律事物中的科学意识。这种意识，必须是法哲学的面向发展，以便探求现实世界法律之起源与效力所赖以成立之最终基础；它必须在法律史的面向上，追溯自己曾经走过的所有道路，好能使自己从一个阶段迈向下个阶段，以臻于更高之圆满；它也必须在教义学的面向上，将所有我们借着对法律之认识与掌握，而获致之暂时性的高点与终点，汇集于经验与事实，并且基于实际使用之目的地安排这些素材，进行科学式的铺陈。"② 故而，司法职业共同体的主体自觉需要在规范教育的社会职业分化进程中得到切实加强与有效保障。社会阅历对司法职业主体而言似乎已经成为学术批判的主要方面与语境前提，法官的年轻化趋势在转型社会的复杂性纠纷处理技能实践逻辑中似乎无须进行过多的理论关涉，如果说这已是现代社会的客观性情势趋向，那学习型社会对于司法职业而言也就更加不会成为空谈闲聊话题。

---

① 〔英〕约瑟夫·拉兹：《法律的权威》，朱峰译，法律出版社，2005，第189页。
② 〔德〕鲁道夫·冯·耶林：《法学是一门科学吗?》，李君韬译，法律出版社，2010，第86页。

全国各法律院校对于未来法官的司法技能培养方案的高度重视在一定意义上诠释出社会期待的内在逻辑，而司法考试的统一性规范设计与实施情况都为司法职业共同体的主体自觉确立较为客观化的识别基准，也就是说，司法职业共同体的共识性主旨趋向在其智识依赖的常态性关切中能够得以实现，规范教育是培养司法技能的基础性工作，是当下法官与未来法官共同在司法功能系统的内在诉求和外在期待。关涉司法技能的规范教育是受到社会动力场域尤为关切的职业信任逻辑起点确立问题，其应然性无须过多论证，而需要给予注重实践性考量的则是司法职业共同体的主体自觉共识性达致的实现机制，似乎对于社会识别与学术识别的综合性判断而言，规范教育的常态化检验取决于司法实践运行中热点案件的发生概率，颇为吊诡的是，司法热点案件在司法职业伦理识别中皆体现出规范素养的鲜明欠缺，而得到社会关注以后其问题却及时自动修复，即为"不是有没有的问题，而是是否遵从的问题"。故而，规范教育的法律实效是检测司法职业共同体的个案正义与司法正义进行关联性综合考量的常态性基准和指标，需要在动态性关联中为司法职业伦理谦抑面向的智识意旨探寻社会识别与学术识别的批判性沟通机制，为司法技能的不断提升确立有效的监督检测平台。也就是说，规范教育意蕴于司法的治理能力现代化路径选择在职业化的逻辑实践中需强化内外一体性共识语境的通约过程监督水平，要在"真金不怕火炼"的纠纷处理机制中验证其实践效应，以期取得广泛的社会认可与理解。

第二，司法职业谦抑面向的智识意旨来源于其责任伦理恪守的主体实践形态，而遵循司法伦理的职业特质则是其主要识别指标。司法法治的基本内涵在规范与程序的实践形态上为司法责任伦理确立司法职业的智识依赖，关涉转型社会的各类纠纷处理而言，复杂而又多维场域力量竞技的司法运行进程考验着其技术理性判断与运用能力，通过谦抑面向的实践逻辑而得到充分展示，严格遵循规范司法的主体实践形态是司法职业责任伦理的特质内涵所在。在当下这个开放性与透明性的司法场域随时面临延展的社会现实场域中，司法职业能否真正实现其关涉司法正义的原初主旨诉求，司法的治理能力现代化意蕴于主体实践形态的识别基准似乎不仅仅是一个内部封闭性的参考价值，需要在实战中得以完整表述。如果说责任伦理属于司法职业专业素养的基础性识别指标，那么就不可简单地将其视为不可实证化的裁量估价而已，更不可归属于个体性的差异化判断，而应在司法职业共同体的整体性实践形态中予以贯彻和倡导。哈耶克指出，"平等适用于社会成员的正当行为规则所能够指涉的只是人们采取行动时所依凭的一部分条件，而不是所有的条件。正是基于这一点，抽象的正当行为规则能够向所有个人确保的也只是机遇，而无力确使他们肯定获得某种特定的结果。"①

当然，对于能否遵循司法伦理的职业特质而需要检测的具体内容是多方面的因素促成的结果，在司法热点案件的实证研究中，我们很容易地发现冤假错案的层出不穷其实就只是规范遵循的彻底性欠缺，司法个案正义的现实受阻考验的是司法职业的整体性实践逻辑运行常态性因素能量限度，因为对于合理性诉求的简单遮蔽是不可能带来司法的治理能力现代化真实图景展示的。现实中的基层法院受理案件的数量仍在不断攀升，其工作压力与职业幸福指数的距离似乎在渐行渐远，抱怨与逃避是不会为司法职业共同体带来任何福音与减压效应，而在责任伦理的实然性基础工作中恪守规范与程序对于自身的约束与免疫功能彰显，需要的是在实践形态的司法职业行为上确证社会识别与学术识别的多维性考察，"罗马城不是一天建成的。"但恪守责任伦理的智识意旨来源对于司法职业共同体而言，却是唯一能够获得权力结构性安排的信赖途径，司法神秘主义只会是一个神话，在场域明朗的司法实践过程中不断拷问的是司法职业行为的常态性运行逻辑，个性魅力似乎与其责任伦理的谦抑面向智识依赖不具有兼容性，各级人民法院的网络平台逐渐对社会开放，接受多维场域力量的延展监督与沟通对话即是明证。司法职业语言系统与社会识别系统的互联互通已是实践常态，而维系两者的良性循环依托的是责任伦理的主体实践形态识别指标的科学性，社会识别对于学术识别的及时性学习能力也为司法职业行为的智识依赖得到诠释与理解确立时空限度考量。总而言之，司法职业共同体的责任伦理特质内涵需要在谦抑面向的智识依赖来源中得到实践形态检验与最终识别。

第三，司法职业伦理谦抑面向的智识依赖来源于其社会场域逻辑的主体实践效应，而建构司法效果的评估机制则是其主要信仰渊源。司法法治是规范司法运行实践的理想形态，是司法职业共同体职业行为的终极目标图景，更是考察一国司法实践效应的实证指标，现实中的不足与缺陷正是其不断前进与超越的力量源泉和动力所在。我们知悉，"法律是由有限数

---

① 〔英〕弗里德利希·冯.哈耶克：《法律、立法与自由》（第二、三卷），邓正来等译，中国大百科全书出版社，2000，第215页。

量的可确定年代的决定所组成的。如果法律是权威者确定的应该做的事情，那么它就是由那些具体的决定所组成的，那些决定因为是决定所以是在特定的时空中做出的。如果将'关于权威的规范'搁在一边，就不存在自由漂浮的法律规则，即不追溯特定时空下的特定权威者那里的规则。"①司法职业伦理的谦抑面向核心特质是多维识别系统共同作用下的应然性逻辑归结，也就是说，司法的权威性来自于职业化分工的社会现代性所指，而其是否能指则取决于司法职业的社会场域逻辑的主体实践效应，裁判社会纠纷是职业行为，而非绝对性真理加身的附载逻辑推演证成。

　　司法热点案件只是现实司法运行中极少部分个案正义的实践样态，虽然其不可能诠释出司法职业行为的全貌，但是在实践效应上却具有鲜明的指向性判断与推测，故而其现实意义似乎在遮蔽司法职业共同体的终极理想追求，这也是司法热点案件的职业识别与社会识别的主要差异性所在，甚至成为有关抱怨与责难的根源。其实，在相关数据的比对中是不可能取得所谓真理性的实际判断，尤其在不同的视域关切下对于司法正义的诠释会带来必然性的质疑与猜忌，但是，关涉司法热点案件的评估机制则是拷问司法职业共同体的智识依赖的法律效果最为常态化的路径，开放性社会情势变化加速该种判断进程的社会认知。社会对待司法职业行为的个案关注是权利观念的时代标记，司法实践效应的检测手段似乎具有朴素化趋向，司法热点案件衍生的偶然性与延展性即是有力的证明和表述。司法职业伦理的谦抑面向既是应然价值判断，更是实然评估指向，正如司法热点案件的逻辑运行所揭示的真相标记出其权威性来源，司法职业共同体关涉司法的治理能力现代化研究告诫其在国家权力结构性分配与信任机制建构中的正当性，取得法律效果的社会评估认可需要的是其职业化的现代性度量检测。因而，积极建构法律效果的评估机制是解决司法权威信仰的原初性判断，能不能评估与如何评估是两个完全不同的问题，前者似乎在现代性司法的运行逻辑中无须进行过多追问考量，后者才是真正意义上的司法治理能力现代化命题，学界对于司法热点案件的司法独立性品格担忧充分说明其制度性关切的集体认知趋向，司法职业伦理的谦抑面向是社会现实场域综合角逐下司法治理能力现代化的具象化演绎，其智识依赖来源需要在实证意义上得到制度性关切。

---

① 〔美〕安德雷·马默主编《法律与解释：法哲学论文集》，张卓明等译，法律出版社，2006，第 450 页。

依法规范德化社会建设

刘　辉*

内容摘要：德化社会的建设主体应当是民间力量，而非政府。依法规范德化社会建设，才能妥善处理好法律强制与道德自律之间的关系。虽然法治成为现代社会的主导治理方式，但法治国家的建设目标并不排斥民众通过社会自治方式对道德的追求。对理性的尊崇与对人的尊严的捍卫，是现代法律体系与道德规范形成分工配合关系的逻辑前提。

关键词：法律体系；价值共识；法律程序；立法技术

法治国家、德化社会、自律政党的建设，是我国在开展法治建设过程中需要直面的三个实践命题。德化社会的建设主体应当是民间力量，而非政府。① 依法规范德化社会建设，才能妥善处理好法律强制与道德自律之

＊　刘辉，苏州大学王健法学院博士研究生。

① 　关于道德与社会关系的讨论可参考如下论文：陈惠雄：《婚姻、道德与社会等级：基于分工的社会演化分析》，载《社会科学战线》2005 年第 1 期；曹融：《传统向现代转型视阈下的公共道德的辨析及构建》，载《伦理学研究》2017 年第 1 期；何兰萍：《慈善、道德与社会和谐》，载《东南大学学报》（哲学社会科学版）2006 年第 5 期；黄永正：《试论新时期个人道德建构的途径和方法》，载《河南社会科学》2004 年第 5 期；李宏权：《法律、道德与社会秩序》，载《制度经济学研究》2005 年第 3 期；李资源：《论少数民族传统道德与社会公德建设》，载《思想战线》2004 年第 6 期；刘学坤：《自然道德与社会道德——论卢梭的道德观》，载《教育与教学研究》2009 年第 4 期；鲁萍：《简论清末道德视野下的群与个人》，载《四川大学学报》（哲学社会科学版）2003 年第 2 期；尚文华：《马克思论自由、道德与社会》，载《马克思主义与现实》2014 年第 4 期；宋洪兵：《论先秦儒家与法家的成德路径》，载《哲学研究》2015 年第 5 期；孙长虹：《家庭道德与社会道德之贯通——唐君毅的群己观研究》，载《中国石油大学学报》（社会科学版）2015 年第 4 期；唐婷：《公民道德与社会诚信建设：一个文献综述》，载《重庆社会科学》2013 年第 11 期；王涛：《人性·信仰·道德与社会整合》，载《东岳论丛》2004 年第 3 期；王晓刚：《试论伦理道德与社会生活》，载《甘肃社会科学》2001 年第 4 期；冼季夏、温凤仙：《"矛盾的时代"与"矛盾凸显期"的社会道德——18 世纪的英国和市场经济的中国比较》，载《广西社会科学》2014 年第 1 期；杨国荣：《道德与社会整合》，载《天津社会科学》2001 年第 5 期；于建东：《当代公德与私德的抵牾与和谐》，载《湖南大学学报》（社会科学版）2015 年第 1 期；张震：《略论职业道德建设》，载《广西社会科学》2003 年第 5 期。

间的关系。因为立法程序具有从不同群体的价值倾向中筛选价值共识的机能，所以在处理不同群体多元化的道德期望导致的冲突时，需要依据法律维护基本的社会生活秩序。

法律规则内容的设定需要经过严格、慎重的审议程序，从而使体现个别群体价值需要的社会诉求，经过辩驳、反思、表决环节的锤炼，顺利地转化为由国家机关来强制保障实施的价值共识。例如，新加坡利用减税与住房优惠政策，来鼓励年轻人陪父母居住："规定单身年轻人不能享有政府祖屋的购买租赁权，若年轻人愿与父母同住，则可优先购买或租赁政府祖屋；与丧偶的母亲或父亲同住的年轻人，政府可考虑减免征收房屋遗产税"。① 这种尊重个体自由且体现利导倾向的立法安排，显然反映了不同群体的价值共识，有助于促进家庭关系的和睦、塑造亲近老人的社会氛围。再如："英国 1990 年的《地方政府官员行为准则》规定：'雇员必须了解在履行职责时，不正当地收受礼品、贷款、费用、报酬或好处，以便做或不做某事，或对某人施加照顾或刁难，均是严重的罪行。如有人控告，雇员须证明这些报酬不是不正当获得的。'"② 这些规则经过立法技术与程序的慎重权衡，既体现了对个体权利、自由的尊重，也提供了对义务、责任分配的妥当安排，因此成为证成法治模式符合现代社会治理需要的有力论据。

一　法治的价值依据与运行方式

现代社会的法治模式建立在价值与事实相区分的思维方式基础上，注重将社会事实与行为目的相结合来评定价值选择的内容。这并不是否定个别的社会事实中包含的某一群体的价值需要，具有与其他群体的价值需要相契合的内容，而是侧重于强调在立法与司法环节需要经过严格的逻辑证成，才能确认表现于立法内容之中的社会价值共识，或者裁断诉讼当事人的请求是否符合法律规则或原则所蕴含的社会价值共识。具体而言，在立法环节必然收集到大量反映个别价值需要的事实素材，但如果不经过立法程序辩驳、修正式的筛选，就不能将个别的价值诉求提升为社会公认的立法所承载的价值共识。在司法环节，法官必须首先适用内容明确的规则裁

① 王平达、候伟：《法律与道德的契合："常回家看看"入法之审视》，载《东北农业大学学报》（社会科学版）2015 年第 2 期。
② 温晓莉：《实践哲学视野中的"法治"与"德治"》，载《法学》2003 年第 3 期。

判案件、解决纠纷，只有当规则内容存在疑义时，才可以适用法律原则做出符合宪法要求的裁判，而且需要对适用法律原则来解释法律规则给出更充分的论证理由，以补强法律原则相对于法律规则在民主性根据方面的不足。

（一）静态法律体系的民主正当性

1. 法律体系的正当性源于公民自我立法

基于现代民主政治程序形成的现代法律体系是一套自治的社会规范体系，能够自主地选择与容纳需要彰显的价值共识。如果说法律的具体内容通过权利、义务、责任的安排，设定了支持其获得实施的逻辑理由，那么代议机关的民主立法程序与具有科学属性立法技术，则为立法提供了价值基础。"现代法律的合法性基础不应'外求'而应'内求'，这种内求的路径就是公民的自我立法，因为根据商谈原则，只有公民既是法律的承受者，又是法律的创制者，该法律才是合法之法，而只有合法之法才既是必须遵守之法又是值得遵守之法"。① 这是从笼统的角度来说明法治运行体系的立法前提所具备的逻辑与价值依据。

2. 借助宪法统合法律体系的价值导向

在法律体系之中可以分为宪法与部门法两部分。"法律特别是宪法不仅要让国家垄断暴力，更为重要的是要管束好国家权力，防止国家滥用暴力。宪法的要义在于确保人民的统治并防止国家权力过分集中而走向异化。"② 宪法是根本法，为各部门法提供价值导向，具有对整个法律体系的价值统合作用。部门法是宪法价值纲领获得落实与扩展的重要形式，通过法律原则与法律规则的详尽安排，为个别纠纷的预防和解决提供裁断标准。宪法作为法律体系中的基础规范，以规范国家权力行使、保障公民权利实现为宗旨，它不仅框定了立法权力的行使方式，而且划分出行政、司法权力行使的边界。"宪法与部门法关系命题实际上反映了不同法秩序之间的关系。由于宪法在法律位阶体系中占据基础规范的地位，所以，其所创建的法秩序必定会覆盖到其他法律所创制出的法秩序之中，从而对其他法秩序产生某种张力。"③ 正是通过在立法过程中贯彻宪法的要求，在行政、

---

① 高鸿钧：《走向交往理性的政治哲学和法学理论（下）——哈贝马斯的民主法治思想及对中国的借鉴意义》，载《政法论坛》2008 年第 6 期。
② 刘斌：《"契约团结"的法理疏释：面向主体化时代》，载《北方法学》2015 年第 1 期。
③ 钱宁峰：《宪法与部门法关系命题的困境与求解》，载《江苏社会科学》2011 年第 1 期。

司法权力运行过程中依据合宪性解释原则来适用法律解释技术，才使得法律体系具有价值稳定性与内容开放性，能够适应现代社会的治理需要。

（二）动态司法过程的逻辑严谨性

1. 适用法律规则维护理性预期

从法律实施的角度来看，狭义的法律是指导法官裁断纠纷的司法权力运行规范，可以防止恣意行使司法权力情形的发生；广义的法律是用以指导社会公众的行为规范。因为法律规定在发生纠纷后可以作为解决纠纷的依据，能够为社会公众提供合理预期的参照标准，所以社会公众才愿意在行为之前了解法律规定的具体内容，以避免纠纷的发生和不利法律后果的出现。法治思维注重逻辑证明的特点，充分地展现于法律适用的过程中。以法官裁判时适用法律解决纠纷的思考过程为例，就可以辨识法治思维的这一特点。在裁断纠纷时，法官需要寻找妥适的法律规则，作为裁判说理的依据，因为法律规则是代表国民意志的权威机构，按照特定程序、遵循职业伦理、适用具体技术所确定的理性化的行为规范，具有应当被普遍适用的正当性支持与强制力保障。所以，法官在适用法律规则作为演绎推理大前提时，不需要提供附加的论证理由。这样公众才能够基于法律规则的指示，形成稳定的理性预期。

2. 充分论述适用法律原则的理由

如果无法利用法律解释技术，确定可以适用的规则，来维护个案的正义，那么法官就需要寻找法律原则，作为补充法律规则漏洞的依据。"原则的法效果在具体案件中是否确定成立，取决于对个案中相冲突的其他规范衡量的结果，故衡量是原则的典型适用方式。而规则不同于原则之处在于：规则在事实和法律的可能范围内具有明确的设定，是一种只能被实现或不被实现的规范"。① 在衡量法律原则时，需要基于个案事实的情况，联系宪法规范对公民基本权利的规定，权衡哪一项法律原则更有利于实现个案正义。虽然法律原则是立法机关基于宪法规范，在某部法律中做出的概括规定，但由于法律原则旨在笼统地宣示适用某部法律时的基本要求，而未明确表述假定条件、行为模式、责任后果的具体内容，所以需要法官提供附加的理由，以更高强度的方式论证，在此案中适用某一法律原则的

---

① 余净植：《宪法中的法益衡量：一种可能的重构——以阿列克西的理论为思路》，载《浙江社会科学》2008 年第 2 期。

理由。这样才能力求最低限度地破坏公众的理性预期。

由此可见，通过法治思维的实际运用，可以产生说服涉案当事人与案外旁观者接受裁判结论的效果。由于趋利避害的思维是个体生存所需的基本思维方式，尽管趋利具有利己与利他两种导向，避害也可能产生避免害他、害己两种效果，但对利害的权衡则是这种思维方式的唯一形式。法治思维指导下的裁判说理过程，同样具有权衡利害的功能，因此为个体提供了可以借鉴运用的思维图式。如果某部法律的规则与原则规定符合个体所信仰的价值信念，那么个体就可能基于个人的价值观，而认同裁判说理所依据的法律规则或原则，进而在自主思考的过程中，将承载相应价值观念的法律规则或原则，作为演绎推理或辩证推理的前提。

二　法律体系对价值目标的传导方式

社会具有经济、政治、文化、生态等亚系统，是各亚系统相互作用形成的巨系统。如果把国家政权看作人们依托社会构建的组织机构，并承认国家政权对社会自组织机制的辅助作用，就像承认人体的脑神经系统不能随意支配植物神经系统那样，我们就可以看清具有国家强制性的法律制度与具有社会自律性的道德习俗之间的区别。"当前，我们面临法治缺失与道德滑坡的现状。法治缺失，最关键的缺失，是政府法治的缺失，是公权领域法治原则的不足。道德滑坡，则主要发生在社会领域，发生在私权领域、民间社会、私人之间"。[1] 当然，具有强力主导机能的国家机器既然无法被其他社会组织替代，就应当发挥必要的治理作用，通过提供基本的公共服务，推动社会健康和谐发展。"道德冲突在本质上是人们之间利益矛盾的不可调和性的道德反映。破解道德冲突，在根本上是要通过制度设计与安排形成合理的社会利益关系以及建立公平的利益获取机制。"[2]

（一）宪法对社会核心价值的接纳与守护

1. 庞大的政府组织需要法律体系予以规范

现代法律体系凭借行为规则明晰的特点，成为调整社会关系的基本规范形式。"'半熟人社会'中人们生活的分离化使得道德的全面、历时、

---

① 朱雨：《法治政府　德化社会》，载《中国政法大学学报》2015 年第 3 期。
② 王淑芹：《现代性道德冲突与社会规制》，载《哲学研究》2016 年第 4 期。

多行为的评价变得十分困难，而且由于现代社会对于效率的要求直接导致了法律这种单行为、一次性的评价的重要性上升，并最终取代了道德评价成为主导的社会评价模式。"① 尽管法律评价具有个案局限性，但能够适应社会分工细化、群体利益分化的现代社会治理需要，所以成为规范国家权力运行、指导法律主体行为的依据。"一般的，越是正式的组织，其领导力的法定性越强，守法维度的值更大，可称之为'法律值'；反之，在非正式组织中，非正式权力的影响越大，越依赖道德的维度，可称之为'道德值'。"② 政府组织的庞大体量决定其必须遵循明确细致的规则运行，才能有效履行辅助社会自治、推动社会发展的有限职责。因此，依据以宪法为根本法的现代法律体系进行社会治理，成为世界各国普遍认同的治理模式。

2. 宪法承载了以人权为核心的价值共识

宪法作为国家根本法是国家政权确立之初形成的基本政治承诺，通过立宪程序的表决获得根本法的规范效力，因此必然对源自传统文化与时代共识的基本价值理念加以肯定和接纳。"民主、共和、法治与人权等宪法诸价值，它们共同形成了以保障人权为价值核心的宪法价值体系。宪法价值体系在各国及世界组织皆获得了普遍一致的价值认同与共识"。③ 因此，通过实施宪法来凝聚社会价值共识具有现实的必要性与可行性。"在理想的法治状态下，政治系统通过宪法的制定、修改程序以及立法过程向法律系统输出正当性。在完成输出过程后，政治权威受制于根本规范以及其衍生的次级规范的约束，并从这种规范中获取法律正当性，由此形成不同的正当性之间的循环与双向建构"。④ 从道德化政治向法律化政治的演进，意味着宪法条款在调整国家机关与个人的关系方面逐渐地可以发挥实际作用。当个人不再需要匍匐在国家机关脚下苟且偷生时，人的尊严才能获得更充分的保障。

（二）依据合宪性解释原则规范释法行为

1. 适用法律的行为需要受到宪法宗旨的规范

站在个体立场思考法律的作用，可以看到权力的运行目的是追求秩序

---

① 姜淑华、廖德宇：《论社会失范——规范僭越与规范缺位》，载《山东警察学院学报》2015 年第 2 期。
② 龙凤钊：《法律与道德：国家治理中领导力建设的二重性》，载《理论导刊》2015 年第 8 期。
③ 范进学：《宪法价值共识与宪法实施》，载《法学论坛》2013 年第 1 期。
④ 翟国强：《中国宪法实施的双轨制》，载《法学研究》2014 年第 3 期。

以维护统治安定性，但法律的运行目标是维护正义以保障自由。"在我国，政府是社会治理中的强者，是权力的拥有者，而法治的实质是依法规范权力，依法治理权力，是把权力关进制度的笼子里。"① 因此，充分吸纳公众参与、有效规范行政裁量基准、推动具有正当化证成机能的行政程序获得广泛适用，从而提升行政主体与行政相对人交涉行为的规范化程度，是政府推动法治建设工作的重要内容。同理，宪法通过规范权力行使来保障权利实现，因此以宪法为依据制定的刑法、刑事诉讼法也需要通过规范刑罚权力的行使，来保障权利的实现。"法律的目标在于规范秩序、实现公正。现代社会，对于秩序与公正最有可能产生侵害的是政府权力，是国家公权力。因此，法治的重要任务在于规范公权力，既要控制公权力的行使范围，也要规范公权力的行使程序。"② 在刑事法的适用过程中，应当守住保障人权的底线。宪法与刑事诉讼法所调整的关系都是国家权力与公民权利之间的关系。优化刑罚权力的配置与加强诉讼权利的保障，是刑事诉讼法的基本内容。目前在我国刑事法律的适用过程中，存在为了维护社会稳定的政治目标需要而过度依赖刑罚的倾向，违反了现代刑法谦抑化、轻缓化的发展趋势，因此需要法官在适用刑法条文的过程中坚持合宪性解释的原则，实现通过合理适用刑法来保障人权的目标。

2. 依据人权保障原则处理宪法规则的冲突

通过合宪性解释原则为法律解释划定限度，能够控制法律解释中的恣意因素，确保法律适用活动符合宪法的意旨。在运用合宪性解释原则指导法律解释的过程中，应当理解我国宪法的"竹笋状"结构，即作为政治承诺与治国章程的意识形态宣示，是 1954 年宪法的原初形态，表明了执政党愿意同全国人民将推翻旧政权的军事组织，改造为建设新社会的国家机构。在1982 年修改宪法之后，形成了将侧重政治理想规划内容的宪法转化为围绕经济建设中心的改革宪法新笋芽，即在政治宣示宪法的笋根中长出了经济改革宪法的笋芽。经过四次宪法修正案的调整，到 2004 年第四次修正宪法的内容时，在市场经济发展的社会条件下，保障人权的法律宪法笋芽又从经济改革宪法的笋节中生长出来。由此可见，侧重规范革命建制力量的政治宣示宪法、侧重规范经济发展形态的经济改革宪法与侧重统合法律体系价值导向的人权宪法，形成了具有历史序列性和空间延展性的

---

① 赵建波：《法治中国的实现条件》，载《湖南人文科技学院学报》2016 年第 3 期。
② 朱雨：《法治政府　德化社会》，载《中国政法大学学报》2015 年第 3 期。

"竹笋状"结构。在这种宪法结构中，各时代的宪法条文之间就存在可能的文义冲突，因此，对合宪性解释原则的适用就必须按照人权保障原则、法治原则有效调和条文之间的语义冲突为前提。

简而言之，现代法律体系是社会发展的产物，顺应精细分工的需要塑造了现代社会的治理模式。"制度的发展是人类摆脱原始本能而不断拓展其社会性的标志，是主体社会属性的一种物化形式，是社会关系的整合机制。制度一旦产生和形成，即成为人的发展的社会客观条件，又成为实践主体运用社会客观条件的主要方式"。① 通过法治方式设置权力运行的界限与内容，以权利本位的利导机制传输社会价值共识的要求，是人类自我治理技术的进步表现。"一个缜密而正当的程序机制比全面推行的道德强制更能够造就普遍良善的道德生活。——在这样的意义上，我们或许更当特别寄望于体制和制度本身为人们选择有道德、有尊严的生活铺设结构性前提。"②

三　现代法律体系与道德规范的分工

人的天性、理性与德性特征具有三位一体的内在联系。基于理性考量的法治模式与倡导公民素质的道德修炼，是构建良好社会的必备条件。虽然法治成为现代社会的主导治理方式，但法治国家的建设目标并不排斥德化社会的价值追求。对理性的尊崇与对人的尊严的捍卫，是现代法律体系与道德规范形成分工配合关系的逻辑前提。在现代社会中，"正像法律成为了理性的法律一样，道德也成为了理性的道德。理性道德与传统道德的一个重要区别就在于它受理性反思的拷问，它的基础不是超越的神灵，也不再是'一向如此'的传统，而需要经过理性论证的考验"。③ 宪法强调规范国家权力行使、保障公民基本权利实现，就是要给国家权力干预社会生活、个人自由的行为划定界限，维护社会与个人相对于国家的道德主体性，防范掌握公权者制造令人迷狂的道德批判陷阱，肆意地侵害公民基本权利。"传统伦理遵循整体主义观念，国家和集体利益高于个人利益成为

---

① 吴翠丽：《社会制度伦理分析》，东南大学出版社，2006，第133页。
② 孙莉：《德治及其传统之于中国法治进境》，载《中国法学》2009年第1期。
③ 高鸿钧：《走向交往理性的政治哲学和法学理论（下）——哈贝马斯的民主法治思想及对中国的借鉴意义》，载《政法论坛》2008年第6期。

无可辩驳的价值准则，但现代社会却是个人权利彰显的时代"。① 国家本位的整体主义立场需要向社会本位或市场本位的整体主义立场让步。注重个体在市场与社会中的主动选择，才能构建出有效规范公权力的社会秩序。因此，理性与个人尊严才成为支撑现代法律与现代道德独立并行的基础概念。

（一）捍卫基于个人理性的道德自治

1. 道德规范的发展依赖个体的道德自治

法治的逻辑起点是尊重和保障人权，为人的自由发展提供制度契机。道德的基本功能是提升人的思想品质，为人的自由发展指引合理目标。人的现实境况与发展可能是个人禀赋、能力、机遇、品性与需求要素综合作用的结果，法治的保障、规范作用与道德的敦促、支持作用，都是人自由发展的必要条件。法律的国家强制性与道德的习俗传承性之间的差异，使得两者在倚重他律与仰赖自律的作用方式方面存在区别。道德的作用在于通过促人自省、导人自律的方式，来规范社会关系参与者的意识。"道德产生于调节和确定人们之间各种关系的需要以及个人自我确证、自我肯定和自我发展的需要。道德一开始既是社会的舆论和风尚，又是个人的意识和情感"。② 个体价值观念的多样性决定了道德选择的多面性与流变性，因此多数人的道德共识与少数人的道德偏好之间的争执，为社会习俗的不断演化提供了重要的动力。

2. 培育强调自由、平等的现代道德观念

农耕文明社会的身份化道德观，不同于工商文明社会的领域化道德观。中国古代的礼制社会依赖统治阶层的德性表率作用，强调义务本位，通过道德教化培养个体的德性，维护以"三纲五常"为代表的身份化道德。在"出礼则入刑"的统治原则指导下，礼制的秩序为仁政的施展指明了方向并设定了护栏。尽管责任意识是在礼制秩序下可能塑造出的利他情怀，但是整体化的人本主义追求并不能有效地满足以自律为特征的个体化道德需要。法治社会的基础在于平等的公民权利与多元的价值理念，重视权利本位，通过宪法和法律保障公民基本权利实现，促进民众通过自由论辩塑造领域化的道德。伦理学作为关于选择优良道德的学问，为道德自省

---

① 李彦舜：《论公民美德与全民守法的内在逻辑》，载《武陵学刊》2016 年第 4 期。

② 李建华：《趋善避恶论：道德价值的逆向选择研究》，北京大学出版社，2013，第231 页。

提供的思考工具，是基于对道德原则与道德规则的认知而权衡利弊、区分善恶的判断方法。尽管法治思维与道德自省所依据的规则与原则的表现形式不同，但在思考方法上具有可沟通性，因此都能够对人性的培育和锤炼发挥支持作用。强调道德自省是为了维护个体尊严的独立性。法治是保障个体尊严的理性化手段，可以依靠职业化的理性操作，为基于开放信息渠道的充分论辩提供程序化的空间。尽管个体之间的道德质疑乃至群体的道德抗议，都具有督促道德自省的作用，但若国家权力参与道德强制的活动，就会使个体自由无处安置。

（二）借助程序交涉促进道德自省

1. 人的尊严观念是法治的价值根基

人的尊严作为近几十年来在国际公约中颇受重视的价值观念，表明对个体独特性的关怀与重视。"人具有尊严是一个经验性命题，是人日常生活中都能够感知到的。以人的尊严作为人权的存在基础，具有更强的说服力"。① 相对于既往的论证方式，人的尊严可以在共同的理性讨论基础上，成为社群内部重叠共识的主要内容，它涵盖的内容包括求知自觉、理性自主、道德自省、私域自控、发展自由以及自负其责的意味。例如，"《欧盟基本权利宪章》在序言中不再沿用《世界人权宣言》对人的尊严的表述方式，而是将宪章所载明的基本权利作为欧洲历史传统的精神与道德遗产，承认尊严、自由、平等与团结为共同体承认的共同与普遍价值"。② 但这并不意味着，人的尊严可以被无限度地抽取到花样繁多的利益主张中作为论据。权利不仅具有主观期待的面向，还应同时展现客观秩序的面向。人的尊严仅支持被社会共识赋予正当性的利益主张。因此，人的尊严不仅是作为法治体系基石的价值观念，也是充分反映道德主体内省需要的价值观念。

2. 程序化的交涉为道德自省提供便利

在现代社会中，分工的细化导致利益的多元化和价值观念的歧义化，因此社会治理的任务在于选择恰当的方式，促进多元利益的博弈互惠和多元价值的校调互融。"在利益、价值多元态势下，没有真理和正确的事先预设，有的只是在正当过程、沟通理性和论证规则安排下不同主张诉求的

---

① 李海平：《宪法上人的尊严的规范分析》，载《当代法学》2011 年第 6 期。
② 郑贤君：《宪法"人格尊严"条款的规范地位之辨》，载《中国法学》2012 年第 2 期。

论辩、交涉和妥协，以及经此达成的最低限度的共识"。① 这种正当过程就是由法律程序保障的当事人平等、理性论辩的过程。由此形成的论证结论是法治思维的产物，也可以成为道德自省的重要依据。正是法治下的程序交涉过程，使得不同个体的利益主张、价值观念可以得到充分展示。"交涉是现代法律程序的本质，交涉也是现代法律程序进行多元价值整合的机制，如果说程序是'诸神之争'的现代性问题的求解之道，那么其内在机制便在于交涉的真正实现"。② 相互说服的过程也是筛选优良道德的比较过程，因此个案的纠纷解决为将来的道德规范完善创造了条件。个体在被理性说服的情形下，将基于对价值观念的认同而遵从裁判的要求。

现代国家的治理目标大致应当包括三方面的内容：培育有效且有序的市场、建设有信并有情的社会、塑造有限但有为的政府。这样的预设目标反映出对人的尊严的充分肯定，为人的自由发展开拓了必要的空间。人类创造"政体"的概念、推动政体制度完善的实践目标在于，通过对政权组织形式的锤炼，来守护以人为本的制度性修为。"这种制度性修为所要求的是：合理分权的权力结构、有保障的人权体系、具正统性的权力权利关系、公正的社会体制和利益分配制度、正当的程序设置以及细致缜密的操作技术"。③

四　放弃对道德工具主义的迷思

在现代社会的法治语境下，法律义务规定的禁恶导向，不同于道德义务观念的向善追求。对害他行为的禁止规定，难以确保个体出自利他的动机而行为。"法律规则能够为道德的生成提供一个有助益的制度构架，为道德的培育提供一个正常的环境；法律规则固然不是道德，但能够激发和净化人们的内心情志，使其扬清祛浊，去伪存真。"④ 在立法实践中，以直接规定具体义务的方式来呼应部分选民过高道德期许的笨拙举动，未必能够实现预期的效果，因此立法者需要在征集民意与熟练运用立法技术方面多下功夫，通过合理的制度设计来维护重要的社会价值导向。"法律可

---

① 孙莉：《社会管理创新的过程正当化》，载《法学》2011 年第 10 期。
② 陈多旺：《政府主导推进的城镇化何以"自然发展"——一个中西法文化比较的视角》，载《苏州大学学报》（法学版）2016 年第 1 期。
③ 孙莉：《以人为本的制度操练》，载《求是学刊》2009 年第 6 期。
④ 高全喜：《法治的德性之维——从胡适的一番言谈说起》，载《中国法律评论》2016 年第 1 期。

以对个体践行更高的道德行为所可能面临的社会风险和障碍予以排除，通过间接而非直接的方式为个体践行道德规范提供激励和保护，从而为更高层次的道德行为的实施提供法律支持。"① 法律与道德作为两种重要的社会规范，都需要为自由与秩序的平衡提供恰当的指引，以契合社会公众的需要。

    法律适用的过程就是一种创造性阐释的过程。通过法律解释方法的恰当适用，可以依据合宪性解释原则，运用体系解释、目的解释、历史解释、社会学解释等方法，从不同的文义解释选项中确定符合人权保障价值与社会正义要求的解释方案，对法律条文展开创造性阐释。"通过司法判决的社会效果来提升道德固然能在一定范围、一定程度上有警醒作用，但伴随的负面影响也是巨大的，比如不妥当的判决会对'形式法治'产生影响，会对原本不属于法律管辖的公民道德自由造成侵犯"。② 在看清了道德规范作为工具被权力滥用的负面后果之后，我们就有必要站在权利本位的立场，指出法治的他律功用与道德的自律功用之间的区别。"如果我们不抛弃'德治'这个大家已经熟知的词汇，那么，正确发挥道德在社会中的作用，我们就应当改变'德治'的实际内涵：德治应当是社会内部的'自治'，而非国家对社会进行的'他治'"。③ 因此，以法治国家、德化社会的表述方式区分法律程序内的交涉与道德主体理性自省之间的分工，能够帮助普通群众澄清对于既有词汇产生的认知困惑。

---

① 张晓燕：《德法互济中的乐观与审慎——道德法律化的权利维度反思》，载《道德与文明》2016年第2期。
② 李彦舜：《司法提升道德的限度及原则》，载《河南财经政法大学学报》2015年第4期。
③ 姜淑华、廖德宇：《论社会失范——规范僭越与规范缺位》，载《山东警察学院学报》2015年第2期。

法律与人性

法治视域下先秦儒家伦理的价值与困境*

夏纪森**

内容提要：全球化的经济并没有带来一个西方模式的全然同质的全球文化。作为中国传统文化主干的儒学，核心是"仁、义、礼"伦理体系，这个体系将家庭伦理与政治原则混同，无法使同样的规则平等地适应于每一个人，但儒家伦理的"示范伦理学"特色相对于"规范伦理学"在今天具有值得珍视的合理性，儒家的修身原则可以对人格的塑造起着非常重要的作用，而现代民主依然需要人格的魅力，这是儒家对现代民主可以贡献的重要内容。

关键词：仁；示范伦理；规范伦理；法治

引　言

当今世界正在经受着全球化浪潮的冲击。经济的全球化最为明显，技术的革命与创新主宰着世界经济，并创造出全球性的商业—消费文化。政治方面，民主、法治的理念正被世界各国所接受，法治最基本的内涵是用具有明确性、规范性以及平等适应于每个人的规则体系来限制国家权力和保障个人、团体的权利。值得注意的是，这样一套规则系统本身并不会消除一切人际和团体之间深刻和相互对立的差异，也不能保证社会的和谐，更不能解决人类存在的意义。"它所能做的，只是建立一个讲理和暴力冲突最小的环境，好让人类继续努力解决那些凭暴力或压迫无法解决的问题"。① 因而，全球化的经济并没有带来一个西方模式的全然同质的全球文化。由此，作为中国传统文化主干的儒学，其典型的伦理学在当下法治

* 本文是 2015 年国家社科基金重点项目"良法善治视域下法治与德治关系研究"（15AZX021）的阶段性成果。

** 夏纪森，常州大学史良法学院副教授，法学博士。

① 〔美〕本杰明·史华慈：《全球主义意识形态和比较文化研究》，林立伟译，载《二十一世纪》1999 年 2 月号，第 18 页。

建设中具有怎样的意义？其与法治的基本内涵之间存在什么样的紧张关系？

先秦儒家起礼义，制法度，制订出"仁、义、礼"伦理体系。这里所讲的伦理体系是针对一般的人而言的，在儒家思想中，对于承载有文化使命的"士"，儒家对他们还有更高的道德要求。"仁、义、礼"伦理体系是根据彼此的"亲属关系"和"尊尊差距"来决定社会中彼此之间的互动方式。前者是指彼此关系的亲疏远近，后者是指双方地位的尊卑上下。"亲其所当亲"，是"仁"；"尊其所当尊"，是"义"；依照"亲亲之杀，尊贤之等"所做出的差序性反应，则是"礼"。社会上最常见的几种个人关系在儒家这里具体表现为"五伦"，一如孟子所说："使契为司徒，教以人伦：父子有亲，君臣有义，夫妇有别，长幼有序，朋友有信。"① 比如父子关系，父亲对于儿子而言，既是至亲，又是至尊，而儒家最重视的是"亲亲"，所以选择了"父子有亲"；而君臣关系，君王对于臣民而言，谈不上亲亲，但是至尊，因而强调"君臣有义"等②。

和谐社会的建设，不仅需要刚性的正当的规则，更需要柔性的伦理人情。就今天的社会生活伦理而言，儒家伦理依然具有非常重要的意义，本文从家庭伦理、社会伦理等方面展开分析。儒家的家庭是讲究亲情和长幼有序的，亲亲从人性的角度来看是自明的，儒家在处理人与人之间关系的"恕忠之道"蕴含着对话与沟通，不同于规范伦理。当然，儒家伦理在今天法治建设中的局限性，也需要我们进行深刻的反思。

一 仁、义、礼伦理体系

在儒家经典中最能反映儒家伦理中"仁""义""礼"三个概念之间的复杂关系的是下面这段话。

> 故为政在人，取人以身，修身以道，修道以仁。仁者，人也。亲亲为大。义者，宜也，尊贤为大。亲亲之杀，尊严之等，礼所生也。（《中庸》第二十章）

---

① 《孟子·滕文公上》第四章。
② 黄光国：《知识与行动：中华文化传统的社会心理诠释》，心理出版社，1998，第251～252页。

"杀"是差等之意。这一段话充分说明了儒家思想中"仁""义""礼"三个概念之间的密切关系。

（一）"仁"

《论语》中最主要的概念是"仁"。史华慈指出，"有充分理由表明，正是由于孔子将注意力聚集到'仁'概念之中，孔子才成为一名革新者，而不只是转述者"。① 在孔子的思想中，"仁"占据最重要的地位，归纳《论语》一书，会发现"仁"包含了许多德性。首先是孝、悌和笃厚于亲属等家族道德。其次"仁"包括了许多社会德性，像恭敬、宽恕、忠、信、敏、惠等。有些私德，像刚毅、木讷也是"仁"的表现。爱人的一般德性也是"仁"。最后政治上的让国也属"仁"的范畴"。② 不过，"仁"不仅是德性量的总和，更是质的提高，它指涉一个完满一贯的道德人格。因此，徒具某一类德性或很多类德性，不必是"仁"。孔子说过："仁者必有勇。勇者不必有仁。"（《宪问》第四章）有人称赞仲弓有"仁"德，但惋惜他没有口才。孔子却说"不知其仁"（《公冶长》第五章）。孔子称赞楚国令尹子文"忠"、齐国大夫陈文子"清"，但也认为他们没有获得"仁"（《公冶长》第十九章）。"仁"象征一个无止境的道德实践过程，所以划地自限者也不算"仁"。原宪问孔子："克、伐、怨、欲不行焉，可以为仁矣？"孔子的回答是："可以为难矣，仁则吾不知也。"（《宪问》第一章）孔子的学生把孔子看成圣人（《孟子·公孙丑上》第二章），孔子辩解说："若圣与仁，则吾岂敢？抑为之不厌，诲人不倦，则可谓云尔已矣。"（《述而》第三十四章）学不厌、诲不倦正是无限的过程，也是"仁"的究竟境界——己立立人，己达达人（《雍也》第三十章）。仁者不但要求自己人格的完满统一，更要求天下人同臻于至善之域，人人都具备完满统一的道德人格。"仁"的心量无限，"仁"的负担沉重，所以曾子鼓励世人："士不可不弘毅，任重而道远。仁以为己任，不亦重乎？死而后已，不亦远乎！"（《泰伯》第七章）。③

在《中庸》中，我们看到，"仁"是由"人"这一个字来界定的，所

---

① 〔美〕本杰明·史华慈：《古代中国的思想世界》，程钢译，刘东校，江苏人民出版社，2004，第 76 页。

② 张端穗：《仁与礼——道德自主与社会制约》，载黄俊杰主编《天道与人道》，联经出版事业公司，1983，第 129 页。

③ 张端穗：《仁与礼——道德自主与社会制约》，载黄俊杰主编《天道与人道》，联经出版事业公司，1983，第 129～130 页。

谓"仁者，人也"。正如陈荣捷所指出的，"这不只是个双关语，而且还是对儒学基本概念'仁'的一个重要定义：因为对于儒家来说，'仁'作为一种德性如果不包含现实的人际关系就毫无意义"。① 这在《孟子》一书中也出现过，"仁也者，人也。合而言之，道也"。② 如果结合"修身以道，修道以仁"这句话来看，"修身"则显然是在人际关系中体现出来的，并且是一个逐步扩展的过程。"既然修身势必带来内在道德性体现于人际关系的脉络之中，则以某种人人都有的感情为出发点似乎是自然的。儒家认为，一个人根本不可能绕过他的原初的种种纽带表达他对人类的普遍之爱。对一个不知道关心自己近亲的人几乎不能指望他能真实体验并理解普遍的爱。因此，'亲亲'就被看作是'仁'的'最伟大的运用'，因为它体现了人的内在道德性的直接扩展。"③ 我们可以从儒家典籍中找到许多证据来支持以上各项论述。

> 樊迟问仁。子曰："爱人。"（《论语·颜渊》第二十二章）
> 子贡曰："如有博施于民而能济众，何如？可谓仁乎？"子曰："何事于仁！必也圣乎！尧舜其犹病诸！夫仁者，己欲立而立人，己欲达而达人。能近取譬，可谓仁之方也已。"（《论语·雍也》第三十章）

孔子以"爱人"来解释"仁"。他认为：一个真正"爱人"的人，必定能够"推己及人"，"己欲立而立人，己欲达而达人"。对于"仁德"的实践，应当"能近取譬"，从"事亲"做起，由亲及疏，一步步往外推。

> 孟子曰："仁之实，事亲是也。"（《孟子·离娄上》第二十七章）
> 孟子曰："事孰为大？事亲为大；……事亲，事之本也。"（《孟子·离娄上》第十九章）

在尽到"事亲"的义务之后，他才能一步步地由近及远，向外实践"仁道"。

> 子曰："弟子入则孝，出则悌，谨而信，泛爱众，而亲仁。行有

---

① 陈荣捷：《中国哲学资料集》，第104页，转引自杜维明《〈中庸〉洞见》，人民出版社，2008，第61页。
② 《孟子·尽心下》第16章。
③ 杜维明：《〈中庸〉洞见》，人民出版社，2008，第61页。

余力，则以学文。"（《论语·学而》第六章）

> 有子曰："其为人也孝弟，而好犯上者，鲜矣；不好犯上，而好作乱者，未之有也。君子务本，本立而道生。孝弟也者，其为仁之本与！"（《论语·学而》第二章）

无疑，"入则孝，出则悌，谨而信，泛爱众，而亲仁"这句话蕴涵着"践仁"的顺序。家庭中的"孝弟"是"仁之本"，要实践"仁"的德性，应当从"务本"做起，即讲究"孝弟""笃于亲"，再论及其他。然而，对亲属关系的强调容易滋生裙带关系，从国家统治的角度来看，贤达之士会因此而无法发挥才能，造成人才的浪费。因此，"亲亲"必须同"尊贤"相匹配。

（二）居仁由义

"义者，宜也"，"义"这个概念，原意为正确或适宜。在先秦儒家诸子中，孟子对"义"的讨论，最为详尽。孟子经常仁、义并举，认为"仁，人心也；义，人路也"，"仁，人之安宅也；义，人之正路也"。

> 孟子曰："仁，人心也；义，人路也。舍其路而弗由，放其心而不知求，哀哉！人有鸡犬放，则知求之，有放心而不知求。学问之道无他，求其放心而已矣。"（《孟子·告子上》第十一章）

> 孟子曰："自暴者，不可与有言也；自弃者，不可与有为也。言非礼仪，谓之自暴也；吾身不能居仁由义，谓之自弃也。仁，人之安宅也；义，人之正路也。旷安宅而弗居，舍正路而不由，哀哉！"（《孟子·离娄上》第十章）

可见，在儒家看来，正是经由"义"这条路，一个人的内在道德性才能在社会中恰当地实现出来，正所谓"居仁由义"。因而，"义者，宜也，尊贤为大"，就是要确保对于那些为国家和社会做出重大贡献的人以特有的尊重。

（三）"礼"

杜维明指出："在'仁'的亲情和'义'的公正的背后隐藏着一个结构性的难题：通过什么样的具体设计，才能使亲者和贤者得到既亲切又公正的对待呢？某种差别对待的原则是必要的。因为对待贤者好像他们全都属于同一个档次，或者把所有的亲人混为一体，而不考虑关系的疏密，是根本不切实际的。《中庸》认为正是出于这种考虑，礼的规则就变得必要了。"①

就《论语》这个文本来看，首先，"礼"，一方面它指古代传下来的宗教祭礼——礼的原意。《论语》里提到的旅、褅、祭等都是。其次，礼包括了社会政治制度。孔子说："天下有道，则礼乐征伐自天子出。天下无道，则礼乐征伐自诸侯出……"这段话很明显是指周朝的封建制度。最后，礼指的是人伦规范。《论语》中这方面讨论得最多，譬如孔子的弟子问孔子的孝顺之道，他回答："生，事之以礼；死，葬之以礼，祭之以礼"（《为政》第五章）。孝顺父母之道属于礼的范畴。② 此外，在荀子看来，"礼不仅是人间所有生活行为的规范，还是自然世界运行的轨道"。荀子说："天地以合，日月以明；四时以序，星辰以行；江河以流，万物以昌；……万物变而不乱，贰之则丧也。礼岂不至矣哉！"（《礼论》）总而言之，礼象征了一切的规范，天下事物有秩序可循的，都是礼的范围。③

杜维明认为，如果我们把"礼"看作一个动态的过程，作为人性化过程的"礼"具体表现为四个发展阶段，即修身，齐家，治国，平天下。这不能被简单地理解为一种直线式的运动，而应看作一个延续的渐进含摄（inclusion）过程，它"必须以个人作为它的出发点，但完全的修身却蕴含着对整个宇宙的含摄。实际上，个人所处的结构必然是他的自我实现中不可少的组成部分，但是对他而言要完全地发展自己，他就必须超越任何既定结构的狭隘观点，像自我中心主义、裙带关系、种族中心论及人类本位论等"。④ 因而，从描述性的角度看，"礼"可以被视为一个整合了人格、家庭、国家、天下这四者的形式。这样，"礼"包含着关于个人行动、社会关系、政治组织及宗教行为的种种礼仪。⑤

《论语》中对于"仁"与"礼"的关系有诸多论述，简言之，"仁"与"礼"之间相辅相成，不可分割。

---

① 杜维明：《〈中庸〉洞见》，人民出版社，2008，第63页。
② 张端穗：《仁与礼——道德自主与社会制约》，载黄俊杰主编《天道与人道》，联经出版事业公司，1983，第124页。
③ 张端穗：《仁与礼——道德自主与社会制约》，载黄俊杰主编《天道与人道》，联经出版事业公司，1983，第150页。
④ 杜维明：《杜维明文集》（第四卷），郭齐勇、郑文龙编，武汉出版社，2002，第38页。
⑤ 杜维明：《杜维明文集》（第四卷），郭齐勇、郑文龙编，武汉出版社，2002，第33~40页。

一方面，践礼以培养仁德。这在《论语》颜渊篇第一章和八佾篇三章有具体体现。

> 颜渊问仁。子曰："克己复礼为仁。一日克己复礼，天下归仁焉。为仁由己，而由人乎哉？"颜渊曰："请问其目。"子曰："非礼勿视，非礼勿听，非礼勿言，非礼勿动。"颜渊曰："回虽不敏，请事斯语矣。"

> 子曰："人而不仁，如礼何？人而不仁，如乐何？"

另一方面，仁德则在礼中呈现。这个观念阐释得最清楚的体现在《论语·学而》第十二章和《论语·卫灵公》第三十三章。

> 有子曰："礼之用，和为贵。先王之道，斯为美；小大由之。有所不行，知和而和，不以礼节之，亦不可行也。"

> 子曰："……知及之，仁能守之，不庄以莅之，则民不敬。知及之，仁能守之，庄以莅之，动之不以礼，未善也。"

由此，"一个盲目机械地奉行礼，不顾内在仁德的人，是孔子所痛恨的"乡愿，德之贼也"（《阳货》第十三章）。相对的，如果一个人盲目地施展仁德，而不依礼规范，这样非但徒劳无功，仁德也泯灭了。所以仁德与礼之间存在着相互依赖的关系。一个人在道德实践的过程中时时刻刻要注意仁与礼之间的平衡。这样完满的境界是道德生活的究竟目标。①

二　儒家伦理与日常人生

（一）家庭伦理

社会上最常见的几种个人关系在儒家这里具体表现为"五伦"，五伦中有三伦是关于家的，即父子有亲，夫妇有别，长幼有序，其余二伦的内容也是关于家庭的伦类推而成的。

"父子有亲"表明的是父子之间的关系应是互相亲爱，而不是单方服从。传统儒家家庭中易子而教的惯例的原因就在于担心由父亲教育自己的

---

① 张端穗：《仁与礼——道德自主与社会制约》，载黄俊杰主编《天道与人道》，联经出版事业公司，1983，第133页。

儿子有可能损害父子间的亲情。在《孟子·离娄上》第十八章中有这样的论述：

> 公孙丑曰："君子之不教子，何也？"
>
> 孟子曰："势不行也。教者必以正；以正不行，继之以怒。继之以怒，则反夷矣。'夫子教我以正，夫子未出于正也。'则是父子相夷也。父子相夷，则恶矣。古者易子而教之，父子之间不责善。责善则离，离则不详莫大焉。"

对于"夫妇有别"，杜维明指出，"别"的价值奠基于互惠原则上，其根本精神不在于支配，而在于劳动分工。儒家理想的大同社会是"男有业，女有归"，今天虽然由妻子操持家事的观念面临着挑战，但由夫妻共同努力撑起一个家庭的分工观念，依然被广泛地认为是必要的。此外，"别"的价值在于对裙带关系的防范上，因为夫妻之间的亲昵关系可能导致裙带关系，而引发社会的无责任感。①

"长幼有序"所处理的不只是兄弟关系，而是"强调以年龄作为组织人伦关系的要素。'序'的含义是顺序和次序，年龄因此便是一个排序的原则"②。但是单凭年龄并不会带来地位，长幼有序有许多复杂的面向。例如孔子在《论语·宪问》第四十三章中提到：

> 原壤夷俟。子曰："幼而不孙弟，长而无述焉，老而不死，是为贼。"以杖叩其胫。

再如《孟子·公孙丑下》第二章中提到：

> 天下有达尊三：爵一，齿一，德一。朝廷莫如爵，乡党莫如齿，辅世长民莫如德。恶得有其一以慢其二哉！

概而言之，儒家的家庭是讲究亲情和长幼有序的。"亲亲"从人性的角度来看是自明的，"家庭是人生中情感发展的自然场所，纯正的亲情呈现了人生最高贵的境界之一"。③ 一方面，在这里不能用契约论的方式讲权利和义务。另一方面，这也可能带来家庭中父母权威的滥用，比如，汉

---

① 杜维明：《儒教》，陈静译，上海古籍出版社，2008，第88~89页。
② 杜维明：《儒教》，陈静译，上海古籍出版社，2008，第89页。
③ 林毓生：《政治秩序与多元社会》，联经出版事业公司，1989，第390页。

代以来与阴阳五行之说杂糅后所产生的"三纲",即君为臣纲、父为子纲、夫为妻纲尽管是儒家家庭伦理异化的表现,"孟子当然不会赞成把五伦的道德教育转变为三纲的意识形态控制的政治行为,以三纲的逻辑来定义孟子的五伦意图是个误导"①,但它确实发生了。为了避免它的异化的发生,林毓生先生认为可以用"天赋人权"(natural rights)的观念对古典儒家的家庭观念进行改造。"中国古典儒家思想本有尊重人(每一个人)的观念,例如,'己所不欲,勿施于人'蕴涵了对别人的尊重。西方人权的观念不但不与这个古典儒家的观念冲突,在中国古典家庭观念经过改造——溶合了人权观念——以后,中国古典儒家思想尊重人的观念反而变得更丰富、更落实"②。由此,"溶合了'天赋人权'与长幼有序的絜矩之道的现代化儒家家庭观念便可在现代中国的脉络中以新的姿态呈现出来"③。

(二)社会伦理

一如我们所知,孔子主张"仁者爱人",意即人与人之间应该互相尊重和互相关爱。孔子不仅规定了仁爱体现在人与人之间的具体品德,而且提出了在人与人之间实行仁爱的方法,即忠恕之道。由此,儒家伦理学的核心"仁"有两条基本的原理,即"人道"(仁者爱人)和"忠恕之道"④。对于人道,即对人性的尊重这一点已成共识,无须赘述。本文主要在此阐述忠恕之道在今天社会生活中所具有的意义。

儒家的"忠恕之道"的说法起于曾参的解释。

> 子曰:"参乎!吾道一以贯之。"曾子曰:"唯。"子出,门人问曰:"何谓也?"曾子曰:"夫子之道,忠恕而已矣。"(《论语·里仁》第十五章)

与对"忠恕之道"强调"忠"的天道、天理性质的传统解释不同,王庆节提出了一种在笔者看来更为合理的解释,他认为孔子之道是建立在"恕道"理论基础之上,隐含着恕道优先的原则。这一恕道优先的原则充分展露出孔子之道从一开始乃人间之道的特色。王庆节先生称之为"恕忠

---

① 杜维明:《儒教》,陈静译,上海古籍出版社,2008,第125页。
② 林毓生:《政治秩序与多元社会》,联经出版事业公司,1989,第391页。
③ 林毓生:《政治秩序与多元社会》,联经出版事业公司,1989,第391页。
④ 王庆节:《道德金律与普世伦理的可能性》,载《解释学、海德格尔与儒道今释》,中国人民大学出版社,2004,第302页。

之道"，本文采用的是"恕忠之道"的说法。在此，笔者简要概括王庆节先生的观点①。

孔子的"恕忠之道"是由"忠"和"恕"这两个在中国伦理思想传统中极为重要而又相互贯通的观念构成。"忠"定位的是个人与群体之间的德性；而"恕"则定位的是在社群共同体中个人与个人之间的关系原则。就"忠"而言，它应具有两个方面的重要内涵：其一，古时人们常说"忠君报国"中的"忠君"只是形式，其实质在于始终认同我们生于斯，长于斯，而在古代常由君王来代表的政治、文化、生活共同体——国家。其二，忠作为个体对其在之中的生命、生活共同体的认同不是一种外在的强加，而是社群中诸个体基于共通文化、历史而出自内心的要求。就"恕"而言，其本质倡导的是我与你之间在我们的社群共同体中的相互关心与爱护的关系。正是这种相互关爱，使得我们的社群共同体成为可能。"恕"就其实现途径而言，体现在孔子提倡的"能近取譬"、将心比心之中。基于这一理解，"恕"的概念在孔子那里，其正面的表述为："己欲立而立人，己欲达而达人"；②其负面的表述则是："己所不欲，勿施于人"。③由此，我们可以发现，在相互关爱的基础上建立起来的社群共同体乃是"忠"得以施行的前提条件，亦即"忠"只有在"恕"的基础上方能成立和有效。

中文"恕道"中的"道路"而非英文"金律"中的"律法""规则""命令"的概念，充分展现出孔子的以恕道为本的伦理学不企求什么超越具体生活，具有绝对性质和笼罩着神性光环的普遍性。相反，它所要求的仅仅是一种人世间的，建立在社群生活基础之上的相对普适性。……孔子说"为仁由己"与"能近取譬，可谓仁之方也。"如此理解的伦理学，其本质功能就更多地倾向于"示范"而非"规范"，"教化"而非"命令"，"引导"而非"强制"。它作为人间之道，从人间而来。从古人，从今人，从自己，从旁人所经历的生活事件以及由这些生活事件而设定的"范例"中，我们引申出道德伦理和价值的要求。这些范例，在我们现今的日常伦理道德生活中，起着一种"示范"的功能，帮助我们判定日常生活的好与坏、善与恶、美与丑、忠与奸。它们鼓励、激发、引导、教育民众，而非

---

① 王庆节：《道德金律、恕忠之道与儒家伦理》，载《解释学、海德格尔与儒道今释》，中国人民大学出版社，2004，第239~254页。
② 《论语·雍也》第二十八章。
③ 《论语·颜渊》第二章和《论语·卫灵公》第二十四章。

规定、命令、强制民众去行善事，做好人。正如孔子所言："道之以政，齐之以刑，民免而无耻；道之以德，齐之以礼，有耻且格。"所以，从这一立场出发，以人道与恕道为本的伦理学就只能是"示范伦理"而非"规范伦理"。示范伦理学坚持道德不本于神圣律法和政治权威，不企求"千篇一律"。道德基于人心，成于示范、教育与自我修养。①

就今天的社会生活而言，一如哈贝马斯所指出："澄清'道德的眼光'的各种尝试提醒我们，在一个普遍有效的'天主教的'世界观崩溃以后，连同随之而来的向多元主义社会的过渡，道德律令不再能够从一个超越的上帝的眼光出发做公共的辩护了。从上帝的眼光，这个世界之外优越视角出发，世界可以被客观化为一个整体。道德眼光要做的事情，就是在世界自身之内——也就是我们的主体间分享的世界的边界之内重构这个视角，而同时保持我们自己与整个世界之间的距离的可能性，也就是保持总括世界之视角的普遍性。"② 换言之，我们在日常交往，尤其是理性商谈中，一开始就预设了某种范导性的东西，"而这些对'范导性'的东西的预设本身，则具有'构成性'的地位：若没有这些虚拟的预设或理想化的环节的话，合理交往就绝无可能"。③

由此，在现代社会中，由于文化、宗教传统和生活情境的不同，试图达致类似于基督教道德金律的规范伦理学已经不可能，哈贝马斯的道德论辩无疑具有极其重要的意义，在哈贝马斯那里，"理想则是内在于日常生活，内在于日常语言交往的"④。这实际正是典型的儒家做法，从身边的事情即日常交往所设定的"范例"中，引申出道德伦理和价值的要求。这些范例，在我们现今的日常伦理道德生活中，起着一种"示范"的功能。比如，在我的高中学校里，就有非常多杰出校友的事迹介绍，他们是当年我学习的榜样，虽然我未必有他们那么出色，但正是对他们的向往，使我也取得了长远的进步。因而，从某种意义上说，儒家的"范例"或者哈贝马斯对范

---

① 王庆节：《道德金律与普世伦理的可能性》，载《解释学、海德格尔与儒道今释》，中国人民大学出版社，2004，第 309~310 页。

② Juergen Habermas：*The Inclusion of Others：Studies in Political Theory*，edited by Ciaran Cronin and Pablo De Greiff，The MIT Press，Cambridge，Massachusetts，1998，pp. 7 - 8，转引自童世骏《批判与实践——论哈贝马斯的批判理论》，生活·读书·新知三联书店，2007，第 320~321 页。

③ 童世骏：《批判与实践——论哈贝马斯的批判理论》，生活·读书·新知三联书店，2007，第 321 页。

④ 童世骏：《批判与实践——论哈贝马斯的批判理论》，生活·读书·新知三联书店，2007，第 319 页。

导性的理想的预设，对我们每个人的生活而言具有构成性的意义。鲁迅有言："人类总有一种理想，一种希望。虽然高下不同，必须有个意义"。[①]

对于哈贝马斯和儒家而言，主体性和主体间性是互为条件的，亦即"一个个体要想成为充分意义上的人，只有通过与其他人的互动，在这个意义上，'主体间性'先于'主体性'"。[②] 就今天的现代生活而言，儒家在处理人与人之间关系的"恕忠之道"意味着尊重别人对于什么是"美好生活"的理解，不应当将自身的愿望或要求强加于他人，即使这是一种看来是关爱他人的善意。由此，为了在不同的人之间达致关于"美好生活"的相互理解，我们应该展开积极的对话，这也因而要求各方之间展开开明的讨论和相互的承认，也只有这样，一个个体才能成为成熟的个体。

三　先秦儒家伦理面对的困境

下面的这个例子会让我们看到儒家思想所面临的困境。

> 万章曰："舜流共工于幽州，放驩兜于崇山，杀三苗于三危，殛鲧于羽山，四罪而天下咸服，诛不仁也。象至不仁，封之有庳。有庳之人奚罪焉？仁人固如是乎：在他人则诛之，在弟则封之！"曰："仁人之于弟也，不藏怒焉，不宿怨焉，亲爱之而已矣。亲之，欲其贵也；爱之，欲其富也。封之有庳，富贵之也。身为天子，弟为匹夫，可谓亲爱之乎？"
>
> "敢问或曰放者，何谓也？"
>
> 曰："象不得有为于其国，天子使吏治其国而纳其贡税焉，故谓之放。岂得暴彼民哉？虽然，欲常常见之，故源源而来，'不及贡，以政接于有庳。'此之谓也。"（《孟子·万章上》第三章）

在这个极端的例子中，我们看到，孟子主张法律在执行公务时是适用的（用来对付不仁的外人），但是并不适用于自己人。对待自己人应该用有等差的仁爱，即使是贵为天子，也要使不仁之弟富贵。但同时为了表示"重私不废公"，孟子解释为象仅拥有虚职，而实际上由官吏代其治国。因

---

① 鲁迅：《坟·我之节烈观》，《鲁迅全集》第 1 卷。转引自童世骏《批判与实践——论哈贝马斯的批判理论》，生活·读书·新知三联书店，2007，第 332 页。

② 童世骏：《中国思想与对话普遍主义》，陆丁译，原载 *Europe and Asia Beyond East and West*，Edited by Gerard Delanty，Routledge，2006。

而，"后世'情、理、法'、'天理、人情、国法'等多元的法律观里，普遍主义的'人情'容易被简化看待成特殊主义的'私情'，实非偶然"。①

如果追根溯源，我们会发现在儒家的文化设计中存在的一个严重问题，即将家庭伦理与政治原则混同。我们可以从儒家伦理的几个基本原则来展开分析，即"亲亲""尊尊""推己及人"。

人情系源出自然，故情有差等亦属自然，和孟子同一时代的杨朱提倡"为我"，主张"拔一毛以利天下而不为"；墨子主张"兼爱"，"爱人之父如己之父"；孟子对他们进行了批判，认为："杨氏为我，是无君也；墨氏兼爱，是无父也。无父无君，是禽兽也"（《孟子·滕文公下》第九章）。其中的主要原因在于杨、墨的主张与儒家的"以仁居心""爱有差等"的原则相悖。

"亲亲"从人性的角度来看，无疑是自明的，但从社会组织原理的角度来看，"亲亲"显然是不够的，还必须能够推及他人。"亲亲而仁民，仁民而爱物"（《孟子·尽心上》第四十五章）"以其所爱及其所不爱"（《孟子·尽心下》第一章）。可是由于现实生活中的限制，按照休谟的说法，从主观条件方面讲，是人的自私和有限的慷慨；从客观条件方面言，就是外物的容易转移，以及它们比起人类的需要和欲望来显得稀少。② 这两者的结合"必然要产生各种情感的对立，因而也就产生了各种行为的对立"，③ 这对于社会协作不能不是有危险的。从推己及人的角度而言，"个人能推及的群体，大抵不脱宗族、邻里、行郊等范围，这些群体以外的人，便是五伦推不到的陌生人，属于被排斥的他群"。④ 就"尊尊"原则而言，众所周知，显然这不是一个普遍的人情选择，它所规定的等级制度和论资辈秩序从长期来看会造成社会的慢性衰竭，此处不赘论。

因而，我们看到："儒家由修身、齐家到治国、平天下的文化设计，虽然理念上一以贯之，但实际上到了'家'这一关，便很难再由'家'通向'国'"，⑤ 也就是说，儒家的社会组织原理、伦理规范都是以家为中心的。余英时说："自汉以后的情形而言，'齐家'怎样能一跃而至'治国'已大成问题，以现代的情形看，则'修身、齐家'属于'私'之领

---

① 林端：《儒家伦理与法律文化》，中国政法大学出版社，2002，第103页。
② 〔英〕休谟：《人性论》，关文运译，郑之骧校，商务印书馆，1980，第525～528页。
③ 〔英〕休谟：《人性论》，关文运译，郑之骧校，商务印书馆，1980，第527页。
④ 林端：《儒家伦理与法律文化》，中国政法大学出版社，2002，第103页。
⑤ 金耀基：《金耀基自选集》，上海教育出版社，2002，第164页。

域，'治国、平天下'则属于'公'的领域，其中有一道鸿沟更是越不过去的。"① 换言之，在没有将家庭与政治这两个不同的领域进行明确区分的前提之下，"'为政在于修身，修身在于亲亲——这一逻辑——的确很容易滑落到中国官场上'公''私'不分，家族特权盛行的行为。因此，我们可以确切地说，儒家传统在政治思想方面，警惕性不足，范畴不够，资源较贫瘠。这也是 20 世纪的中国在政治上一直没能走上正轨的主要原因之一。换句话说，现代政治思想不应是以家庭为中心的修身思想的投射"②。

结　语

　　儒家主要解释的是熟人关系，而在陌生人问题上则含糊其辞，试图通过推爱原则来解决这个问题并不能奏效。中国目前正经历着从以小农经济为基础的熟人社会转向以工商经济为基础的陌生人社会。这种转型伴随的是人员的高度流动，一方面，以小农经济为基础的熟人社会是依据血缘而形成的关系紧密的小型社会，"缺乏变动的文化里，长幼之间发生了社会的差次，年长的对年幼的具有强制的权力。这是血缘社会的基础。血缘的意思是人和人的权利和义务根据亲属关系来决定。亲属是由生育和婚姻所构成的关系"。③ "血缘是稳定的力量。在稳定的社会中，地缘不过是血缘的投影，不分离的"。④ 因而，在这种社会形态中，血缘和地缘是合一的，具有很高的同质性。儒家的"亲亲"原则在现实中遇到内部人与外来的陌生人发生冲突和纠纷的时候，往往会以牺牲外来者的利益为代价来维护社区的利益。熟人社会的这种封闭性会阻碍人们在一个更大的社会内进行合作求得生存，也就会无法形成哈耶克所说的"扩展的秩序"。另一方面，市场经济要求人们在更大的、更为均质化的空间跨度中进行交易和交往。依靠传统来维持的熟人社会尽管也会发生缓慢的变化，但"在现代的工商社会中，新事物层出不穷，社会生活的节奏加快，社会的组织方式不断变化，因此，乡土秩序自发性的缓慢变革无法有效地回应现代生活。在这种情况下，就需要形成统一的、不矛盾的、明确的和普遍适用的，并因此是

---

① 余英时：《群己之间——中国现代思想史上的两个循环》，《明报月刊》，1983 年 8 月号，第 108 页，转引自金耀基《金耀基自选集》，上海教育出版社，2002，第 164 页。
② 林毓生：《政治秩序与多元社会》，联经出版事业公司，1989，第 392 页。
③ 费孝通：《乡土中国　生育制度》，北京大学出版社，1998，第 69 页。
④ 费孝通：《乡土中国　生育制度》，北京大学出版社，1998，第 70 页。

可以预测的规则体系。这就是现代的'法治'得以生发的最主要的社会经济基础"。①

费孝通先生指出:"在亲密的血缘社会中商业是不能存在的。这并不是说这种社会不发生交易,而是说他们的交易是以人情来维持的,是相互馈赠的方式。……地缘是从商业里发展出来的社会关系。血缘是身份社会的基础,而地缘却是契约社会的基础。契约是指陌生人中所作的约定。在订定契约时,各人有选择的自由,在契约进行中,一方面有信用,一方面有法律。……在这里是冷静的考虑,不是感情,于是理性支配着人们的活动——这一切是现代社会的特性,也正是乡土社会所缺的"。② 因而,"以群体关系而言,中国文化在现代化的挑战下必须有基本改变,是非常显明的。在现代社会中政治与法律都是各自具有独立的领域和客观的结构,决不是伦理——人伦关系——的延长。……中国人必须认真吸收西方人在发展法治与民主两方面的历史经验"。③ 从这种意义上讲,中国要走向现代化的道路,要实现市场经济,就必须改变传统的差序格局,而使同样的规则对待每一个人的原则以渐进的方式在扩展的过程中一步一步地显现出来。

由此,我们应该分清政治与伦理两个不同的领域,在政治领域需要明确的和普遍适应的规则体系,它保障的是社会个体作为公民所应享有的权利和应履行的义务。在伦理领域,它的对象不是作为公民的个人,而是生活在具体角色、情境中的个人。儒家在修身、齐家的层次上仍可以发挥重要的作用,当然,这并不是说儒家已经完全与公共领域割裂开来,儒家的修身原则可以对人格的塑造起着非常重要的作用,而现代民主依然需要人格的魅力,这是儒家对现代民主可以贡献的重要内容。因此,儒家的伦理可以通过这种间接的方式有助于国家的治理与社会的和谐。

---

① 苏力:《阅读秩序》,山东教育出版社,1999,第161页。
② 费孝通:《乡土中国 生育制度》,北京大学出版社,1998,第74~75页。
③ 余英时:《从价值系统看中国文化的现代意义》,载余英时《中国思想传统的现代诠释》,第31页。

人的独特性及其法律保障[*]

张　顺^{**}

摘　要：人的独特性为证立人的主体性、人的尊严和国家权力行使的边界提供了理论支撑。而在现代法律制度中，以人的能力、思维方式和个性为代表的独特性要素已经在法律制度中得以展现。但是，法的形式理性、国家职能的异化和社会权威都对人的独特性的法律保障提出了挑战。为了保障人的独特存在，学者们纷纷提出国家中立、公共领域与私人领域的二元建构、有限度的法律个别化等学说，其中共同的旨趣在于对国家和社会干预个人独特性的范围、方式等进行严格的约束。对于目前尚无法解决的冲突，应当贯彻人的独特性初显优位原则、搁置争议原则、程序正义原则和"人是目的"原则。

关键词：人的独特性；形式理性；私人领域；国家中立；个别化

一　人的独特性法律保障的学理证成

作为社会共同体中不可或缺的存在，每一个人都以其共性与个性屹立于社会之中。就共性而言，每个人在与其他人的合作与融合中，分享着共同的价值观念、社会习俗、伦理道德，并以此作为维系共同体团结与合作的纽带。就个性而言，每个人都表现出与他人与众不同的"自我"存在，每个个体都期望以某种方式证明自我存在的价值与意义，进而为社会的进步提供源源不断的动力。正是由于共性与个性对立存在，社会才得以保证在稳定与秩序、进步与发展、动乱与崩溃之间保持某种均衡之势。任何一个社会法律制度的构建，也需要在处理共性与个性关系问题时保持一种谨慎的态度，即在尊重和维护共性的基础上，不得以损害甚至消灭个性作为代价。由于研究路径和研究方法的差异，个性有

---

　*　国家社科基金重点项目"良法善治视域下法治与德治关系研究"（15AZX021）。
　**　张顺，法学博士，常州大学史良法学院讲师，常州大学中国法治与德治战略问题研究院、常州市地方立法研究与评估中心研究人员。

时也被学者称为人的多样性、人的独特性、个体性、个性，而本文以人的独特性统称之。

从发生学上讲，人的独特性有两种产生路径：一是与生俱来的（传来的），包括一个人的性别、肤色、年龄、亲属关系等。二是后天形成的（取得的），包括经验、思维方式等。可以说，每个人的独特性都往往受到先天与后天因素的影响，因而很难区分到底源于何种动因，如人的能力、人的思维方式。就人的独特性的存在方式而言，可以从静态和动态两个层面予以解读。从静态的意义上讲，人的独特性是一种客观存在的事实，每个独一无二的个体都需要妥善处理与其他个体、共同体与国家之间的关系。每个独特的个体都要充分尊重他人的独特存在，明确每个个体的权利和义务，防止个体之间的倾轧；在遵循社会共同体的习俗、观念和价值的同时，对某些个体所表现出来的独特价值观保持一定程度的宽容与忍耐；在国家与个人之间建构起防止国家暴虐的"私人领域"，保障个人独立自主与意思自治。从动态的意义上讲，人的独特性表现在以下五个方面。（1）人的独特性处于不断变化和发展的动态过程中，不会完结也不可终止。（2）人的独特性反映人的独特能力，即做出选择和对世界施加影响的能力。（3）在本质上表现为人与人之间的差别，而社会对于个人差别的形成具有建构力。（4）人的独特性并不是一种反常的个人行为，其游弋于理性和逻辑的边缘。（5）个人的独特性发端于个人与群体的互动之中。①

有关人的独特性保障的思想渊源，最早可以追溯到文艺复兴时期。在文艺复兴的诸多艺术作品中，人的多样性、独特性就有明显的表现，② 即开始注意到人的个性、理性、自然欲望等主体性特征。到了启蒙运动时期，在洪堡、密尔等学者的作品中，已经将人的独特性视为一种主体性的存在，并将其与人的自由、权利联系起来，从而为保障人的独特性奠定了扎实的学理基础。按照德国学者洪堡的论述，国家不得以任何借口抹杀人的独特性和差异性，"真正的理智并不希望人处于别的其他状态，它只希望给人带来这样的状况：不仅每一个单一的人享受着从他自身按照其固有特征发展自己的、最不受束缚的自由，而且在其中，身体的本质不会从人的手中接受其他的形态，每一个人都根据他的需要和他的喜好，自己随心

---

① See Meena K. Bhamra, *The Challenges of Justice in Diverse Societies*, Burlington: Ashgate Publishing Company, 2011, pp. 130 – 138.

② 参见李强《自由主义》，吉林出版集团有限责任公司，2007，第42页。

所欲地赋予它一种形态，这样做时仅仅受到他的力量和他的权利局限的限制"。① 也就是说，人的独特性是人与生俱来的独特品质，每一个个体都有充分的自由发展自己的个性和能力。

既然人的独特性是一种无法改变、与生俱来的客观事实，那么寻求改变甚至消灭人的独特性在本质上就是社会暴虐。正因为如此，任何社会制度都应当将人的独特性视为一种多元化的价值标准，对人的独特性的保护也就具有十分重要的法律意义。

人的独特性的内在价值是人的主体性得以证成的根基，而人的主体性最为重要的表现形式便是人的独特存在。意大利学者葛兰西认为："人们创造他们自己个性的办法是：1. 赋予他们自己的生命的推动力量或意志以一个特定的和具体的（'合理的'）方向；2. 辨认出将使这种意志成为具体的和特定的而不是任意的那些手段；3. 在人们自己的限度和能力的范围内，以最有成果的方式致力于改变实现这些意志的具体条件的总和。"② 在葛兰西看来，个性的本质就是个人的主体性，以此来形成人独立的生活规划、价值标准。进而言之，对于社会共同体而言，每个个体都是一个独立的存在，并有其存在的价值。或者说，每个人都是独一无二，彼此之间拥有完全不同的创造性、生活方式、思维方式、人格，并且人与人之间处于相互合作、相互协作的状态。正因为如此，每一个个体都是无法取代的，其对社会的价值和贡献也是无法忽视的，即使存在贫与富、愚与智等形成强烈对比的差距。

人的独特性是人的尊严实现的重要指标，人的独特性与人的尊严都要求每个个体得到充分的发展，从而拒斥整齐划一的模式化、典型化、规模化的发展。换句话说，如果法治的实现是以牺牲人的独特性为代价，那么，这本身就构成了对人的尊严的侵犯。"人作为一种和蚂蚁不同的动物，若要按蚂蚁模式来建立自己的关系结构，那就不能不压倒和否定自己的个性、人格和尊严以及权利。和一切被封闭在大自然界线以内没有出路的动物相反，人之所以为人，就因为他解放了而不是压制了自己的个性。可以有一万只相同的蚂蚁，却没有两个相同的人。要把无数个活生生的人纳入一个像蚂蚁群体那样的社会，完全没有可能；倘若可能了，那么历史也就

---

① 〔德〕威廉·冯·洪堡：《论国家的作用》，林荣远等译，中国社会科学出版社，1998，第 152 页。

② 〔意〕葛兰西：《实践哲学》，徐崇温译，重庆出版社，1990，第 45 页。

停止了"。① 从这个意义上说，人的独特性是人的尊严理论中最为重要的正当化论据。

人的独特性也为限制国家权力的行使提供了理论支撑。在反自由主义者看来，支持人的多样性，就等于支持价值观的多样性，进而也就等于支持道德虚无主义或无政府主义。殊不知，"尊重个别性和差异性的原因，并非因为无法判断这些人生价值的高低好坏，亦非因为凡是人们选择的便是合理的，而是因为其他的道德考虑，例如对国家的权限的理解、对人性和幸福生活的看法，以至对个人自主和平等尊重的坚持等"。② 甚至可以说，人的独特性是人类社会中每一个成员所享有的特殊权利。人的独特性不受国家的压迫和挤占，也不得被社会所同化。人的独特性不仅要求任何人都不能被当作手段对待，更要求保障人的独特性成为国家权力行使的边界。传统权利理论一般主张，权利是权力行使的边界，要"以权利制约权力"。进言之，国家一般不会主动干预个人行使权利，只有当个人行使权利超过一定的界限，国家才能基于一定的理由干预个人自由。这一理由可能是国家利益、公共利益，也可能是社会主流价值观、善良风俗。凭借国家利益、社会利益介入个人行为较易被人识别，而以价值观、善良风俗的名义支配个人行为，则可以轻易获得正当性。强调人的独特性，就是要表明，公权力借由这些理由干预人的行动时，不能以损害人的自主和自治为代价，更不得以"一元"消灭"多元"。

二　人的独特性的法律承载

既然人的独特性是衡量法律制度是否良善的重要标准，那么将人的独特性的表现形式融入法律制度的构建当属题中之意。那么，每个人的独特存在具有哪些重要的面向呢？根据法律性质的不同，可以区分为以下两类：一类是法律一般不予直接调整与干预的要素，如家庭出身、身高体重、教育程度、财产状况等；另一类是法律予以规范与保护的要素，如宗教信仰、民族习惯、创造性等。人的独特性虽然牵涉人多方面的存在形态，但其中以人的能力、人的思维方式、人的个性尤为突出，下文谨以此做出细致分析。

---

① 程燎原、王人博：《权利及其救济》（第2版），山东人民出版社，2008，第66页。
② 周保松：《自由人的平等政治》，生活·读书·新知三联书店，2010，第113页。

（一）人的能力

人类区别于动物的本质特征在于，人是一种理性的动物，人类能够凭借知识和技能不断能动地认识世界和改造世界，而人类本身的理性能力又构成社会发展的原动力，"假如人们当下的活动只能是对此前的活动的重复，那么，人类脱离动物界以后的任何变化都不会发生，连最初的直立行走、制造工具、火的使用、语言文字和社会关系等等的产生都会成为不可能的，甚至人类根本就不会从动物界中提升出来"。① 人最终从自然界中独立出来，靠的正是理性能力之下对自主生活的追求。正因为人的理性能力如此的珍贵与特殊，法律制度理所当然应当予以正视。

其一，人的能力是人的行为得以成立的前提和基础，即个体承担法律上权利义务的必要条件。现行法律制度一般将年龄作为判断个人是否能独立享有法律权利、负担法律义务的首要标准，如我国《民法通则》第 11 条规定，年满 18 周岁的公民为"完全民事行为能力人"，我国《刑法》第 17 条规定，年满 16 周岁的公民为"完全刑事责任能力人"，其背后的理论预设就是将人的年龄与人的行为能力相挂钩，即假定人一旦达到某个年龄，就具备了个人行为所需具备的认知能力、选择能力、判断能力和控制能力，这样法律就具有了一项可操作的标准。与此相对，人的认知、判断、选择和控制能力的欠缺也就成为减轻或者免除法律责任的基础，例如我国刑法就将盲人、又聋又哑的人、尚未完全丧失辨认或者控制能力的精神病人三类人群规定为"限制刑事责任能力人"，又将 14 周岁以下的未成年人和完全丧失辨认或者控制能力的精神病人规定为"无刑事责任能力人"。不难发现，这样的制度设计既维护法律标准的权威性，又兼顾人的独特性。

其二，创造性是人的能力的突出表现，而创造性也是法律制度尤为珍视的对象。正如德国学者卡西尔所言："人性并不是一种实体性的东西，而是人自我塑造的一种过程：真正的人性无非就是人的无限的创造性活动"。② 这意味着人并不是一种封闭的实体，它能向世界和社会敞开，人也由此获得了自我发展、自我创造的能力。密尔亦指出："首创性是人类事务中一个有价值的因素。永远需要有一些人不但发现新的真理，并指出

---

① 郭湛：《主体性哲学——人的存在及其意义》（修订版），中国人民大学出版社，2011，第 161 页。

② 〔德〕恩斯特·卡西尔：《人论》，甘阳译，上海译文出版社，2004，第 6 页。

曾经的真理在什么时候已不再是真理，而且在人类生活中开创一些新的做法，并树立更开明的行为、更好的趣味和见识的榜样"。① 为了维护创造性这一人类的独特能力，知识产权制度应运而生。对于由人的能力所创造出来的发明、设计、艺术作品，法律制度便将其权利化，从而演绎出专利权、商标权、著作权等权利类型，以进一步促进人的创造能力的挖掘。只是，出于公共利益的考虑，对知识产权所享有的期限、方式要作出一定的限制。

其三，人的能力是法律衡量主体是否适格的重要标准，其中最为典型的便是公共职务的选拔和职业资格能力的赋予。虽然现代法治崇尚"法律面前一律平等"和"机会平等"，但是人才选拔机制都无法兼顾平等与对"智者""精英"的青睐。概览我国法律关于选拔人才机制的规定，无论是全国人大常委会制定的选拔公共职务的《公务员法》（第 11 条）、《法官法》（第 9 条）、《检察官法》（第 11 条），还是由国务院各部委所施行的赋予职业资格能力的司法考试、执业医师资格考试、注册会计师考试等，无不将人的能力和才智作为衡量主体是否适格的法律标准。一方面这是由于人才的选拔必须依赖一定的客观标准，较之家庭出身、财产状况抑或是宗教信仰、外貌特征等要素，人的能力和才智是最容易加以操作的标准。另一方面从"优胜劣汰"法则出发，人的能力也是最为恰当的标准。

其四，人与人之间存在能力差距，法律应当为能力上的弱者提供保护。人的能力虽为每个人所共享，但圣愚不肖并存也是不可忽视的社会情状。正是由于人的能力差别与生俱来、无法改变，因而需要相应的法律制度来补足少数人的能力不足，（1）对于因能力不足而产生的弱者，特别是精神病人、残疾人、未成年人等能力上的弱者，法律除了保障其基本的生活需求（社会保障权）外，还通过提高其"可行能力"使其摆脱弱势的局面。（2）对于被蒙蔽者或者被欺骗者，法律则赋予行为人相应撤销或者变更法律行为的资格。（3）对于缺乏自主判断能力、选择能力者，法律设定相应的监护人或者监管人，允许监护人以"家长主义"的身份保障缺乏自主判断能力者的合法权益。然而，不无担忧的是，法律制度在补足少数人能力不足的同时，也会造就一大批"懒人"和"蛀虫"。

（二）人的思维方式

在《论自由》一书中，密尔讨论了个人自由的范围，也就是"人类

---

① 〔英〕密尔：《论自由》，顾肃译，凤凰出版传媒集团、译林出版社，2010，第 68 页。

自由的适当领域"：一是意思与意见自由；二是在不伤害他人利益前提下从事社会、经济与政治活动或其他活动的自由；三是个人选择自己特殊生活方式的自由。针对"个人选择自己特殊生活方式的自由"，密尔指出，"这个原则还要求趣味和志向的自由，按照我们的性格特质来制订自己的生活计划的自由，随自己的喜好去做事的自由，当然也要承担可能产生的结果，只要我们所做所为并不对我们的同胞造成损害，即使他们认为我们的行为是愚蠢、不当或错误的，这样的自由也不应被他们所妨碍。"① 也就是说，每个人的行为方式都具有独特性。每个人处理问题的方式之所以存在显著差异，原因在于每个人都拥有完全不同的知识储备和人生经验，更为重要的是，每个人都有各自不同的偏好、需要，并在这些偏好和需要的指引下做出截然不同的选择。

决定这些与众不同的生活方式和行为方式的是人的思维方式。英国思想家葛德文主张："为了使人类的认识能力得到顺利地培养，人们的精神活动必须是相互独立的。我们必须避免这种旨在把我们的见解溶而为一的做法。一个人应该有一种坚毅精神，使他不论在行动上或见解上都习惯于进行独立的判断，并且感到自己有能力来完成自己的任务。"② 言下之意，不同的思维方式决定了人完全不同的精神世界，而独立的精神活动又支撑着每个人独立的价值判断和个人偏好，这些都是多样性的内在要求。"如果我们欠缺理性反省能力，不问缘由便接受社会主流价值，不加质疑便服从外在权威，并任由当下欲望支配自己，我们谈不上活出自己的人生。"③ 也就是说，独特的人生必须是个人参与、个人决断下的行为历程，如果人只是"被决定"，那么与行尸走肉并无实质的区别。

法律制度在面对这些纷繁复杂的生活方式和行为方式时，呈现出两种完全不同的处理方法，而其背后又以不同的价值观作为支撑。对于崇尚自由和宽容的制度建构者来说，"赋权"和意思自治是法律保障个人独特价值的最佳方式，前者视人为理性的主体，能够通过权利的行使为自己、他人、社会带来利益；后者视人为自主的人，能够独立地决断涉己的事务，国家并无干涉之必要。对于崇尚"至善论"的学者来说，法律制度的重要

① 〔英〕密尔：《论自由》，顾肃译，凤凰出版传媒集团、译林出版社，2010，第14页。
② 〔英〕威廉·葛德文：《政治正义论》（第二、三卷），何慕华译，关在汉校，商务印书馆，1980，第644页。
③ 周保松：《自由人的平等政治》，生活·读书·新知三联书店，2010，自序第2页。

作用就在于引导甚至强制人们接受最为道德的生活方式、行为方式，并将追求"至善"作为人的基本价值观。可以说，这两种完全不同的处理范式使得法律制度的建构呈现出混乱的状态，其中混乱状态突出表现在对同性恋和同性婚姻的认可、对堕胎的许可或者禁止、死刑的存废、枪支的管理等多个领域，有的甚至引发旷日持久的"诉讼战争"，有的导致法律规范被不断制定、修改、废除（违宪）。

（三）人的个性

在英国学者内特尔看来，我们每个人都有独特的性格，这就是个性。"这种东西与人们在面临事态演变时作出特定的选择、动机、反应和所逢障碍有因果关系"。[①] 密尔也曾言："每个个人周围的环境与其他个人周围的环境都是不一样的；每个民族或每一代人周围的环境与其他民族或其他一代人周围的环境都是不一样的；而这些区别在不同的性格的形成过程中都有重要的影响。"因此，密尔的结论是："人类并没有一个普遍同一的性格"。[②] 而拉德布鲁赫则认为："性格不是可以被刻意追求到的；它只是忘我地投身事业的一种意外收获，只是赏赐和恩惠"。[③] 这意味着每个人都会在环境的熏陶之下，养成独特的个人禀赋。个性之所以重要，源于个性必然通过人的行为予以展现，最终表现为一定的行为方式和态度。传统的法律观念一般都无法将法律制度与人的个性相联系，似乎人的个性处于法律规范和调整的边缘地带，其实法律制度的建构与人的个性之间有着天然的对接关系，经验、忠诚便是典型。

所谓经验便是个人通过参与社会实践或者通过知识的传承所获知的知识和技能。由于每个人的人生境遇、兴趣爱好都有所不同，因而每个人所分享的经验存在着显著的差异。即使个体分享同一时空下同一事物的经验，也会由于认识方式和价值观的不同，产生完全不同的个人感受。正是由于经验是人的知识和技能的重要保证，法律制度尤其注重经验与主体适格（职业化）之间的实质联系。例如，我国《法官法》第9条和《检察官法》第10条都规定，接受法律职业教育和从事法律工作达到一定年限是从事法律职业的基本要求。然而也应当注意到，对于个

---

① 〔英〕丹尼尔·内特尔：《个性》，冯炳昆译，商务印书馆，2010，第　页。
② 黄伟合：《英国近代自由主义研究》，北京大学出版社，2005，第114页。
③ 〔德〕古斯塔夫·拉德布鲁赫：《法律智慧警句集》，舒国滢译，中国法制出版社，2001，第84页。

人经验的过高要求，也会导致职业任职资格方面的"歧视"，如近年来公务员、事业单位招考中要求一定的"基层工作经验"，引发对大学生就业产生歧视的争议。

忠诚是一种人与人之间重要的情感，也是法律制度尤为珍视的自然情感，对背信弃义的行为则予以严惩。例如，对国家和民族的忠诚是我国《宪法》（第52～54条）所规定的公民的一项基本义务，而对于投敌叛国、出卖国家机密等背叛行为，我国《刑法》分则开篇第一章就以"危害国家安全罪"惩戒这些行为。再如，最新修订的《刑事诉讼法》第188条规定："经人民法院通知，证人没有正当理由不出庭作证的，人民法院可以强制其到庭，但是被告人的配偶、父母、子女除外"。即为了维护基于亲情而形成的人与人之间自然信任与忠诚，法律免除了亲人间强制作证的义务，与此形成对立的便是《刑法》有关"窝藏、包庇罪"的规定。

目前，已有不少国家的宪法将保护个性、促进个人的全面发展，作为公民的一项基本权利、自由或国家的人权保障义务加以规定，从而创造性地将人的个性保障提升到基本权利与自由的高度。当然，作出这方面规定的国家并不多，以下主要列举几个代表性的国家。

表1　各国宪法中保障个性自由的条款梳理

国　家	条款（位置）	内　容
乌克兰	第23条（人和公民的权利、自由和义务）	每个人均有在不损害他人权利和自由的条件下，自由发展其个性的权利。同时，每个人均对保障其个性自由和全面发展的社会承担义务。
摩尔多瓦	第1条（基本原则）	摩尔多瓦共和国是民主和法治的国家。在这个国家里，人的尊严、人的权利和自由、人的个性自由发展、公正和政治多元化是最高价值，并受到保障。
塞尔维亚	第23条（人权和少数人权利、自由）	人的尊严不可侵犯，并且每一个人均有义务尊重和保护它。每一个人均有权使个性得到自由发展，只要不侵犯宪法保障的其他人的权利。
西班牙	第10条（基本权利和义务）	作为个人神圣固有的权利，人的尊严、个性的自由发展、尊重法律和他人的权利，是政治秩序和社会和平的基础。
委内瑞拉	第20条（义务、人权和保障）	人人都有自由发展其个性的权利，除不得损害他人权利与公共社会秩序外，不受其他限制。
埃塞俄比亚	第24条（基本权利与自由）	每个人均有在与其他公民的权利不发生冲突的情况下获得自由发展其个性的权利。

国 家	条款（位置）	内 容
科特迪瓦	第 2 条（自由与权利）	人人皆生而自由且在法律面前一律平等。人人拥有不可让渡之生命权、自由权、个性之充分发展权及尊严受尊重之权利。
	第 7 条（自由与权利）	人人均享有发展权及在物质、知识和精神层面全面发展其个性之权利。
突尼斯	第 5 条（总纲）	突尼斯共和国建立在国家法的准则和多样性基础上，致力于维护个人尊严和发展人的个性。
中非	第 2 条（社会根本基础）	个人均有自由发展个性之权利，但以不侵犯他人权利、不损害宪政秩序为限。

三 人的独特性法律保障的阻力与困境

（一）平等性追求：法的形式理性与人的独特性的矛盾

在法律上，人的概念是"一个平等的概念，在这个概念中，强者与弱者、占有者与非占有者、弱小的个人与异常强大的群体都被等同视之"。[1] 人平等化的实现过程，是将与人的平等不相关的要素（例如人的身高体重、外貌、家庭出身、财产状况等）排除于法律之外，进而只将人视为一个天生平等的法律主体。从方法论的角度看，人的平等化是透过类型化和典型化的方式得以实现的，[2] 而这一过程的实现要归功于科学主义和法学家，前者贡献了抽象化、概念化、类型化等技术理性，而后者的贡献正是将科学主义所提供的方法运用于规范建构。可以说，人的平等化与类型化是契合普遍、清晰的形式法治的要求。然而，不得不承认，类型化思维背后所蕴含的是自然科学的抽象分析方法，即把"每个研究对象都看作是一座钟，由不同的部件组成，它们与其他同类的部件是一模一样的。拿上述的例子说，所有的犯罪、所有的离婚、所有的居民和所有的肺癌都是相同的单位。抽象性的分析现已成为普通的思维习惯"。[3] 换句话说，抽象分

---

① 〔德〕G·拉德布鲁赫：《法哲学》，王朴译，法律出版社，2005，第 133 页。

② 参见〔德〕亚图·考夫曼《类推与"事物本质"》，吴从周译，学林文化事业出版社，1999，第 97～99 页。

③ 〔美〕雅克·巴尔赞：《从黎明到衰弱：西方文化生活五百年》，林华译，世界知识出版社，2002，第 205 页。

析方法在将复杂的事物抽象化的同时，也未免引发简单化、机械化之嫌疑。法的形式理性寻求在人的共性基础之上，设定全社会普遍遵守的行为规则，而人的多样性则期盼法律关注人的独特性，并赋予人的独特性以独特的法律价值，从而保障人的独立与自主。对于这一矛盾，美国学者萨默斯有着非常理性的看法，他认为，有些法官、教育家、论文作者们都对法律规则的一致性情有独钟。他们似乎假定有更高层次的一般性，有更好的法律，或甚至是更精致的法律。于是，这些理论学家过于强调一般化，甚至把一般化推至极端。这种偏执在三个方面是形式化的。其次，一般化仅仅有形式上的优越性。而且一般化甚至使得法律失去与事实的创造性互动，而当一般化与特定事实发生联系时，这种创造性互动是必要的。所以，如果脱离与丰富多彩的生活环境的密切联系，法律往往会变得抽象和僵化。①

具体而言，法的形式理性和人的独特性之间的冲突，主要体现在以下三个层面。

一是个体的人被集体的人所取代，或者说个体的人被"典型化"的人所替代。"立法上要确立法律的普遍性，就必须把林林总总的个人及其行为予以归类，确定其典型的人的形象和行为样态，以此来作为人的行为标准和事实的标准要件"。② 这也正好契合了柏林的论断："我试图避免的仅仅是被忽视、被庇护、被轻视，或被想当然地对待而已——一句话，我不被当作一个个体，具有我的未被充分认识的独特性，而是被分类为某个没有特征的集合体的成员，一种统一单位，没有我自己可以识别的、特殊的人的特征与意图"。③ 法律立足于典型，也就容易忽视个体的独特性，个体也被装入一种"模型化""标准化"的模具，被动地接受法律规范的调整。

二是在强调人类的共性时，掩盖了人类的差异。可以说，现代社会依赖形式法治，强调"法律面前人人平等""同等情况同等处理"。在美国学者贾格看来，"平等"意味着故意不理会历史上和日常经历中个人及群体的特殊性和独特性。"平等"不是对人们即刻感觉到的需要做出直接反应，而是对处于具体情景中的具体的人做了抽象；它试图以一个抽象的规则解决利益

① 〔美〕罗伯特·S. 萨默斯：《美国实用工具主义法学》，柯华庆译，中国法制出版社，2010，第142页。
② 胡玉鸿：《个人的独特性与法律普遍性之调适》，《法学研究》2010年第6期。
③ 〔英〕以赛亚·伯林：《自由论》（修订版），胡传胜译，凤凰出版传媒集团、译林出版社，2011，第204页。

冲突。① 由此可见，形式法治凸显法律主体的平等性，而容易忽视、漠视个体之间的显著差异，有时甚至将人与人之间的差异视为人类实现彻底平等的阻碍。殊不知，这只是人类内心中最为淳朴的平均主义情节。

三是主体的普遍化导致了主体的同质化或同一性，也导致了主体的沦落和客体化。人格平等与身份差异是人类社会结构中两个不可分割的元素，它体现了人与人之间的共性与个性的共存。一方面，我们须在人的社会中树立一个普遍的、一致的平等理念，以此作为人们保护自身利益、实现个体权利的原则和尺度。另一方面，我们也须承认人性是独特的也是多元的，在任何的社会和群体中，每个人都有自己的位置，即不同的角色或身份。② 然而，历史经验也表明，主体的普遍化一方面促成了社会的平等化，另一方面也导致社会的同质化。平等化既是一种价值目标，也是一种管制工具，甚至成为一种独裁的工具。中国历史上的"平均主义"以及"文革"时期"以阶级斗争为纲"的实践，都是打着平等化的旗号行同质化之实，最终的结果却不是自由与解放，而是人的奴役。

（二）普遍性的追求：国家职能异化抵触人的独特性

诚如加拿大学者塔利所指出的那样："自从法国大革命及美国独立战争之后，形成了第六项常规，那就是坚持一个立宪国家必须要有'国族'的单一认同，要成立一个让全体国民都能归属、依托的想象共同体，在这个共同体中，所有国民享有作为国家革命的平等尊严。"③ 国家借着国家统一、民族团结的名义，利用教育、舆论等方式，积极推行一定的价值观，并将某种行为方式或者生活方式作为"典范""榜样"予以公开的宣扬，从而积极引导民众奉行这样的价值观和人生观。可以肯定的是，与此种宣扬不同的个体存在方式，即使不受到法律的惩戒，也可能会受到公共舆论的批判和攻击。此处，人类似乎又陷入了一个悖论：法律规则应人的需要而产生，也往往沦为专制的工具，成为压制人的权利和自由的"工具"。

具体而言，国家职能的异化在法律上可以表现为多种形式，如剥夺个

---

① 参见〔美〕艾莉森·贾格《性别差异与男女平等》，载王政、杜芳琴主编《社会性别研究选择》，生活·读书·新知三联书店，1998，第207页。

② 参见马俊驹《人格和人格权理论讲稿》，法律出版社，2009，第21页。

③ 〔加〕詹姆斯·塔利：《陌生的多样性》，世纪出版集团、上海译文出版社，2005，第69页。

体的宗教信仰自由、维护种族血统的纯正、规定官方语言的同时排斥地方性语言的适用等。例如，在当代的伊斯兰国家，一直将伊斯兰教作为国教加以尊奉。如阿拉伯联合酋长国宪法在第一章"联邦组成和基本目标"（第 7 条）中规定："伊斯兰教为联邦国教，伊斯兰教法为立法的主要来源，官方语言为阿拉伯语。"

需要理性反思的是，这些普遍性的追求通常被视为"民族精神""本土资源"的体现，是一种本能接受的"常识"，而被法律所认可时，我们并不会轻易地质疑这些规范的正当性，反而会认为这是理所当然的，甚至无须加以论证的。例如，宪法将某种语言宣布为官方语言，宪法将某一宗教规定为国教，同时又允许其他宗教存在（如孟加拉国宪法第 2 - 1 条），宪法规定将国父的现象在各类公共场所展示（如孟加拉国宪法第4 - 1 条）等。一旦这些"常识"因为宪法的位阶而取得垄断地位，那么地方性的知识就会遭到排挤和打压，也就失去了自由发展的空间。然而，人们并不会立刻意识到这些"常识"本身就是一种偏见、排斥，并与人的独特性相抵触，只待人类的价值观发生转变时，或者某种主流的真理观被摒弃时，抑或某个典型个案引发全面讨论时（如孙志刚案），人们才可能拥有理性反思的潜在机会，进而对这些法律规范作出调整。

（三）同一性追求：社会权威对人的独特性的侵蚀

对人的独特性的侵害不仅来自国家，更可能来自社会，例如风俗习惯、主流信仰。密尔曾深刻地指出："在某种程度上，其他人的传统和习俗是他们的经验教训，他们的东西——推测的证据，以此来要求他遵从"。对此传统习俗所可能引发的内在强制，密尔提出了恰当的批评意见，即"第一，他们的经验也许太狭隘，或者他们也许没有正确地予以解释。第二，他们对经验的解释也许是正确的，却对他不适合。第三，假设习俗既好又适合他，但如果他仅仅因为是习俗而遵从习俗，那就并不会对他有什么教益，也不会让他作为人他有的禀赋的任何品质有什么发展。"① 密尔甚至认为，习俗的专制犹如权力暴君的统治，是彻头彻尾的。"习俗是一切事物之最后诉求；公正和正当就意味着遵从习俗；以习俗为论据，就不会有人还想去抵制，除非是沉湎于权力的暴君"。然而，习俗的专制对于人的进步是一种持续的障碍，原因在于，"它总是与志在实现某种超过习惯之事物的

---

① 〔英〕密尔：《论自由》，顾肃译，凤凰出版传媒集团、译林出版社，2010，第61~62页。

倾向相冲突，而这种倾向（依情境而异）被称作自由的精神，或者叫作进步或改进的精神……这两者的竞争就构成了人类历史中的主要关切点"。①从社会心理学的角度看，"在集体心理中，个人的才智被削弱了，从而他们的个性也被削弱了，异质性被同质性所吞没，无意识的品质占了上风"。②

　　而在中国文化的语境下，人的独特性成为"和合"统治秩序的牺牲品。对此，孙隆基先生有一段十分生动的描述："中国文化要求每一个人做到的，是一种不生不死的状态。一个人不能太爱憎分明，因为，自己爱的东西得不到，自己憎的东西排不出，都会引起极大的痛苦，因此，唯一的麻醉剂，就是处于感觉不冷不热的中间灰色地带，以便对自己失去控制的外界达成一种绝缘体的效果。于是，逐渐地就使自己与自己真正的感觉失去联络，觉得好的与坏的都无所谓，反正生活就是那么一回事。事实上，一个连'自我'这个领域都没法确立，而且与自己的生命力失去接触的人，也的确只能如此"。③从本质上看，"和合"是一种带有宗教性甚至"腐蚀性"的统治话语与技巧，通过人与人之间的相对牵制和监督，自下而上实现了社会秩序的一体化和统一化。在外人看来，"和合"似乎促成社会共同体的形成，实现了人与人之间的团结互助。殊不知，在"和合"景象的背后，是人的特殊性、人的独立与自主精神逐渐消退的过程。简言之，"和合"所企盼的只是一种彻头彻尾的刚性稳定，而不是人的独特性得到充分洋溢和发展的柔性稳定。

　　更为严重的是，这种同一性追求的正当性往往根源于社会伦理，"人在古代社会从属于国家和社会，有关善恶、好坏、对错的判断主要源自社会伦理，人寄居在习惯、传统、权威和等级秩序之中，因此无从过一种独立自主、自由自在的生活"。④国家、社会权威所奉行的"一元论"以及对单一标准的信仰，这一信仰便是，"在某个地方，在过去或未来，在神启或某个思想家的心中，在历史或科学的宣言中，或者在未腐化的善良人的单纯心灵中，存在着最终的解决之道。"⑤这一信念要求个体为社会的

①〔英〕密尔：《论自由》，顾肃译，凤凰出版传媒集团、译林出版社，2010，第74~75页。
②〔法〕古斯塔夫·勒庞：《乌合之众——大众心理研究》，冯克利译，广西师范大学出版社，2007，第49页。
③〔美〕孙隆基：《中国文化的深层结构》（第3版），广西师范大学出版社，2004，第246页。
④胡水君：《自由主义法律哲学：一个研究和批评》，载郑永流主编《法哲学与法社会学论丛》（2006年第2期），北京大学出版社，2007，第134页。
⑤〔英〕以赛亚·伯林：《自由论》（修订版），胡传胜译，凤凰出版传媒集团、译林出版社，2011，第215页。

"团结"牺牲自己的信仰和精神。至此，国家与社会权威实施下的同一性逻辑俨然演变成为一种精神的枷锁。最为严重的是，国家与社会权威往往与法律"勾结"，利用法律的权威普遍压制社会大众，使得精神的枷锁与法律的压制形成一种"合力"，从内在和外在共同压制人的观念和行为。正是在这个意义上，法律成了权威者的"帮凶"，并在同一性逻辑的影响下，销蚀人的独立的意愿和信念。

四　人的多样性的法律保障的路径选择

正如著名自由主义者霍布豪斯所指出的那样，"虽然个人意见和社会制度就像具体化的结果、通过个人或集体努力的明确过程获得的成就，人的个性却是一样生存和成长的东西，它能消灭却不能制造，不能打碎了又重新补好，但能置于使其蓬勃发展的条件之下，或者，个性如果有病，也可以使它处在通过本身的复原力痊愈的条件之下"。① 因此，为了保护个性自由，我们亟须基于对人性和社会的科学理解，尝试建立一个理想的政治秩序——集公正、宽容、和平、尊严等价值于一身。人类的任务就是要建立一个理想的政治秩序，去维护一个具有风格的社会。那么，法律又在其中扮演怎样的角色呢？

（一）消极防御：私人领域的建构

"公共领域"和"私人领域"的区分在理论上最早由亚里士多德提出。在法律伦理学的视野中，法之所以被划分为公私两域，根源就在于人类自身存在的群体性与个体性矛盾。② 也就是说，人的存在具有二重性：一方面每个人都是独立的存在物；另一方面又必然要与其他人发生各种关系。与此同时，人存在的二重性又决定了其利益的二重性，"人作为一种个体的存在物，每个人都有维持自己生存和发展的需要，这就是我们平时讲的个人利益……同时，人作为一个社会成员的存在物，每个人又是维持社会共同体的存在和发展的需要，这就是我们平时讲的社会共同利益"。③ 正是由于人的利益总是表现为个人利益与社会公共利益的共存与矛盾，这必然使得社会生活分裂为公共领域和私人领域两个部分——前者专门协调公共事务，

---

① 〔英〕霍布豪斯：《自由主义》，朱曾汶译，商务印书馆，1996，第61页。
② 参见屈振辉《人性与法域的断想》，《伦理学研究》2008年第3期。
③ 唐凯麟：《伦理学》，高等教育出版社，2001，第31～32页。

后者负责处理私人事务。这一分裂在法律上则呈现为公法与私法的区分。

那么，如何划分公私领域？对此，不得不细细探究密尔所提出的伤害原则。密尔撰写《论自由》一书的宗旨，就在于探讨"社会可以合法地施加于个人的权力指性质和界限"。① 用严复先生的话来说，就是探讨"群己权界"问题。② 基于这一认知，密尔将社会事务划分为两个部分：一是私人领域，二是公共领域。前者完全由个人自由处置，而后者则由政治和社会权威加以调整。然而，私人领域与公共领域之间并不存在明确、严格的界限，由于公共领域以维护公共利益为名，借助国家暴力机器，可以正当地压缩个人自主、自治的空间，因而就要必要明确国家干预私人事务的界限。为此，密尔提出了著名的伤害原则：

本文旨在确立一条极简原则，当有权绝对地支配社会以强力和控制的方式处置个人的事情时，无论采取合法惩罚形式下的物质力量，还是公众舆论下的道德强压的手段，其准绳是自我保护，即人类可以个别地或集体地对任何成员的行动自由进行干涉，其唯一正当理由是旨在自我保护。对于文明群体中的任何一名成员，可以违反其意志而正当地行使权力的唯一目的，就是防止对他人的伤害。……为了证成强制的正当性，必须显示要求阻止他采取的那个行为将会对他人造成祸害。只有涉及他人的那部分行为，才是任何人应该对社会负责的行为。从正当性上说，在仅涉及他自己的那部分行为上，他的独立性是绝对的。对于他自己，对于他的身体和心智，个人是最高主权者。③

可以看出，密尔在本质上接受了先辈自由主义者所提出的消极自由观，即个体在法律所允许的自由空间中行动。至于法律所提供的自由空间的范围，则需要寄望于如何理解密尔所提出的伤害原则。因为伤害是一个含义极其宽泛的概念——伤害具有程度、性质、对象等多重分别。若如不加区分地将所有可能情形都视为伤害，那么就明显违背了密尔提出伤害原则的宗旨。密尔的伤害原则主要有以下三层含义。④ 其一，法律对自由的

① 密尔指出，"本文的主题不是所谓的'意志之自由'，即不幸与那个被不当地称呼为哲学必然性的学说相对立的东西；而是公民自由或社会自由，即社会可以合法施加于个人的权力之性质和界限。"参见〔英〕密尔《论自由》，顾肃译，凤凰出版传媒集团、译林出版社，2010，第3页。

② 严复先生在翻译密尔的《论自由》时，把书名译为《群己权界论》，实在是非常精辟地理解了密尔该书的主旨。

③ 〔英〕密尔：《论自由》，顾肃译，凤凰出版传媒集团、译林出版社，2010，第11~12页。

④ 参见胡水君《自由主义法律哲学：一个研究和批评》，载郑永流主编《法哲学与法社会学论丛》（2006年第2期），北京大学出版社，2007，第136~137页。

限制或者对个人的强制必须以"损害"他人为唯一条件，而且，损害一般并不包括道德观念、个人行为方式、感官上的"冒犯"他人。对此，密尔特意指出："我在此说只影响到其本人，是指直接的、最初的影响；因为，凡影响到其本人的，也许都会通过他本人而影响到其他人。"① 显然，伤害原则特指"直接的""最初的"伤害，在此也就排除了"间接的""推论式"的伤害。其二，对于只涉及个人身心的事情，完全由个人自主决定，国家、社会或他人在这些事情上不能实施家长主义式的干预。其三，在道德问题上，国家、社会或他人可以劝说、辩解，但不得通过"法律惩罚"或者"公众意见"对个人予以强制或者施加压力。

"伤害原则"的证成对于私人领域的构建无疑具有重要的意义。一是按照"法不明令禁止即自由"的原则，"在不妨碍别人的自由，不损坏他人利益的前提下，容许个人有自己独特的生活态度、行为方式和人生观。任何对他人的指责、强迫、压制等都是不宽容的表现"。② 人的独特性是人的存在方式，是一种典型的消极自由，其自由的享有并不倚赖国家公权力的配合。在个人充分自由、自主的场合，国家公权力是缺位的。二是对于个人对他人造成的"间接的""推论式"的伤害，社会或他人可以通过劝解、辩解的方式解决，但不能通过"法律惩罚"或者"公众意见"的方式对个人的行为施加压力。更为重要的是，在这一场合，公权力一般也是"缺位"的，除非个体请求国家予以中立调处（例如行政调解），国家才以"促和者"的姿态介入伤害纠纷。三是对于"直接的""最初的"伤害，国家公权力也并不是"即刻"登场，在干预时还需要遵循以下两个原则：一是当事人请求原则。除涉嫌刑事犯罪外，只有在受害人或加害人请求公权力机关加以干预时，国家才有介入的资格。二是民事责任优先原则。个人对他人造成的损害应以民事责任为主、为先，以行政责任为辅，刑事责任只有在极为严重的场合才能加以运用。

（二）国家中立：对公权力的抑制

德沃金是"国家中立"学说的推崇者，德沃金认为，为了实现将公民作为平等地来对待的目标，"对政府来说，（要）将其所有公民作为自由的人、作为独立的人、作为具有相同尊严的人。"实现这一目标的方式有

① 〔英〕密尔：《论自由》，顾肃译，凤凰出版传媒集团、译林出版社，2010，第14页。
② 冯建军：《生命与教育》，教育科学出版社，2004，第337页。

二，其中之一便是"就什么可以被称为美好生活的问题来说，政府必须保持中立的态度"。对此，德沃金的理由是："一个社会的公民在生活观上存在着不同，假如他使某种生活观优先于另一种生活观，那么政府就无法将他们作为平等的人来对待，要么因为官员们相信一种生活观是内在优越的，要么因为某种生活观为更大的团体或更有权势的团体所持有"。① 表面上看，现代社会是一个崇尚个性、自主的多元社会，人的独特性理应受到尊重，然而实际上，这里的多元只是手段和方式的多元，对于何为良善生活，人们都基本尊奉唯一的标准——道德上的完人。因此，在个人至上的多元社会，仍呈现出多样性被同化的趋势，原因在于国家、社会对于"一元论"的追求与恪守。正因为如此，我们更应该坚守法治社会的"道德中立"命题，即法治乃超然于多元道德观点之上的中立之治。② 本质上，形式法治（规范法学）所主张的"道德分离命题"，一定程度上也契合了"国家中立"学说的要求。

之所以倡导国家中立，主要基于以下几个理由。一是多元主义实践的要求。正如柏林所指出的那样，"多元主义以及它所蕴含的'消极'自由标准，比那些在纪律严明的权威式结构中寻求阶级、人民或整个人类的'积极'自我控制的人所追求的目标，显得更真实也更人道。它是更真实的，因为它至少承认这个事实：人类的目标是多样性的，它们并不都是可以公度的，而且它们往往处于永久的敌对状态。假定所有的价值能够用一个尺度来衡量，以致稍加检视便可决定何者为最高，在我看来这违背了我们的人是自由主体的知识，把道德的决定看作是原则上由计算尺就可以完成的事情。"③ 正因为在多元社会之下，已经没有任何一种价值准则可以获得社会大众的普遍认可，社会上也存在着多种相互冲突但和谐共处的价值观，如果国家强制推行某种价值准则，除了会扰乱价值观之间的和平状态外，还会促使公民形成排挤、歧视其他价值准则的心理，进而偏离公民理性的要求。二是尊重人类的理性能力。"由于人类理性的有限性和人类自身的不完美性，使得人不能实现一个统一而完美的生活模式，因此就要允许人按照自己的意愿自由选择、自由试验，让人去寻找他想过的生活。

---

① 〔美〕罗纳德·德沃金：《自由主义》，张国清译，载应奇编《自由主义中立性及其批评者》，江苏人民出版社，2007，第40页。
② 参见庄世同《法治与人性尊严》，《法制与社会发展》2009年第1期。
③ 〔英〕以赛亚·伯林：《自由论》（修订版），胡传胜译，凤凰出版传媒集团、译林出版社，2011，第220页。

即使会带来风险与挫折，这样的选择的自由也不应受到质疑，更不应被剥夺。"① 正是由于个人的有限理性与有限知识，国家才应当充分尊重每个人不完美的生活方式，因为在某种意义上，"错误"才是个人和社会发展的原动力，如果不允许犯错，除非是上帝，个人也就失去了创新的精神。三是维护法律权威。传统法律将大量的道德要素纳入法律，"法律被用来执行道德，法律与道德变成了同一种东西。这种将道德外在化、强制化的做法限制乃至取消了道德所由立足的自由前提，它的一个附带的结果便是普遍之虚伪的产生。"② 生活在一个道德虚伪的国度中，哪有个性可言？每个人都披着一件"道德楷模"的外套，但骨子里的却是"拿不上台面"的自我。在每个人都在伪装的社会中，"同一化"自然而然也就逐渐实现了。

对于法律来说，自由主义者所倡导的国家的道德中立体现在两个方面，一是保持中立的内容；二是保持中立的方式。一般认为，国家需要对宗教事务和表达自由保持中立，原因在于，"宗教自由与表达自由实质上都是为了维护心灵自由，其最终目的在于促进个性的成长和发挥人的潜能：在立宪主义的传统当中，个性的成长与社会整体的福利是一致的"。③而对于国家保持中立的方式，异议众多。对此，罗尔斯引用了约瑟夫·拉兹对中立性的理解：（1）国家或政府将确保所有公民都具有平等的机会来实现他们自由确认的任何善观念；（2）国家或政府不得做任何意在袒护或促进任何特殊完备性学说的事情，或者给那些追求某一特殊完备性学说的人以较大的支持；④（3）国家或政府不得做任何使个体更可能接受某种善的观念的事情，除非它采取各种步骤来消除或补偿这样做产生的政策性后果。⑤ 对于第一项中立性要求，并不会引发巨大的争议。⑥ 争议的焦点在于，国家是否可能完全不介入价值领域，如为社会上的弱势群体提供倾斜性的保护。对于这一问题，此前秉持国家中立立场的罗尔斯却公然放弃了中立立场，而是主张国家对于涉及正义和权利的事务不应保持中立。尽管

① 魏春雷：《伯林的人性观》，《中国矿业大学学报》（社会科学版）2011 年第 1 期。
② 梁治平：《寻求自然秩序中的和谐》，中国政法大学出版社，2002，第 285 页。
③ 肖明：《抑恶与扬善——自由主义宪政的困境与伦理重建》，上海人民出版社，2010，第 167 页。
④ 参见石元康《当代自由主义理论》，联经出版事业公司，1995，第 149 页。
⑤ 参见〔美〕约翰·罗尔斯《政治自由主义》，万俊人译，译林出版社，2000，第 205 页。
⑥ 参见刘擎《国家中立性原则的道德维度》，《华东师范大学学报》（哲学社会科学版）2009 年第 2 期。

存在分歧，但是自由主义学者都普遍信奉，国家不得随意介入个人事务与个人道德问题，在介入时，除了要接受合法性、必要性审查外，还需要通过比例原则的检验。

（三）个别化：形式法治的妥协

"个别化"一词来源于刑事实证学派，在刑事司法领域，所谓"个别化"，即指"刑罚的个别化"，是相对于刑罚的一般化而言的，"主要是指对犯罪人的人格进行刑罚价值评价，主张刑罚与犯罪人的人身危险性相适应，由此形成刑罚个别化"。① 刑事实证学派之所以主张刑罚的个别化，原因在于之前的刑事古典学派只注重分析犯罪行为，而忽视了对罪犯的考察——只关注行为，不关注主体。然而，"人的行为不是孤立的，而是受人格支配的。因此，犯罪行为也是犯罪人格的外在显现，在确定刑罚的时候，只根据孤立的外在行为特征，而不考虑犯罪人的人格特征，显然不足以反映法律对犯罪的全面评价"，② 也无法体现实质法治的内在要求。

如果将这一思想拓展至整个法律体系，那么法律的个别化主要有两层含义：一是规范层面的个别化；二是司法层面的个别化。就规范层面的个别化而言，是指根据规范内容的不同，法律就某一特定事项或为某一特定人群颁行特殊的保护性法律规范。规范层面的个别化不是"特权法"，而只是"特别法"。具体到法律制度，规范个别化的主要内容包括以下两点。

一是在平等保护的基础上，保障少数人的特别权益。例如，在2008年通过的厄瓜多尔宪法中就设置了"优先照顾的人和群体的权利"一章，分别对老人、青年、孕妇、儿童和青少年、残疾人、重症患者、被监禁者、用户和消费者所享有的特定的权利与自由进行了规定。同理，我国也是通过《消费者权益保护法》《劳动法》《反不正当竞争法》《妇女权益保障法》等特别法，在宪法所提供的平等保护基础之上，根据这些群体的不同体质或者个性，制定具有针对性的保障措施。例如，对于残疾人来说，除了保障其就业权、受教育权等权利外，无障碍通行权就是残疾人所独享的特有权利。对此，联合国大会所公布的《残疾人机会均等标准规则》就将"无障碍环境"作为一项基本的标准。该规则就规定："各国应采取措施，消除物质环境中影响参与的障碍。此种措施应包括制定标准和准则，

---

① 陈兴良：《刑法的人性基础》（第2版），中国方正出版社，1999，第421页。
② 陈兴良：《刑法的人性基础》（第2版），中国方正出版社，1999，第422页。

并考虑颁布立法，确保社会中各个方面实现无障碍环境，例如确保住房、楼房、公共交通服务和其他交通工具、街道和其他室外环境的无障碍。"

二是在普通情形之外，考虑时间、年龄、空间等特殊因素，并将其作为加重、减轻、免除法律责任的理由。例如，《刑法修正案（八）》首次规定，对于已满75周岁的符合相应条件的犯罪分子，应当宣告缓刑。在此，刑法就考量了"年龄"这一特殊要件，并予以了宽缓的处罚。与此相似，我国《刑法》第263条在普通抢劫罪的基础上，规定了抢劫罪的八种加重情形，分别是入室抢劫，在公共交通工具上抢劫，抢劫银行或者其他金融机构，多次抢劫或者抢劫数额巨大，抢劫致人重伤或死亡，冒充军警人员抢劫，持枪抢劫和抢劫军用物资或者抢险、救灾、救济物资。这八种加重情形正是在考虑普通情形外，将抢劫的"场所"（第一、二种情形）、"对象"（第三、八种情形）、"后果"（第四、五种情形）、"方式"（第六、七种情形）等特殊因素加以特别对待，而其背后的人性预设无非是，相比普通的抢劫情形，这八种情形意味着行为人的主观恶性更大，社会危害性更大，因而有必要予以特殊防范。

五　结语

就保护人的独特性的法律途径而言，学者已经对下述制度性建构面向达成基本的共识。首先，就侵害独特性的主体而言，除了国家与个人外，还有以共同体名义而出现的社会权威。个体既要防范国家以国家统一、民族团结为由干涉个人自由，也要对社会借法律推行同一性保持戒备。其次，保障人的独特性的基本模式便是构建"公域"和"私域"之二元结构，并以公法与私法之间的相对独立作为保障，特别是将独特性的各个要素权利化（如言论自由、宗教自由等），从而架构起个人防范国家与社会权威的堡垒。再次，就国家和社会干预独特性的范围和方式而言，除了对宗教信仰等良心自由领域保持"国家中立"外，还得符合实体（干预的正当性）和程序（决策、立法和裁判）的严格要求。最后，在法律惩戒个人由于独特性而导致行为失范的领域，劝解和教育优先于道德惩戒，道德惩戒优先于法律救济，民事补偿优先于刑事惩戒和行政处罚。

人的独特性保障虽已取得一定的共识，但这些共识目前并不及于堕胎、同性恋等存在激烈冲突的领域，而社会发展既可能消弭这些矛盾也可能激化新的矛盾。正因为如此，法律在处理这些矛盾和冲突之时，务必谨遵下述法律原则：（1）人的独特性初显优位原则。即在法律制定或者裁判过程中，特别是在处理共性与个性之间的矛盾之时，将保障人的独特性视为优先保护的价值，而对于"平等性""一般性"等共性的保障则必须基于充分的法律论证。（2）搁置争议原则。所谓搁置争议并不是指法律拒绝处理这些纠纷，而是指可以通过引入"法律商谈"理论，为这些争议的解决提供公共讨论的平台，直到公众对于独特性的价值达成一定的共识，才将这些争议的解决纳入法律文本之中，并作为约束法官裁判的重要依据。（3）程序正义原则。对于这些冲突所可能引发的法律争议，即使有时要适当牺牲人的独特性以保全形式正义，也应当通过正当、合理的程序化方式（如司法、仲裁等）解决这些纠纷，切不可通过"道德惩戒""宗教裁判"等方式处理这些争议。（4）"人是目的"原则。即将每个人作为法律保护的主体而不是手段、客体。

依法治善抑或法治慈善?[*]

——中国《慈善法》颁布后的思考

钱继磊^{**}

内容摘要：中国慈善法的颁行对中国慈善事业的健康有序发展具有重大积极影响，但其立法理念和制度构建方面还有值得商榷的地方。慈善行为应是无私的利他行为，应是自愿利他的道德行为，也应是正当的真行为。慈善法应当既体现法律属性的一般要求，又体现慈善本身的属性。慈善法应当从依法治善转变为法治慈善。

关键词：慈善法；依法治善；法治慈善

《中华人民共和国慈善法》于 2016 年 3 月 16 日在第十二届全国人大第四次会议上以 2636 票赞成，131 票反对，83 票弃权获得通过。其中对慈善组织和公益捐赠人给予税收方面优惠政策的规定被认为是中国慈善法的巨大突破。中国慈善事业终于实现了有法可依，于是有人认为，中国进入了"依法治善"时代，[①] 还有人预言慈善法出台后，中国公益界或将重新洗牌。毋庸置疑，慈善法的颁行对于中国慈善事业的健康发展具有重要意义。但慈善法的颁行并不意味着慈善事业就能一帆风顺，也不意味着慈善法律研究就可以高枕无忧。它仅仅意味着中国慈善法研究及慈善实践的开端。依法治善本来是件好事，但如果慈善法不能真正有利于慈善事业的发展，则慈善法的立法价值就会大打折扣。从这次人大代表中投反对票和弃权票的数量来看，此部法律还是存在诸多争议的。慈善法的基本理念和问题需要进一步厘清，以促进中国慈善事业更好更健康的发展。

---

　*　本文是国家社科基金项目"我国社会法的范畴与体系研究"（编号：13BFX143）和 2016 年济南大学科研基金重点项目"提高国家治理体系和治理能力现代化视野下我国地方立法本土资源研究"（编号：16ZD01）。

　**　钱继磊，法学博士，济南大学政法学院副教授。

　①　王振耀：《"慈善法"弥补慈善领域基本法空白，开启依法治善时代》，新华网，http://news.xinhuanet.com/politics/2015-11/04/c_128391742.htm，访问时间：2016 年 3 月 28 日。

一　何为慈善及慈善行为

从中文文献看，"慈善"一词出自《魏书·崔光传》，其中记载："光宽和慈善，不忤於物，进退沉浮，自得而已"。① 此处是指对人关怀而有同情心，仁慈而善良，意指在慈悲的心理驱动下的善举。然而中国慈善的哲学基础是儒家倡导的性善论。从《礼记·礼运》所追求的"故人不独亲其亲，不独子其子。使老有所终，壮有所用，幼有所长，鳏寡孤独废疾者，皆有所养"② 的大同世界到《孟子》中阐述的"恻隐之心，仁之端也；羞恶之心，义之端也；辞让之心，礼之端也；是非之心，智之端也"③ 的四端说，乃至墨家主张的"兼爱""兴天下之利，除天下之害""饥者得食，寒者得衣，劳者得息""尚同"等思想④，以及佛教的"普度众生，慈悲为怀"的无我慈悲观和修善功德观⑤，无不成了中国传统社会慈善行为的理论依据和文化资源。到了晚近中国，慈善主要是指自愿、无偿地帮助、救助处于危机、危难、贫困、疾病之中的，与慈善行为无利害关系的弱势人群的高尚行为。这种行为在中国历史上通常称为"义举""善举"。英文中，慈善为 charity，其文化渊源主要来自基督教中的"原罪说""救赎说"及建立在其上的博爱观。基督教倡导"爱人如己""十一奉献"等教义为其慈善事业的发展提供了文化支点。⑥ 在西方社会，出于怜悯之情和永恒的追求，人们普遍相信："在人间播种越多，将在天堂获得更多的收益"。⑦ 西方社会的慈善事业与中世纪的基督教的济贫院有着密切联系。简言之，慈善行为是一种高尚的行为，是舍己为人的利他行为。

在《慈善法》第 2 条中，慈善被界定为"自然人、法人和其他组织以捐赠财产或提供服务等方式，自愿开展的各类公益活动"。从既有文献

---

① 《魏书·崔光传》。

② 《礼记·礼运》。

③ 《孟子·公孙丑上》。

④ 阮堂明：《墨家文化与慈善思想》，《寒山寺文化论坛论文集（2009）》，上海古籍出版社，第 317～328 页。

⑤ 陈星桥：《关于佛教慈善的若干思考》，《法音》2011 年第 1 期。

⑥ 杨方方：《慈善文化与中美慈善事业之比较》，《山东社会科学》2009 年第 1 期。

⑦ Brian Tierney, *Medieval Poor Law*, Berkeley and LosAngeles, 1959, p.46, 转引自杨道波《英国慈善目的事业立法及借鉴意义》，《北京行政学院学报》2015 年第 4 期。

来看，中国近年来对慈善相关的研究文献颇丰。① 然而，既有研究对慈善行为基本特性的阐述依然需要厘清，笔者认为慈善行为的特性至少有以下几个方面。

第一，慈善行为应当是一种无私的利他行为。慈善行为之所以高尚，是因为这种行为是一种不讲对价的无私的奉献行为，从人性的角度讲，利己是无限的，而利他是有限的。② 慈善行为的目的就是为别人提供帮助、救助，是一种利他行为。这一点与以"等价有偿"为主要原则的现代民商法理念有根本区别。一如我们所知，民商法尤其是商法的立法理念与近代经济学有着密切联系。"经济学之父"亚当·斯密（Adam Smith）主要思考的是一个国家如何实现财富的快速增长问题。他认为，一个国家要想实现财富的快速可持续增长，必须遵循市场交易逻辑，通过这只"看不见的手"实现这一目标。③ 这一重大社会理论发现不亚于牛顿三大定律、地理大发现等，它给人类带来了无法估量的积极影响。市场交易原则必然以"等价有偿"为根本，通过交易实现双方的各自目的，达到互利共赢。不过，从财富增长上看，无私的慈善行为并不能促进国家社会财富总量的增长，而只是解决财富再分配的问题，因而不可能像等价有偿的市场交易一样，成为国家社会财富增长的主要方式。但是，这种行为没有得到对价交换，才使得这种行为与市场行为相区别，从一般的合格公民行为成为少数的高尚公民行为，从一般法律意义上的行为上升为高尚的道德行为。反之，如果慈善行为失去了无私利他的特性，那么也就失去了慈善的本意。

第二，慈善行为应当是一种自愿的道德行为。也正是由于慈善行为是一种无私的利他行为，属于高尚的道德行为，因此，这就意味着不能要求大多数人都能成为道德高尚的人。这也是道德与法律的重要区别之一。我们知道，宗教、道德、法律是调整社会行为的主要规范。尽管晚近几个世纪以来，法律越来越成为社会控制的最主要手段和方式，④ 但是法律以外的方式，如宗教、道德等，依然在某些领域起到重要的调控作用。如果从对人的要求的实现难度看，法律对人的要求是最低的。从整体上看，近现代法律的基本要求是让人成为一个合格公民，即一个人只要在享有、行使

---

① 以中国知网的期刊论文为例，截止到 2016 年 3 月 28 日，篇名含"慈善"的期刊论文达 7077 篇之多。

② 参见慈继伟《正义的两面性》，生活·读书·新知三联书店，2001。

③ 〔英〕亚当·斯密：《国富论》，唐日松等译，华夏出版社，2005，第 13 页。

④ 〔美〕罗斯科·庞德：《通过法律的社会控制》，沈宗灵译，商务印书馆，2008，第 12 页。

权利的时候履行了该履行的义务，他就是法律意义上的合格公民。法律并不刻意追求让每个人都成为圣人君子，都成为毫不利己、专门利人、大公无私的道德无限高尚的人。当然，就法律体系内部而言，也有个从低到高的要求。也正是法律对人的要求最低，人达到其要求的标准就最容易，因此，法律的普遍性、一般性和强制性要求才可能具有了正当性与可欲性。而道德对人的要求则比法律高，比宗教低。整体而言，道德的基本要求是让人成为一个好公民，一个好人。具体来说，道德意义上的高尚之人一定是少讲或不讲索取，多讲或只讲奉献的人。古人讲"君子重义轻利"，[①]其实就是一种道德要求。如果从法律视角看道德要求，道德要求人主要或者完全是履行义务，很少或者不主张权利。如果说近现代法律所强调的是权利本位的话，那么道德则是基于一种义务本位的思维。由于道德要求比法律要求要高很多，因而让大多数人成为君子，成为道德高尚的人的难度要大得多。如果用法律的那种通过统一的外在强制力要求每个人去普遍遵守，那么这种道德就被强行地加上了法律的外在特性，其后果将是两败俱伤。一方面可能使法律的神圣性受到破坏，造成公民的普遍违法；另一方面可能是因通过强力推行使得这种道德要求形式上得到了实现，实质上带来的却是社会公民的普遍说谎与伪善，使道德的高尚性成为伪道德。[②] 因此，近现代社会的人们逐渐认识到，道德如果想保持其高尚的特性，就需要面对人性现实，不能企求每个人都成为君子，道德高尚的人在任何社会不可能成为主流，只属于少数。因此，近现代社会的道德要求更强调自愿、自治、自律，即便有外在压力，也仅仅是社会外在舆论在起作用，而非通过国家强制力强行要求每个人普遍遵守。宗教对人的要求则处于最高端，因为它不仅要求人的行为与其教义高度一致，还要求人在心中对其保持无上的虔诚，这种要求实现的难度就非常大。因此，近现代社会并不强行让每个人在任何行为上都要达到宗教要求标准。多数国家在宪法上都明确强调宗教信仰自由原则，强调宗教信仰问题乃是个人私事，国家权力不过多强行干预。如果用类似于法律要求的外在强力方式推行宗教要求的实现，那么就会普遍出现西方中世纪后期那种"布鲁诺式"的悲剧。而且靠外在强力也无法树立起对某种教义的真正信仰，因为信仰的力量来自它对人内心灵魂的征服。

---

① 肖钢：《孔子重义轻利思想辨析》，《湘潭大学学报》（哲学社会科学版）1986 年第 2 期。

② 孙莉：《德治与法治正当性分析——兼及中国与东亚法文化传统之检省》，《中国社会科学》2002 年第 6 期。

这样一来，慈善行为不应是一种法律上的义务行为，而是一种法律上自愿的道德行为。因此，保持慈善行为的自愿性是促进慈善行为健康、持续发展的重要基础和前提。政府社会力量只能采取恰当方式去鼓励、引导慈善事业的健康有序发展。如果一味地通过外在强制的方式推行慈善行为，则这种慈善事业不能长久持续，只会损伤慈善行为人的积极性，不利于慈善文化的培育和慈善传统的养成。

第三，慈善行为应该是正当的真行为。既然慈善行为是一种高于一般法律要求的高尚行为，就应该保证其高尚性。为了保证这种高尚性，就必须要求慈善行为是真正高尚的行为，是能够增进社会文明的行为。换言之，慈善行为拒绝伪慈善、假慈善，打着慈善的名义从事非慈善的行为。由于慈善的高尚性，其行为在社会上会获得比商业宣传更高的赞誉和效果。因而，慈善行为往往会被人利用，结果是本来自愿无私付出的行为却被大打折扣，甚至有人可能利用慈善的外衣从事非法的行为。这些都是慈善本意所不允许的。另外，慈善行为应当处分的是自己的合法财产、财务及其他付出，未经明确授权，不应由他人替代进行慈善活动。此外，除了从慈善行为人的角度维护慈善行为的纯洁高尚性外，从慈善行为受众的角度，也应当维护这一点。换言之，有的慈善行为受众利用慈善行为人的高尚、无私善意，通过伪造、隐瞒等方式骗取慈善行为人信任，致使慈善行为人的善意被利用，这既违背了慈善行为人的初衷，又可能致使慈善行为人的热情遭到打击，导致慈善事业声誉受到极大损坏，发展受到阻碍。

二　慈善何以进入法律

如前所述，慈善行为本应是仅属于道德领域的私事，不应进入法律领域，成为法律调整的对象。如果慈善行为仅仅属于私人的道德行为，则其行为就应该仅仅由道德规范调整，与法律无涉。但是，在近现代社会中，人们逐渐意识到，启蒙思想家所阐述的那种"原子式"的个人、[1] 个人与政府的二元关系、个人权利与公共权力的二维关系有着致命的缺陷，也与社会现实越来越不相符。于是，有论者提出了个人、社会、政府的三维关系，凸显了社会作为相对独立于个人与政府的第三领域的存在意义。比

---

[1] 〔英〕F. A. 冯·哈耶克：《个人主义与经济秩序》，邓正来译，生活·读书·新知三联书店，2003，第121页。

如，婚姻自由本来是属于个人的私事，公权力不应该干预太多。但是如果普遍出现婚姻关系不稳定，就会导致一系列社会问题的出现。因而，公权力往往适当对婚姻家庭通过法律方式进行干预。在现代市场经济为主导的社会中，慈善行为的普遍不仅体现了道德的高尚，体现了社会的文明程度，而且也可以作为弥补因市场竞争带来的经济、社会地位等方面过于悬殊的重要手段，消减因竞争差距带来的负面影响，减少人与人之间的隔阂，促进社会关系的和谐融洽。因此，现代诸多国家和地区都通过法律的方式来鼓励、引导、促进慈善行为的普遍化发展，维护慈善行为人的合法权益，促进慈善事业的健康有序繁荣发展。于是，慈善行为日益进入了现代社会的法律领域，成了法律调整的对象。这样一来，"慈善"与"法"两个概念并存才在理论上成为可能。

首先，既然慈善行为成为法律的调整对象，那么慈善法就具有了一般法律所具有的基本特点和要求。法律最基本的思维是通过当事人之间权利与义务的分配来实现其价值目标的。而且，近现代社会的法律体现的是权利本位，而非前现代社会普遍存在的义务本位思维。① 在整个法律体系中，不同的法律部门对人的要求也不一样，从对人性要求来看，其内部也构成了一个由低到高的内在体系。对人要求最低的是刑法，它强调的是，只要一个人不触及破坏最基本的社会秩序，刑法就不理。这种要求是很低的。比如，一个人做到一辈子不去杀人放火，比让他去见义勇为、乐善好施要容易得多。也正是基于此，触犯刑法的人要受到更严厉的处罚。而见义勇为、慈善等行为处于法律体系中的最上端，与道德相连，对人性的要求是最高的，因而即便通过法律来调整，也更充分地强调行为的自愿性、义务与责任的轻少性。如前所述，因慈善行为具有无私奉献的道德特性，这就意味着，慈善行为人比一般民商事行为人应当具有更高的意思自治权利。具言之，慈善行为者是否慈善，行使慈善的方式、时间、地点，慈善受众的选择等应当是其本人的权利，应当充分尊重慈善行为者的意愿，决不能通过直接或间接的方式要求、强迫或变相强迫人或组织去从事慈善活动。慈善法应当保护慈善行为人权利的独立、自愿行使性。也就是说，慈善法应当首先具有民商事基本契约的理念，强调意思自治性。因其不强调对价有偿，因此，慈善行为更接近于民事法中的捐赠行为。慈善法之首要立法

---

① 张文显、于宁：《当代中国法哲学研究范式的转换——从阶级斗争范式到权利本位范式》，《中国法学》2001 年第 1 期。

目的应当是如何把慈善行为者的慈善热情火苗保护好，使其越烧越旺，以使更多的人参与到慈善活动中来。保护慈善热情最好的，也是首先要做的，就是通过法律方式保护好慈善行为人的尊严，维护好其慈善权，让其感受到慈善行为的幸福感、成就感。

其次，慈善法还应当体现和维护慈善行为人的知情权、监督权，维护好其作为慈善行为人、作为慈善法权利主体的地位。一如我们所知，纳税是现代社会中公民的基本义务之一，被各国宪法所明确强调。但是，纳税人并不仅是义务主体，在其纳税的整个环节与过程中伴随着诸多权利。西方历史上，诸多的近代革命与著名法律的出现，都是因为纳税引起的，如英国《自由大宪章》的颁行、法国大革命的爆发等。纳税人是纳税法的权利主体，可对纳税的数额、纳税的方式、所纳税的去向等具有很高的知情权、监督权，纳税过程体现的是纳税人的国家主人和法律主体地位，是一种很高的荣誉。这也是近现代社会公权力形成及行使所依凭的契约理念在国家与公民间关系中的具体体现。与纳税人相较，慈善行为人连法律上的义务也谈不上，属于自我的道德行为，因其慈善行为而获得的相关权利应当更多、更广泛。具言之，慈善行为除了对其行使慈善的对象选择、代理慈善行为的慈善机构团体的运作流程、经费的预决算等应当有很高的知情权与监督权外，对于符合一定条件的慈善行为人还应当使其具有对行使一定的对接受慈善的慈善机构团体的违约行为追责权。这是因为，慈善行为人将其慈善交予慈善机构或团体，实质上是一种类似于委托与被委托或信托与被信托的关系。被委托或信托的慈善机构或团体在接受此慈善时，就意味着其已经向慈善行为人做出了承诺，按照慈善行为人意愿或按照慈善机构或团体对外公开的章程进行慈善活动。如果慈善机构或团体没有这样做，就是违背了慈善行为人的意愿，构成了违约行为，理所当然应当承担由此带来的不利后果。换言之，慈善法应当给慈善行为人，至少是达到一定条件的某些人以某种合适方式发起法律救济的权利，可以向违背其意愿或违背章程的慈善机构或团体提起法律诉讼，充分体现慈善行为人的主人地位和法律主体资格。

最后，尽管慈善行为人具有更宽泛的意思自治和权利行使范围，但也需要遵守最基本的契约承诺。具言之，做出慈善承诺行为者如果无正当理由未按时履行慈善行为，因此给拟接受慈善团体或个人带来较大损失、损害时，也应当承担最低限度的因履行慈善不能造成的不利后果。这本是民商事私法行为需要信守承诺的基本要义，但也更应是作为高尚道德行为所应遵守的基础性原则。

上述所体现出来的慈善法的私法属性，并不意味着慈善法仅仅具有私法属性。因其法律性质的特殊性，自然也需要公法的保护来作为其有效运作的最后一道防线。也就是说，慈善法的行政法特性应该是为其私法属性服务的，应该对不利于慈善行为、慈善活动的其他干预阻却因素进行限制。对于这一问题，笔者将在下文中具体阐述。

三　慈善法如何为：从依法治善到法治慈善

过去几十年，法学界乃至整个社会曾对"法制"与"法治"、"以法"与"依法"的概念区分进行过大讨论，对于"法治"的理念有了基本共识。① 1999 年 3 月 25 日，"依法治国，建设社会主义法治国家"入宪被认为是中国法治发展的里程碑。② "依法治国"与"法治国家"的并用，并不意味着其含义的完全一致。在社会实务界，更倾向于表述为"依法治……"，如依法治国、依法治省、依法治市、依法治校，乃至依法治山、依法治水、依法治林等。尽管党的十八大报告提出了法治中国、法治社会、法治政府三位一体的建设目标，但多数实务领域还是常用"依法治……"的表述方式。而在学术界，尤其是法学领域，论者更倾向于阐述"法治……"。由于论旨及篇幅所限，本文并不打算对"依法治……"与"法治……"两者的关系展开系统深入的理论探讨，但有一点需要指出的是，不论是"以法"还是"依法"，其思维总是站在主体角度来谈的，是一种国家视角思维，管理者或治理者视角思维；是一种基于公权力的思维。其区别只不过是，是通过某个人、少数人来管理或治理，还是通过多数人来管理或治理；是通过制度来管理或治理，还是通过道德、宗教、习俗、个人魅力等方式来管理或治理。③ 即便近年来普遍讨论多元化的社会治理，但其思维视角依然是管理者、治理者的视角。这些与建立于普通法法治国维度之上的私法思维有很大不同。

目前颁行的《中华人民共和国慈善法》包括了总则、慈善组织、慈善

---

① 沈宗灵：《"法制"、"法治"、"人治"的词义分析》，《法学研究》1989 年第 4 期。
② 王家福：《依法治国，建设社会主义法治国家》，《求是》1997 年第 24 期。
③ 马克斯·韦伯曾对人类社会的合法性统治类型进行了划分，分为魅力型、传统型和法理型三类。〔德〕马克斯·韦伯：《经济与社会》（上），林荣远译，商务印书馆，1998，第 245～251 页。

募捐、慈善捐赠、慈善信托、慈善财产、慈善服务、信息公开、促进措施、监督管理、法律责任及附则共十二章一百一十二条，从慈善立法原则、慈善主体、慈善行为种类、慈善组织义务责任、政府监管责任等方面做了较为全面系统的规定。从立法原则看，此法遵循自愿、诚信、非营利、合法等原则，旨在发展慈善事业、弘扬慈善文化、规范慈善活动、保护慈善主体的合法权益。从慈善捐赠、慈善信托方面来看，此慈善法对捐赠人、信托人的知情权、权利救济权进行了规定。但是在慈善募捐方面更多是对慈善组织的准入条件、慈善活动等方面进行了限制性规定。在促进措施、监督管理及法律责任方面则更多体现的是民政部门或人民政府的职权和职责。这尽管更多旨在通过政府推动、主导慈善事业的健康快速发展，却也存在着很多不足，更多地体现了行政执法权，而对慈善行为者的权利规定不够，因而更多是处于管理者或治理者的角度。具体来说，慈善行为者能否就募捐行为对组织募捐的慈善机构或团体享有信息知情权？募捐人、捐赠人、信托人等慈善行为人能否就政府针对慈善法的职责有司法的救济渠道？如果把大量监管慈善机构或团体的权利都授予了政府，那么自然无形中增加了政府及其工作人员权力寻租的风险或可能性。如果慈善行为人就政府及其工作人员的职责是否能够依法履行不具有知情权，乃至司法诉权的话，慈善行为人的合法权益不仅无法得到保障，行使慈善的积极性也可能受到影响，这样容易造成慈善行为人乃至社会公众对政府及其工作人员的不信任，这与慈善行为的道德属性、私法属性及社会属性不太一致。另外，《慈善法》基本没有涉及慈善行为接受者的权利问题。由于慈善行为接受者不需要付出任何对价，只享有权益，因而享受这种权利的积极性基本上受到限制。但是，如果是权益接受者通过慈善机构或团体获得实现，那么权益接受人也具有一定的权利救济权，体现了一定权利享有的公平性。

因此，笔者认为，慈善法应当更多地摈弃治理者或管理者的视角，转变为慈善行为者与接受慈善行为者的视角，通过慈善行为者与接受慈善行为者的有效监督实现社会对慈善活动的有效规范监督，从"依法治善"转变为"法治慈善"。法治慈善的视角强调的是对慈善行为、慈善活动自身性质的尊重，除了基于必要国家、社会公共利益，并以负面清单方式予以明确确认外，尽量减少外在力量对其进行干预，遵循其自律自治特性，通过内部治理方式实现慈善行为的健康有序发展。具体来说，就是首先应当多从慈善行为者的视角来规范慈善机构或团体的行为，以慈善行为人权利救济机制的建构为核心，给予慈善行为者更多的知情权、监管权以及司法救济权，更好地发挥"社会对慈善组织行为实施实际监督的效力"。① 其次，通过监控慈善机构或团体的运行结构、章程内容等，对慈善机构或团体的运行环节过程进行有序监控。比如，可以成立类似于董事会、监事会等机构进行权利控制与制衡，还可以有类似于股东大会的组织对慈善机构或团体的经费、活动等进行监控，定期接受其咨询。再次，在特定情形下，可以赋予以慈善机构或团体为中介的接受慈善行为者一定的知情权、监督权，乃至司法救济权。这既可作为对慈善机构或团体的一层监督，也可以更好地体现慈善行为接受过程中的公平性与透明性。最后，充分尊重慈善行为的道德性、私属性、社会性，如果非得需要公共权力介入，最好是通过司法权的方式，而非行政权的方式，通过设定一类公益诉讼的方式，由类似于股东大会、妇联、工会、残联等组织，甚至监察机构提起公益诉讼，向相关的慈善机构或团体追责。

结　语

慈善应是任何社会所追求、提倡并弘扬的，它是建立在捐赠基础之上的一种公益事业，以自愿为前提的私人捐赠是慈善赖以存在和发展的经济基础，而这种私人的自愿行为又是建立在社会价值认同，乃至信仰理念之上的。② 因此，慈善入法应当遵从法律本身的属性和慈善自身的属性，旨在通过制度方式促进慈善理念的共识化、慈善行为的普遍化，从而实现慈善事业的健康繁荣发展。慈善在中国处于萌芽期，还十分脆弱，如果处置不当，结果可能事与愿违，反而阻碍慈善事业的发展和文明进程的提升。中国慈善法，刚刚在路上。

---

① 杨道波：《新中国慈善立法的回顾、评估与展望》，《河北法学》2013 年第 5 期。

② 张奇林：《美国的慈善立法及其启示》，《法学评论》2007 年第 4 期。

中国人传统的孝信仰及其重构

徐新意 *

内容摘要： 中国人一直有自己的传统信仰，即孝。孝信仰给予中国人安全感、稳定了中国人的家庭，也有利于社会稳定和社会秩序的建立。但是，鸦片战争后，传统信仰被逐渐淡化，已经到了历史的底线。为此，我们应当强化中国人对孝信仰的认知，通过法律手段弘扬孝道、重建中国人的孝信仰，还应当将孝信仰教育纳入学校教育和社会教育体系，让孝信仰树立在每个现代中国人的心中。

关键词： 传统信仰；孝信仰；信仰重构

2015 年 2 月 28 日下午，中共中央总书记、国家主席、中央军委主席习近平在北京亲切会见第四届全国文明城市、文明村镇、文明单位和未成年人思想道德建设工作先进代表，并发表重要讲话。他强调，人民有信仰，民族有希望，国家有力量。实现中华民族伟大复兴的中国梦，物质财富要极大丰富，精神财富也要极大丰富。我们要继续锲而不舍、一以贯之抓好社会主义精神文明建设，为全国各族人民不断前进提供坚强的思想保证、强大的精神力量、丰润的道德滋养。这是多年来最高领导人首次讲中国人信仰问题，讲话释放了这样的信号——中国人的信仰问题已经成为国家领导人十分关注的问题。那么，中国人的信仰存在问题吗？存在哪些问题？这些是我们迫切要解决的问题。

一　首先要明确的几个基本概念

（一）中国人

中国人，一般理解为具有中华人民共和国国籍的人。这是从法律的角

---

*　徐新意，常州大学史良法学院副教授。

度来讲。但是，本文不是只从法律的角度来探讨，而是全方位地来研究中国人，包括历史学的视角。因此，本文的"中国人"是立体概念，包括古代的中国人和当今的中国人，包括具有中华人民共和国国籍的中国人，也包括没有中华人民共和国国籍的人。被 20 世纪英国文豪毛姆誉为"中国孔子学说的最大权威"的辜鸿铭老先生①在 100 年前就讲："真正的中国人正在消失，取而代之的是一种新的类型的中国人——即进步了的或者说是现代的中国人。事实上，在我看来，往日那种典型的中国人在世界上各地正趋于消亡。所以，我们应该仔细地看上最后一眼，看看究竟是何物使真正的中国人本质地区别于其他民族，并且区别于正在形成的新型中国人"。② 他认为，在真正的中国人性类型中有这样一种气质：从容、镇定、历经磨炼后的成熟，如同一块千锤百炼的金属。甚至，一个真正的中国人，他身体上或者道德上的缺憾，即便无法补救，也会被他身上的文雅品质所淡化。真正的中国人也许粗糙，但粗糙中没有粗劣；真正的中国人也许丑陋，但丑陋中没有丑恶；真正的中国人也许粗俗，但粗俗中并无好斗和嚣张；真正的中国人也许愚蠢，但愚蠢中并无荒谬；真正的中国人也许狡猾，但狡猾中并无阴险。事实上，笔者认为，即便在真正的中国人的身体、心灵和性格的毛病和缺点里面，也不会有什么让你厌恶的地方。即便是在老派的甚至最低等的真正的中国人那里，你也很难找到一个让你非常厌恶的中国人。

我们认为，中国人就是具有中国传统文化，具有中国精神的人。这种人在当今越来越少，即真正的中国人已经所剩不多了。

（二）信仰

"信仰"是一个特殊概念，属于外来用词，有多种解释。现代汉语词典解释"信仰"为："信仰是对某人或某种主张、主义、宗教极度相信和尊敬，拿来作为自己行动的榜样或指南"。③ 也有人认为，"信仰在心理上表现为对某种事物的仰慕和向往，在行为上则表现为以某种思想体系为准则去解释和改造世界。它是富于思维的人类所普遍具有的一种意志品质"。④

---

① 辜鸿铭：《中国人的精神》，海南出版社，1996，第 298 页。
② 辜鸿铭：《中国人的精神》，海南出版社，1996，第 30 页。
③ 《现代汉语词典》，商务印书馆，2005，第 1520 页。
④ 水寒轩：《信仰的讲解意义》，http：//cloud8377. blog. nnsky. com，访问时间：2016 年 3 月 28 日。

还有人认为，"信仰是指人们对某种事物或思想、主义极度尊崇和信服，并把它奉为自己的精神寄托和行为规则，是人类特有的一种精神活动"。①

信仰由"信"和"仰"两个字构成，第一个"信"就是相信的意思；第二个"仰"就是抬起头来看。"信"，《说文解字》中说，这是会意字，从人从言，和诚同义。信是对人言的相信。人言就是诚。"仰"，《说文解字》中说，"仰"即"举也"。所以，按照字面上理解，信仰就是抬起自己的头认真听命某种指示的意思。

信仰有两种解释，一种是动词，一种是名词。作为动词的信仰就是指由于对某种理念的极度相信而自觉按照其行动的行为；作为名词的信仰则是指被人们极度相信且被确认为行为指南的某种理念。本文研究的是作为名词的信仰。

一般认为，作为信仰的理念应当具有确定的仪式，具有较强的权威性，具有很好的德性，从而使人敬畏。对信仰的理解，不应当局限于过去的思维习惯，即将其局限于某种主义或者宗教，而可以依据不同文化得出不同于西方的理念。

（三）孝

孝是中国传统文化中的重要范畴，就是肖、效的意思，实质是向前人认同。孝是从生活经验形态转化为一般的观念形态。金文中的"孝"字，上半部是"老"字，像老人长发屈背之形，下半部为"子"字，是儿子的意思。现在的"孝"字仍然是由老与子合体构成。《说文解字》："孝，善事父母者。从老者，从子。子承老。"《逸周书 谥法篇》："五宗安曰孝，慈惠爱亲曰孝，秉德不回曰孝"。孝的原意是安宗承老，即尊重已往的经验，尊重实际掌权者的意志。②

中国历史发展不同于西方，氏族血缘关系在国家形成后被保留下来，并被以文明的形式加以强化，"孝"就被深入国家的观念中来。在国家体制中，政治与国、家是混在一起的。对当权者而言，家就是国，国就是家，一国之君就是一家之长。国君是全国最大的家长，担任着"家父"的角色。这样，家长权与皇权完全结合为一。孝就是忠，忠就是孝。君主制以家长制为基础，要求全民用事父的态度事君，用事君的态度事父，这也

---

① 《马克思恩格斯全集》第6卷，人民出版社，1994，第89页。
② 马中：《中国哲人的大思路》，陕西人民出版社，1993，第92页。

有利于维护下层社会的稳定性。

儒家的所谓"八德"，即"孝、悌、忠、信、礼、义、廉、耻"，第一就是孝。《论语·学而》第二章中讲，"有子曰：其为人也孝悌，而好犯上者，鲜矣；不好犯上而好作乱者，未之有也。君子务本，本立而道生。孝悌也者，其为仁之本欤！"儒家推出的《孝经》成为中国宗法文化的当之无愧的宗主，把儒家原则最终归结为一个"孝"字。

二 中国人有自己的信仰

不少学者认为中国人没有信仰。武汉大学邓晓芒教授认为："中国人没有真正意义上的信仰。这种信仰指的是宗教意义上对彼岸世界的信念，是超越性和纯精神性的"[①] 这只是依照西方基督教所说的信仰精神来判断中国人的状态。事实上，这是对"信仰"的一种误解，也是对宗教的一种误读。中国人自古至今就有信仰，只是不同于西方的观念。我们认为，作为信仰应当具备四个基本条件，即有较为隆重的仪式、有强大的权威、有较好的德性和受人敬畏，而中国人的信仰完全具备以上条件。

（一）中国人有复杂的信仰仪式

中国人有祭祀的习俗，祭祀是中国古代儒家一种具有宗教性的活动。董仲舒说："尊天，美义也，敬宗庙，大礼也，圣人之所谨也，不多而欲洁清，不贪数而欲恭敬。君子之祭也，躬亲之，致其中心之诚，尽敬洁之道，故鬼享之。享之如此，乃可谓之能祭。祭者，察也，以善逮鬼，神之谓也，善乃逮不可闻见者，故谓之察"（《春秋繁露　祭义》）。这里的"美义""洁清""恭敬""躬亲""诚"等连在一起就可以理解祭祀的形而上学内涵。孔子说："祭如在，祭神如神在。子曰：吾不与祭，如不祭"。说的也是同样的道理。中国人自古就通过祭祀来表达对天、地和祖宗的敬畏，不但有一定的形式，且特别强调从内而外的诚心。

（二）中国人信仰具有权威的圣人之言

中国人通过祭祀引导人们对自然的天的相信和崇拜。中国人认为，天的孩子是天子。在远古时期，天子和圣人是一致的。尧舜禹既是圣人也是

---

① 邓晓芒：《"理性、信仰和宗教"全国学术研讨会综述》，《哲学动态》2006 年第 11 期。

天子。对天、天子的相信就是对圣人的相信。圣人的话就是经。从汉代起，人们开始崇拜、敬仰圣人，以圣人为神灵。圣人便是神圣的现实化身。为此，孔子说，君子有三畏，即天命、大人和圣人之言。圣人之言应当敬畏。为什么要敬畏圣人呢？不是因为人们惧怕圣人的强势，而是因为人们对圣人之言的赞同和接受。这种接受是乐意的。同时，圣人之言宣扬的价值观是符合人们的需要的，符合天道的。中国人都特别推崇舜，以舜为权威。舜特别重孝，所以中国人自古以来都特别推崇孝，以孝治天下。

（三）中国人的信仰具有德性

德性就是获得的意思。我们如何才能获得呢？我们可以在后天的经验中获得。人的道德修养、本性、德性从何而来？荀子认为，人人可以成为尧舜，其方法就是学习。人们通过向天地学习，向周围的人学习，就可以提高自己的道德修养，成为品质高尚的人。佛家说种子本有、始有，意思是说种子经过熏习而成就。人的品质的形成受到外在的、客观的环境的影响。相对于修养、德性而言，信仰在先。于是人们将信仰看作人类德性中的首要品质。佛教在讲三十七道品时提出五根说。所谓五根，指的是信、勤、念、定和慧。其中的信就被放在首位，就是说，相信是修行的第一步。《中庸》将人类的实践分为五个阶段，"博学之、审问之、慎思之、明辨之、笃行之"。其中第一位就是博学之，最后才是笃行之。博学就是学习自己信仰的价值观。

（四）中国人的信仰就是对天、地和祖宗的敬畏

人产生敬畏感源于被奴役和亲情。奴役性敬畏便是畏，亲情性敬畏便是敬。畏是人们对自己不喜欢的权威的态度，敬是人们对自己喜欢的权威的态度。不管自己喜不喜欢，人们都必须接受、认可就是敬畏。对待权威，如果我们必须接受，无论喜欢与否，就是信仰。亲情性畏惧，是中国人祭祀活动的基本特征。祭祀最要紧的是敬。敬意味着尊重与真诚。祭祀过程就是德性形成过程。诚使人们的德性彻底敞开。敬的关键是主一。"二程"说："敬只是主一也。主一，则既不之东，又不之西。如是则只是中。既不之此，如是则只是内。存此则自然天理明白。学者须是将一本无此字。敬以直内，涵养此意，直内是本"。① 一指的就是中。所谓中，指的就是主体的心。

---

① 《二程遗书》，上海古籍出版社，1992，第114页。

三 孝是中国人的传统信仰

孝自古以来就是中国人的信仰，但在不同历史时段，孝的内涵是不断发展变化的。孝产生于原始社会父系氏族时期，即黄帝时代开始。当时，孝为人们自身市场过程中产生的一种亲情之情。"先祖也，类之本也""无先祖焉能出"，这都表现为对父母长辈抚育生长的报本反始的感恩崇敬之情，处于人类自发的本能。夏、商两代，孝除了保持原有的人类朴素感恩之情外，又发展为另外一个含义——"善事父母"。到西周初年，周公制定礼乐，把孝通过某些外在规定固定下来，如通过享祭与祭祀体现"孝"的仪式。祭祀中的祭品品种、数量，礼仪的简繁，各人应当遵守的行事方式，成为检测孝的标准。同时，当权者都认识到了孝的重要性，孝成为衡量一个人品德的重要尺度。这样，中国人就初步建立了对孝的信仰。

到春秋战国时期，西周确定的社会秩序出现混乱。面对"礼崩乐坏"的社会局面，不同阶层的人们提出了自己的治国主张。其中，孝就被各家学派改造适用。儒家代表人物孔子认为，要稳定社会秩序，必须稳定家庭，稳定家庭必须重新构建对"孝"的信仰。孔子的继承人孟子提出"老吾老以及人之老，幼吾幼以及人之幼"的思想，充分肯定孝在稳定社会秩序和治理国家中的作用。这样，孝就由原来的家庭而被推广到社会、国家，成为维系家庭和国家治理的伦理法宝。《孝经》上说："君子之事亲孝，故忠可移于君；事兄悌，故顺可移于长；居家理，故治可移于官。"又说："夫孝，始于事亲，中于事君，终于立身。"这样，孝就从个人推至君主，被赋予政治功能。法家的韩非子主张以"孝"来培养人的顺从性，达到服务君主统治的意图。韩非子说："臣事君，子事父，妻事夫。三者顺则天下治，三者逆则天下乱，此天下之常道也"。他还说："忠臣不违其君，孝子不非其亲"。这样，"孝"和"忠"被混用，以"孝"来比喻"忠"，以"忠"代"孝"，孝成为国家治理的重要手段。经过对孝的传承和发展，孝已经与稳定社会秩序、维护国家稳定紧密联系在一起。孝的适用范围已经从家庭推至社会、国家，由伦理推至政治，且为其被推至法律奠定了基础。这样，中国人正式确认了对孝的信仰。

从西汉到清朝，孝成为法律，对稳定家庭、社会和国家起到了十分重要的作用。秦朝用武力统一六国后，其以完全依靠法律而建立的新秩序很快土崩瓦解。西汉政权建立后，当权者在总结秦朝灭亡教训的基础上，最后选择了以儒家思想为主同时兼采法家思想的治国指导原则。"以孝治天下"成为治国之本。这时的孝文化得到进一步发展。孝的内涵表现为忠孝一体，孝父与忠君一理，家就是缩小的国，国就是扩大的家，家是治国平天下的出发点。君主与臣民之间被认定为父子关系。董仲舒根据阴阳五行学说的阳尊阴卑理论，提出了"三纲"说，即"君为臣纲，父为子纲，夫为妻纲"。这样，孝被正式确定为纲常，中国孝理论正式建立。西汉后，孝的地位一直得以保持，一直到清代。以后，孝规范了家庭成员的具体行为，规范了君臣、君民之间的关系，且通过法律的形式加以保障。纵观中国两千多年的历史，礼教为建立和推广孝文化起到重要作用，而法律在其中的作用更是不能忽视。为此，孝便真正成为两千多年来中国人的行为指南，成为其传统信仰。这样，中国人不但建立了对孝的信仰，而且建立了法律保障体系。

四　中国人信仰孝的重要意义

（一）信仰孝给予中国人安全感

辜鸿铭先生认为："他们献身科学并为科学进步做出贡献，是因为他们的心灵渴望探求这广袤宇宙那可怕的神秘。人们之所以需要宗教、科学、艺术乃至哲学，都是因为人有心灵。不像野兽仅留意眼前，人类还需要回忆历史、展望未来——这就使人感到有必要懂得大自然的奥秘。在弄清宇宙的性质和自然法则之前，人类就如同处在黑屋之中的孩子，感到危险和恐惧，对任何事情都难以把握。正如一个英国诗人所言，大自然的神秘啊，沉重地压迫着人们。因此，人们需要科学、艺术和哲学，出于同样的原因，也需要宗教，以便减轻神秘的大自然，这个难以理解的世界所带来的重压。"[①] 在西方，面对自然的威胁力量和同类的残酷无情的狂热，宗教给了人类大众一个庇护。在它的庇护下，人们能够找到一种安全感；这种庇护是对某些超自然存在信念，或者是有绝对力量并能控制威胁人类的力量存在的信念。

中国人同样面对以上问题，但中国人没有依靠宗教，而是依靠一套儒

---

① 辜鸿铭：《中国人的精神》，海南出版社，1996，第42页。

家的哲学和伦理体系——孝信仰。孔子特别强调孝的作用，也指出了孝的具体表现。孝即"生，事之以礼；死，葬之以礼，祭之以礼"。"父母唯其疾之忧。""今之孝者，是谓能养。至于犬马皆能有养；不敬，何以别乎？""色难。有事，弟子服其劳；有酒食，先生馔，曾是以为孝乎？"信仰孝的中国人，通过孝的具体活动——祭祀等就能够理解自己的过去和将来，死亡只是新生活的开始；通过孝的具体体验，能够感觉到家庭的温暖、生活的安全和稳定。这样，人们的心灵能够比较安静，安全感得到确立。

（二）中国人信仰孝稳定了中国人的家庭

中国人的文化就是家文化，是农业文化。中国人的主要生产方式是以家庭为经营主体。直到现在，我国农村依然实行家庭联产承包责任制。农业生产必须依靠传统经营，需要传承前人的经验和文化。孝就是这种文化传承的载体。家庭是孝的载体，只有家庭稳定，国家才能稳定。孝是家庭稳定的关键要素。家庭是由性情各异、志趣不同的个体组成，家庭稳定必须使家庭成员接受孝文化。《大学》说："所谓治国必先齐其家者：其家不可教，而能教人者，无之。"在家庭中，家庭成员都是自小接受孝道教育，接受相关"礼"的训练，如参加各种祭祀活动。整个社会都信仰孝，以尽"孝"为荣，以"不孝"为耻。家族族长有权依照族规和家训对不肖子孙进行处罚。国家司法也对不肖子孙实行严惩政策。为此，一人尽孝，不但带来家庭的稳定和幸福，而且会带来很好的社会美誉，为个人入仕与建功立业奠定基础，即使犯罪，也会得到宽大减免。个人与家庭一体，个人完全属于家庭的一部分，一旦离开家庭，个人将毫无地位。个人只有在家庭内互相帮助，控制个人的欲望，增强对各种环境的适应力，才能实现家庭和个人的共同发展。另外，每个人都是在家庭中成长，都是从子孙慢慢成长为家长，每个人在心理上都有对自己身份转变的期待，而这种期待都是以自己在家庭中是否尽孝为前提。常有人说，自己怎样对待自己的父母，自己的儿孙将来也会怎样对待自己。为此，自己必须为后代做出"孝"的榜样。因此，孝成为中国人家庭的主要文化，中国人都信仰孝。

（三）中国人信仰孝有利于社会稳定，缓和了社会矛盾

家庭是社会的基本单位。《大学》说："一家仁，一国兴仁；一家让，

一国兴让；一人贪戾，一国作乱；其机如此。"每个家庭、家族都信仰孝，都以孝为荣，这个国家就会形成重孝之气氛。所以，历代当权者都提倡孝，甚至亲自示范，其目的就是将中国人对孝的信仰全力推广，从而形成整个国家、社会的重孝氛围。在政治上，家国一理，君父相通，当权者以"百姓父母官"自居，增强了中国人对当权者的亲近感，把当权者对社会的管理看作是家庭中家长对家庭成员的管教，是天经地义的事情。同时，当权者以"百姓父母官"自居，在一定程度上也更强调了其行为为百姓的自觉性，从而使当权者与被管理的百姓家庭能够更好地相互理解，社会矛盾相对减少。即使出现矛盾，双方也能够相互沟通，妥善解决。

五　中国人对孝信仰的危机及其原因

在 21 世纪的今天，信仰危机已经是一种世界性的文化现象。信仰危机表现为人们开始困惑、忧患、幻灭等。当下中国人的信仰危机是传统与现代、理想与现实、个人与社会、理性与信仰的矛盾在人们精神意识中呈现出的一种尖锐的对立状态。一些人失落了中国人的做人信仰，仅仅关注自我欲望、利益和目标，忽视社会目标，对公民社会、公共精神缺乏认同，否定利他主义价值观。鸦片战争以来，中国人对孝的信仰越来越淡，当权者不再推崇孝道，不提"以孝治天下"，法律中的强化孝信仰的内容被全部删除。这样，中国人对孝的信仰政治保护全部丧失。五四运动后，传统文化被打倒，作为儒家文化核心的孝信仰受到更加直接的打击。"文化大革命"期间，孝信仰的物质载体——祠堂和家谱开始遭到毁坏，甚至完全铲除，中国人的祖坟也多遭破坏。为此，中国人对孝信仰只剩下长辈的言传身教了。随着时代的发展，长辈自身对孝的信仰也在不断地淡化，其晚辈自然能够从他们身上学到的孝道信仰也越来越少。改革开放三十年后，西方的思想、宗教迅速通过各种渠道向中国人传送，中国人原来的家文化受到致命的打击，中国人对孝的信仰也到了历史底线。为此，许多有良知的中国人担忧，如此下去，中国人还是中国人吗？中国人还有幸福吗？

我们认为，中国人对孝信仰淡化有以下几个原因。

（一）当权者对孝道的错误理解是中国人对孝信仰淡化的首要原因

鸦片战争失败后，许多中国人认为：中国文化落后，不能适应社会的发展，其中就包括对孝的信仰，直接导致中国被动挨打；中国要发展强大，就应当反对中国传统文化，淡化对孝的信仰，向西方学习自由、独立、民主为主要内容的文化。为此，当权者顺应这些观念，完全接受西方文化思想，不再提倡甚至反对孝道文化，破坏中国人孝信仰的物质载体，将传统的孝道教育全部删除。当权者对中国人传统信仰的错误理解，导致中国人传统信仰遭到毁灭性破坏。孔子说："君子德之风，小人德之草，草上之风必偃。"当权者为社会文化的引导者，是"风"；民众只是社会文化的跟随者，是"草"。当权者没有认识到信仰孝对中国人的意义，实施了反对中国传统文化，特别是孝道文化的举措，中国人自然会逐步淡化，甚至放弃对孝的信仰。

（二）孝道教育缺失是中国人对孝信仰淡化的重要原因

孝道教育有多种方式和路径。传统上，当权者通过各种路径向民众宣教孝道：通过皇帝等精神领袖的示范作用向民众传递孝道，还通过"举孝廉"等方式举荐民间孝子担任官职向社会倡导孝道，通过科举考试推广儒家学说（包括《孝经》等十三经），通过祭祀向民众宣教孝道。另外，民间是宣教孝道的重要基地，宣扬孝道的方式很多，如家族在祠堂等处祭祀先祖、修家谱，每年清明节修坟祭祖等。其实，普通人家的长辈的言传身教也是孝道传递的最为重要形式。但是，现在，传统的孝道文化教育几乎消失殆尽，现代人多数生活在城市，每天接受的都是快餐文化，没有接受孝道教育，学校也只是考虑学生的分数，传播的是极端功利主义思想，根本否定传统的以孝文化为代表的"仁"的文化。

（三）法律保障缺失是中国人对孝信仰淡化的基本原因

中国人对孝信仰的建立不是完全靠自觉，不完全靠教育，还依靠强有力的法律保障。不孝之子不但会受到舆论的谴责，还会接受特别严厉的刑事责任追究。许多家族也会得到国家授权，有权直接处理家族成员不孝之人，甚至可以处以死刑。甚至因为子女不孝而被家长打死，家长也无须承担刑事责任。从西方民主法治的观点来看，以上制度未见得就科学。因此，现代国家的法律已基本废除了以上法律制度，中国也一样。失去了法律强有力保护的孝信仰显得十分脆弱，很容易被人改变。

（四）现代社会结构巨变也是中国人对孝信仰淡化的客观因素

随着中国经济的迅速发展，城市化进程加剧。从人口的城市化来看，

2012 年中国的城市化率为 52.6%（国家统计口径称城镇化率），还有虽然已经进城但尚未真正取得同等市民待遇的 2.6 亿农民工。这种现象的发生，又导致广大农村被空心化。农村除了老人就是留守儿童。在城市的高楼大厦中，各人都生活在被钢筋水泥围成的房子中，彼此没有多少交流，人们生活在陌生人社会之中，难以按照传统习惯学习孝道。生活在城里的人不太关注孝道，孝信仰也难以形成。农村的留守儿童和老人缺少关键的青壮年人的关心和保护，孝道教育和演示难以进行。为此，长大成人的前留守儿童根本不知道孝道，更谈不上对孝的信仰。

六　中国人孝信仰的重新构建

中国人确立对孝的信仰使得中华文明能够传承几千年。当今中国，经济发展很快，经济总量已经成为全球经济总量第二。与此相反，中国人对孝的信仰却逐渐淡化，已经到了历史底线。这已经成为中国社会发展中的一个重大问题。重构中国人对孝的信仰成为当今十分重要的任务。

（一）强化中国人孝信仰的认识，让孝信仰成为国家意识

现在，全球经济形势不景气，我国经济进入新常态，文化建设应当成为中国建设的重中之重。但是，全国多数地方仍然在全身心地追求经济，根本没心思进行社会文化建设。其中的原因在于许多人没有认识到孝道对社会的重大意义，不知道孝的真正含义。现在，习近平总书记已经明确提出"人民信仰"问题，且在多种场合反复强调中国传统文化，包括孝信仰的重要性。这为增强中国人孝信仰提供了基础。但是，经过近两百年的破坏，中国人对孝的信仰已经非常淡化，要想重构中国人对孝的信仰，还需要学习中国历代执政者的做法，从国家层面上来强化人们对孝的认识，强调孝对治理国家和社会的重要意义。

（二）通过法律的形式来促进中国人对孝的信仰

中国历朝历代的法律都弘扬孝道，表彰孝子。汉朝的"举孝廉"制度，就是通过举荐孝子担任朝廷官职的形式强调了"孝信仰"的国家意识。这极大地促进了人们对孝的重视，鼓励了人们对孝的信仰。现在，我国不一定要采取"举孝廉"制度选拔领导干部，但将"信仰孝"作为提拔领导干部的一项前提条件应该是可行的。同时，对于不孝的人，即缺乏

对孝信仰的领导干部一定不能提拔，甚至要罢免、撤职。

另外，我国应当将孝信仰写入宪法，通过宪法来倡导中国人信仰孝。民法调整家庭人员之间法律关系，在民法典中加入关于"孝"的规定对重构中国人对孝的信仰具有重要意义，如规定"对于不孝敬父母的配偶，另一方可以提出离婚"，"不孝敬父母的子女不能继承父母的遗产"。刑法是规定犯罪和刑罚的法律，刑法典中加入关于"孝"的规定也能够促进中国人对孝的信仰，如规定"不孝敬父母的人犯罪的可以从重处罚"。

（三）建设孝信仰课程，并将其植入学校教育和社会教育体系

总结多年的教训，我们发现忽视了孝信仰教育，直接导致中国人对孝信仰淡化。为此，应当亡羊补牢，根据现代社会的需要，建设孝信仰课程，让中国人从小就开始认真学习孝道，理解孝的真正含义，由衷地信仰孝。学校教育为现代教育的最重要阵地，如果孝信仰教育没有在学校教育中占一席之地，那么孝信仰就无法真正在中国人中构建。同时，随着现代科技的发展，社会教育体系也相当发达，通过传统媒体和现代媒体对中国人进行教育，开展孝信仰教育，对于重构中国人孝信仰至关重要。

（四）鼓励、规范民间开展各种形式的孝信仰推广活动

尽管孝信仰已经跌入低谷，但近年来民间出现了推广孝信仰的热潮。许多地方在大兴土木修建姓氏祠堂，重修家谱活动也热火朝天，各类姓氏宗亲联谊会也在迅速成立。参加的人员不但有年龄较大的长者，也有许多年轻人加入。有些地方政府也在推广孝道文化，开展孝道论坛。还有些企业投入巨资建设孝道主题公园，推广孝道文化。有些学校也在进行有关孝的讲座。这说明中国人的孝信仰并没有断，孝信仰还有很好的基础。国家应当鼓励民间开展促进中国人孝信仰的活动，为他们提供保障。同时，由于国家没有出台明确的相关政策，民间的各种活动也存在许多问题，甚至被人利用，走上了违法犯罪之路。为此，政府不能以旁观者心态来看待民间推广孝信仰活动，而应当积极参与，规范、引导民间推广孝信仰活动。

自然法专题

柏拉图的法理论

〔美〕亨廷顿·凯恩斯　郭俊义[*]　译

　　然而，随处可见的引文让我想到，倘若我能耐心挑选一些柏拉图的思想的话，其中必有使我获益匪浅的超然见解。①

　　柏拉图的法律观极为宽泛，他认为，法律是理性的产物，其等同于自然。法律是柏拉图经常关注的主题，他的很多对话都认真对待它的某些方面。柏拉图的法律理论是其哲学的基本部分，与其整个哲学体系相互映照。然而，就像古希腊法律一般，他的法律理论从不是我们已习惯的那种自罗马共和国后期所形成的法律制度那般系统化，尽管如此，它与柏拉图的主要哲学思想极为连贯。在法律这一领域中，柏拉图就像所有希腊人一样是一个门外汉，当然，这是从我们现代对职业法律人的界定来说的。但在其法律思想中，他创造了一系列法律史上极为重要的观念，这为以后许多法律思考提供了根基。他对法律的影响在理论和实践上都很大。学者居雅思（Cujas）曾言，罗马法学家"借鉴了很多柏拉图的观念"。② 他对希腊法律的影响，通过罗马法的运用，直接或间接地影响了现代很多法律，然而，这些理论还没有得到全面的理解。

　　本文对柏拉图法律观的论述涵盖其法律的主要理论及其在社会实际事物中的应用，并尽力把散落在其对话篇中的大量的提示性想法联系起来。柏拉图的信念遭受了很多评判，但由于这一信念已成为柏拉图主义者以及从亚里士多德到现在其他学者的主要事务，在此，对其的批判就控制在最低限度，因为，尽可能精确地解释其竭力思考的主题本身就是一项很有价值的任务。柏拉图的思想中有很多要点有利于

*　译者简介：郭俊义，南京大学法学院讲师，哲学博士，吉林大学法学院博士后。

①　Spencer, Autobiogaraphy（1926）442. 对于翻译，总体来说，我所引用的文本是 Bury, Shorey（《理想国》），Jowett 以及 Tayor 的译本，有时把它们结合起来引用，有时对之有所矫正。感谢英国人对其《法律篇》译本的资助，译本措辞优美，且注释简单易懂。我也感谢 Grote，Shorey，Tayor，Nettleship 以及 Ritter 的评论。柏拉图著作的引用仅标注书名。

②　Cujas, *Opera Omnia*（1722）666，其具体实例可见在《学说汇纂》中对柏拉图的引用。

获得更多的信息，但对其思想查漏补缺的推测性工作照例就留给读者来做了。

法的功能

有三个假设被认为是柏拉图法律思考的基点，它们得到了自柏拉图时代以来很有影响力的思想流派的拥护，但也是与柏拉图的政治信念不同的一些仰慕者的困惑之源。柏拉图认为，法律的目的就是造就"完全善"（completely good）的人。之所以如此，是因为，就像十九世纪的制度主义者曾断言的那样，人性可以被任意矫正，其手段就是一个仁慈的独裁政权：哲学家成为王，或曰王成为哲学家。这些假设与柏拉图的其余思想一样备受重视，然而，它们只有在得到正确理解时才是可行的。

作为一个哲学家，柏拉图只接受人的完全善，他拒斥不能达致这一目的的任何法律。① 雅典人说："善也完全应当成为这种体制的目的，但我不能承认它们应当缺乏完整性的某一部分善为目的。"② 这句话并不能检测到其法律思想中理想的成分，仅能观测到处于极好条件的概念人是法的制定的潜在的有利因素；这对检测柏拉图的法律与道德的关系的看法也无益，因为他的法律与道德的观点纠结在一起难以分离，他甚至有时主张恶法非法。③ 他像霍布斯和奥斯丁一样意识到了法律与道德的区别，法律是命令的观念，④ 但他却对此不加考虑。⑤ 尽管，如果人们听其言辞会认为其目的或许会有所获，但他十分清楚其建议不切实际，⑥ 是一种老人的法律游戏，⑦ 并且他也不期望其理想能够付诸实践。他只是强调抽象或假设作为指导社会调查的必要性。⑧

柏拉图主义者为哲学王所设计的最佳辩护是，它表现了政府是一种艺

---

① *Laws*，630C.

② *Laws*，705E。

③ *Greater Hippias*，284B – E；*Laws*，715B；*Minos*，314E.

④ *Laws*，723A.

⑤ *Laws*，857C – D.

⑥ *Laws*，632E，712B.

⑦ *Laws*，685A.

⑧ *Laws*，739E；*Republc*，472C. 严格来说，柏拉图的观念并不是从感觉材料中抽象而来，因为感觉材料与观念是相似的。

术或科学的原则以反对演说家所主张的法律之下的政府观念;① 它是国家应由最高智慧来统治的需求认知,② 表现了真正的牧羊人、引航员和医生的专断裁决。③ 最终,尽管柏拉图一贯认为最好由有智慧的人来统治无智之人,无论其同意与否,④ 但在实践中,他处处服从于法的统治以及被治者的同意。柏拉图著作的一个显著特点是,他喜欢用明确的条件和讽刺性的措辞来限定其建议,因此要为他进行辩护并非不可能。

柏拉图对法律有敌意吗?这是阐释柏拉图法理学时要解决的一个必要问题。无疑,作为一个理想的探求者,柏拉图的《理想国》喜欢由高智慧的人来独裁而非非人性化的法治。法律依靠固定的、呆板的普遍规则指导变动不居的人及其行为,在这种制度下,难以避免"疑难案件"。⑤ 他熟知一个简单的事实,如苏格拉底审判所展示的,法庭的辩论方式也许最不可能发现真理。⑥ 针对这一点,柏拉图的《法律篇》和《政治家》认识到,人世间仁慈的独裁者是一个难以企及的理想,因而,他应该提出一种有可能实现的解决之策。在艺术领域,我们极为信任专家;但在政治领域中,专家相对较少。因此,柏拉图认为社会应该把法律作为第二好的选择来依靠,⑦ 甚至作为一种权宜之计(pis aller)——适用于"普通"人和一般处境的粗略的法律至上性,⑧ 在具体案件中难以保证公正。⑨

于是,柏拉图获得了法律必要性的观念。他认为,法律是必不可少的,没有它,我们与动物无异。法律是年轻人的导师,其最为高贵的任务就是使人憎恨不义,热爱正义。《法律篇》的目的就是使应用它们的人幸福,它们给予了各种各样的善。柏拉图指出,难以让人们理解社会科学的中心是社区而非个人,忠诚于社区利益让国家得以团结,追求个人利益则会使之分裂,同样也难以让人们明白社区而非个人繁荣能更好地服务于社区和个人这两者的利益。我们当中还不曾有人依其天然特性既看到作为社

---

① 这一原则当然需要辩护,因为它甚至使密尔认为,它假定国家的统治者是无过失的,或接近于此,"抑或认为其余人是相对愚笨的,他们不适应在其自身的政府中有任何声音,让他们的君主去解释的任何权力"。4 Mill, *Dissertations and Discussions*,(1868)325.

② *Laws*, 711A.

③ *Laws*, 684C; *Statesman*, 299D, 296B.

④ *Laws*, 684C; *Statesman*, 296B.

⑤ *Statesman*, 294B.

⑥ *Apology*, 17D; *Laches*, 196B; *Pherdrus*, 272D - E; *Republic*, 492 B - C; *Theaetetus*, 172 C - E.

⑦ *Laws*, 875D; *Statesman*, 300C.

⑧ *Statesman*, 295A.

⑨ *Laws*, 295A - B. 柏拉图在《法律篇》875D 再次谈论了公平的观念。

区成员的个人的善，又明白其能够并愿意行最佳之事。普通人的不负责任的权力观总会导致贪婪和自私的行为，或就如后世阿克顿（Acton）所说的那样，"所有的权力都会导致腐败，绝对的权力导致绝对的腐败"。如果上天赋予某人以洞晓真正的权力和无法律约束的不负责任的独裁者的超能力，那他就不必受法律规制，因为没有法律有权指挥真正的知识。但事实是，这样的内在洞察力无处可觅，除了极少数人具备外，这就是我们不得不采取次优的即法律的原因所在，尽管普遍性对具体案件来说并不总是公正的。①

柏拉图后面的建议自然是，思考法律的神圣渊源及人发现真正规则的能力。② 法律是社会和自然的非人格化的力量——经济的、地理的和社会的产品，或如他所描述的，偶然和机会使然，③ 因而这是人要满足社会需求，艺术要符合于场景的发现。④ 在一定程度上，他把所有这些观点看作部分是正确的，但他最终的观念具有妥协性质。他最终的立场是把法律看作调整人的行为以适应外部世界的一种艺术。有时，就像孟德斯鸠后面所言那样，社会环境改变法律；有时又像孔多塞 Condorcet 所说的那样，法律改变社会环境。因此，柏拉图把法律看作是遗传的和目的的过程，其作为艺术的主要功能是矫正社会和环境之间的不平等。⑤ 具体而言，法律的真实目的是获得群体的统一，⑥ 如果少数人遭到忽视或只为个别阶级立法都不会达到这个效果。⑦ 这是一种哲学的最高境界，它会导致这样的观点，如果相信法律的功能是作为整个社区的利益，那最终会顺从于理想化的法律作为模本的认知。然而，有别于哲学的世俗之见是，群体团结也许只能在法律的设计是为统治者或较强团体的利益时才能实现。⑧

立法理论

柏拉图立法论的根基是由其后自然法的拥护者发展起来的理念，即立

---

① *Apology*，24；*Laws*，862E，874E 等；*Protagoras*，326D.
② *Laws*，624A，835C.
③ *Laws*，709A.
④ *Gorgias*，482E；*Laws*，889D；*Republic*，551B.
⑤ *Law*，709.
⑥ *Law*，664A，739C－E；*Republic*，423B，462C－D.
⑦ *Republic*，419；466A。
⑧ *Republic*，343B.

法者仅仅通过理性就能形成一系列社区所需的规则。对柏拉图而言，立法者就是行动着的哲学家。他是一位已洞悉真、善、美的人。尽管依靠其力量能够享受更好的生活，但他不得不被迫过一种次等的生活，这么做是因为法律关注的不是任何阶级的特殊幸福，而是整个社会的幸福。此外，他是以蜂房里的蜂王和领袖的身份而产生的，相比其他人，他受到了更好的教育，因而就更有能力享受这两种生活方式。因此，他必须从天上回归人间。由于这是一件正当的事情，且他也是一个正义之士，因此他会服从命令。他的就职具有不可避免的必要性。① 亨利·亚当斯（Henry Adams）的被驱逐的贵族角色及其远离公职遗世独立的形象与此相悖。

柏拉图在思考立法问题时，遵循的是希腊传统上对成文法和非成文法的区别。安提戈涅对克瑞翁（Creon）的驳斥是基于"永恒的没有成文的法律";② 在《暴虐的俄狄浦斯》中，合唱队指的是"来自上边所制定的法律";③ 在色诺芬④那里，非成文法被解释为任何社会都能观察到的法律。因而他认为，它们是由神所制定的，因为人类是不可能都聚集在一起的，而且也不是都说同一种语言。柏拉图认为，严格来说，非成文法并不是所谓的法律，但它很重要。⑤ 英美非成文的普通法观念和大陆国家非成文的法律原则，皆系于君主国的传统，并由法院之外的其他执法部门来执行，这与柏拉图的观念相似但并不完全等同。非成文法的特别表现是基于古老的传统和社会惯例之上的规则和规章。法律就像一个刚愎而无知的人，不允许任何人做违背它命令的事情，甚至提一个问题，即使发生在他身上的是一些比遵守规则更好的事情也不行。人类生活多姿多彩，然而，一贯单调的法律却要控制这并不单调的生活，因而，非成文法有助于弥补这一缺陷。对此，柏拉图沉醉于用一种多样化的隐喻来描述它：它们是立法的榫眼，是已颁布的法规与那些将要颁布的真正的传统文献（即在实践中适当制定和遵从的）之间的关联，非成文法可以说是对已颁布的法规的保护，它们是金属支架和钳子，把建筑所用的石头固定位置，从而为上层结构提供主要的支撑。

柏拉图明白把这些基本法律形成书面文字的好处，因为它们一旦记录

---

① *Laws*, 519C, 521B.

② *Sophocles*, *Antigone*, 454.

③ *Sophocles*, *Oedipus Tyrannus*, 865.

④ *Xenophon*, *Memorabllia of Socrates*, bk. IV, c. IV, 19。

⑤ *Laws*, 838B, 841B, 680A, 793A－C, 890E; *Republic*, 563D; *Statesman*, 294C, 299A, 300A, 301A, 302A.

在案，就是成文法了。如果一个人第一次看而没有看懂，那没关系，因为他可以研究它们直到理解了为止。但柏拉图在《法律篇》中所构筑的新城市并没有继承古老的传统，因而其立法机关必须探究琐碎的细节，以使颁布的法律能够实现其目的。

因此，一个完整社区的立法是能够经由理性的努力而设计的。在其后的时代里，这一原则以一种改进的形式出现在休谟、爱尔维修和边沁的理论中。柏拉图毫不怀疑理性能够获得绝对知识，"我们的错误是感觉的产物，并非是因我们理性中的任何缺陷。理性乃万物之主，能造就万物，包括法律"。① 柏拉图深信，"人类理性"这一词在词源上与"法律"一词相连。② 就训练有素的哲学智慧而言，理性是法律的至上权威。在一个比喻中，柏拉图认为人是由欲望之绳所牵引的玩偶，主线是冠以国家公法之名的金质而神圣的理性之线。人类必须与金质的理性之绳合作。他的意思是国家依据对快乐和痛苦的精细计算最终会产生一部法律，意即，包括辩论和最终协议的立法程序会以法规的颁布而结束。因而，在人们迷恋于欢乐的乐趣或厌恶痛苦的恐惧时，法律会指导人类。所以，法律在一定意义上是国家的良心，能发挥直接的教育作用。可见，荷马所写的，在金绳末端的宙斯成功抵制其他地方的神灵和女神吸引的形象，在此也许就出现于柏拉图的思维中。③

柏拉图的立法采取传统的道德视角，即规制人的全部生活。然而，他也认识到，惩罚琐碎小事会有很坏的影响，会使基本法律遭到轻视。④ 虽如此，在柏拉图的观念里却几乎没有什么事情不受制于法律规则：婚姻、生育、公民从婴儿到老年的发展、财富的分配、固定价格、公民之间的所有关系、航海、商业、买卖、情感的控制、小旅馆、动场条例、金矿，贷款和高利贷、农夫和牧羊人以及养蜂人的监管（包括他们的工具的保存和监管）、行政长官的任命。确实，任何行为都在柏拉图的思考范围之内，连同公民的葬礼以及葬礼仪式的适当形式和对之表示尊重的编排。⑤ 柏拉图认为，把立法者应颁布的所有法律一一列举是不必要的，因为他认为在某种程度上制定就表明了一种立法理论。雅典人说："我欲昭示的是，有

---

① *Law*, 875D，890D.

② *Laws*, 714A，957C4 − 7.

③ *Laws*, 644 − 45.

④ *Laws*, 788B；*Republic*, 425B.

⑤ *Laws*, 780A，631 − 32，842C − D。

序的法典是应由哲学家以及生活在完美法典下的那些人来表明一种法的哲学，一种制度，即能使一个人判断各种法典的相对重要性和恰切功能"。①

柏拉图在此的思考是向未来的一个极大的跃进，他与边沁紧握双手。在牛顿的影响下，边沁企图发现指导他构筑一个完美而系统的法典的原则。他相信牛顿的物理定律在法律上就是功利主义原则和观念相互联系原则。柏拉图确有此目的，因而他努力的成果就是边沁的非凡预期。他指出现存法典是以主题来编排的，结果立法者在想为法典所没有涵盖的内容提供解决之策时，就会迫使自己把一些新条款附加在适当章节上去。比如，关于欺诈，应用此方法的立法者实际上是想要切掉九头蛇的头颅。② 雅典人说："今天的法典制定者在构思任何附加段落时都要寻找其必要性——这些法典的一部分涉及财产及遗产继承，另一部分涉及人身攻击，以及其他相类似的部分，总数不定"。③ 柏拉图，就像后世边沁所做的那样，认为一部有序且完美的法典的设计能够基于一个原则而非现存程序误打误撞的方式。但他所提议的原则本身仅是一种幸福计算方式。他写道："法哲学要考虑两个基本问题，何种幸福应该追求？何种痛苦应该避免？"④ 立法者能力的测量就是直接回答这两个问题的能力。再者，立法者是实干家，因此其立法一定是确定的。"立法者应当一次又一次地问自己：我的意图是什么？我达到目的了吗？以这样的方式而非以其他任何方式，立法者也许能够完成他的立法工作，实现他的意图"。⑤ 快乐与痛苦是立法者必须面对的两个材料，这应由立法者通过立法创造的习惯来管理。因此，没有必要来声明，在一定程度上是由柏拉图所正视的法的制定原则至今仍是法律领域里的点金石。

立法者要以自由、国家统一以及公民的智慧和秉性为目的。⑥ 柏拉图认为，极度自由和极端独裁都是不好的，因此，混合政府是唯一得救的方式。他留意到法规的颁布有两种方式：不服从时附有痛苦与惩罚条款的强制性法令，或为公民提供法规的说明以便理解其合理性从而遵守它的序言式的条款。他把序言比作音乐和歌曲的前奏。⑦ 因此，法规应有两方面的

① *Laws*, 632D.
② *Republic*, 427A.
③ *Laws*, 630E.
④ *Laws*, 636D – E.
⑤ *Laws*, 744A, 719, 769D, 885B, 916E.
⑥ *Laws*, 701B.
⑦ *Laws*, 722E.

内容："独裁式的命令"，相当于医生开的药方，这是纯粹的法律；前言，它并非真正的法律文本，而是序言。现今西班牙所颁布的一些法律中明显应用到这种观念。所以，立法者应务必做到所有法律皆有适合其主题的序言，然而，在大大小小的法律上都设置序言就是错误的了，这就像不能用这种方式对待所有歌曲一样。具体的法律是否需要序言是留给立法者来裁断的事情。①

然而，公元前 4 世纪的人们并没有清晰的奥斯丁主义者和现实主义者的观点，即法律就是命令和法律就是事实上是什么。雅典人采纳的是自身的观点，他认为如果一位自由民的医生偶尔听到受过教育的医生对病人的治疗方案，他会欢呼雀跃："这其实不是在治疗那个傻瓜病人，而是在教育他，就好像他的目的是要造就一名医生，而非恢复病人的健康，难道不是吗？"② 柏拉图认识到这个观点有其益处，即他不仅立法，事实上他也在教育。对柏拉图而言，法律是一种文学形式，只是立法者的责任比诗人大。③ 立法者本身就是知道如何写作最优秀悲剧的作者。事实上，他的整个政治制度就是以最公正且最佳的生活剧本来建构的，这本质上就是最真实的悲剧。④ 很明显，柏拉图是把法典作为作品来研究的。⑤ 对此，边沁也认为，一家之父把边沁的法典教授给孩子们，从而把公共道德的力量和高贵作为个人道德的戒律。

柏拉图把遵守法律的责任立基于诚信的理念和某种程度上是荣誉的观念（即人们在自己的视角和社会的观念里所持有的道德价值）之上。他极为重视对法律的服从，因为他认为只有采取最佳统治形式的人才能对其同胞取得胜利。⑥ 这一观点虽与现代大相径庭，但它仍不失为是对政府观念的一种表述，即立法者必须依其内在品质来确保忠诚。对柏拉图而言，这一问题由苏格拉底的审判和定罪所引发。⑦ 克里托对正在监狱中等待死刑的朋友苏格拉底建议，他可以安排逃跑。苏格拉底拒绝违背法律，这是对祖国犯错，即便法律对他是错误的。他的话语简单明了，一个人应该做他已同意做的正确的事，他不应该违背誓言。如果法律遭到轻视并且因个人

---

① *Laws*, 723.

② *Laws*, 857D.

③ *Laws*, 858 - 59.

④ *Laws*, 817B.

⑤ *Laws*, 810B, 811D.

⑥ *Laws*, 715C, 762E.

⑦ *Crito*, 49E.

使得法院的裁定无效而取消，那国家就不复存在。这说的一点没错，即使国家冤枉了其公民，从而没有得到公正的判决时也是如此。由于终生都居住在雅典，苏格拉底认为他已经默认承诺要服从法律。立法者和公民就像父亲和其孩子，奴隶主和奴隶一样没有平等的权利。如果孩子遭到惩罚，他不会反过来击打其父，那么，良好的公民也不会因为国家迫害他而危害国家。苏格拉底如果对雅典法律不满意，那他总是有机会逃到另一个国家，之所以没有这么做，就是因为他发誓要遵守法律。如果他不遵守国家的法律，逃到底比斯和麦加拉，他可能会被那些地方的法律视为敌人。可以看到，无视一个无能法院的判决是否是错误的问题，现在仍在讨论。在苏格拉底的案件中，法院并没有司法管辖权，但法院认为自己是胜任的，雅典也没有能够撤销陪审团越权行为的法规。显然，苏格拉底认为私人判断不应该影响司法审判。这同样暗示了柏拉图并没有针对错误审判制定绝对律令，而仅仅展示了一个伟人的行为。因此，柏拉图本人在其 70 岁时面临同样形势时会做什么并不清楚。

在其他地方，柏拉图充分展现了法律是弱者压迫强者并规制强者行为的传统观点。① 在此观念下，法律仅仅是独裁的权力，其是否被遵守系于一个人轻视它的能力。再者，柏拉图认为，当公民承认法典的权威可以替代少数人的私人规则时，就能够使国家更为团结。② 这种团结暗示了多数人认识到服从法律是自身的兴趣使然，因为社团在遵守法律时不应违背自身意愿，而当法律被迫遵守时，它们很快就会被废止了。③ 柏拉图相信，一旦确保了对具体法律的普遍尊敬，对其遵守也会随之而来。困难在于公众意见往往半途而废，其时法律的进程就会被大多数人的感情所阻挠。比如，在斯巴达，参加共餐制的困难就为男人们所克服，但女人的强烈敌意使得他们好似难以为继。④

在古阿斯的戒指神话中（即戴上戒指就会隐身），柏拉图就企图对当前的说法做出回答，即任何人，只要他不惧怕就会违背法律，因而法律的遵守完全依靠暴力。他说如果有两个人都获得了这个戒指，那有荣誉感的人和没有荣誉感的人的表现会不一样。⑤ 正是这种理想让柏拉图改变了一

---

① *Gorgias*，483D，488E；*Laws*，714，890A；*Republic*，359A.

② *Laws*，627D – E.

③ *Republic*，359.

④ *Laws*，839C – D.

⑤ *Republic*，359D.

切。在柏拉图的计划中，无它，法律就仅仅是暴力；有它，社区全体成员的最优生活就是可能的，法律本身也就是善的。然而，作为一位实践哲学家，他也极为清楚依靠公民合作的重要性。他写道："除非私人事务在国家中得到了恰当安排，否则为公共事务而制定的任何法律都是无效的"。

司法和行政制度

柏拉图非常鄙视雅典人的正义，因此，在作品中，他处心积虑地对之进行改造。他是在悲惨的西西里远征的氛围下成长起来的，其时雅典帝国已经分裂了。雅典的大陪审团法院对法律和事实进行裁定，不受制于先例，而为大众情感所左右，它们最终成为政治暗箱操作和司法谋杀的工具——这是国家瓦解的证据。柏拉图出席过苏格拉底的审判，观察到了公正审判所需的即使是最为寻常的行为在法庭上的失效，如耐心和法庭秩序的维护等，这在其对诉讼的叙述中翔实地表达出来。当大多数人——柏拉图称之为庞大的野兽——在法庭上列席而坐时，他们大声地指责一些所说的、所做的以及所赞成的事情，既有过度的声嘶力竭地喧闹也有鼓掌喝彩声。柏拉图问，在这种情况下，年轻人面临的困境是什么？个人教导所维持的东西，不会被众人的责难和赞许的洪流毁掉而随波逐流吗？他确信他们所做的一些光荣和卑鄙的事，并会做像他们那样的事，甚至如他们一般。因而，法庭最为不利之处是，它们仅仅是惩罚之地，而不是教育之地。① 柏拉图在长期观摩雅典的法庭后，认为只有进行激进的改革才能消除他所观察到的恶。

柏拉图认为，依据公认的原则，法官必定是享有高智慧的人，而且司法制度需如此构建才能使争议得以清晰地展示出来并有对之深思熟虑的时间。② 一个真正的法官在裁定事件时，不应该满足于规则的对或错，而应说出其裁定的原则。气量狭小和不善言辞的人不适合在法院工作，因为他们之间从不谈论他们之所想，只会根据公众意见来判案。③

柏拉图遵循雅典法律的区分，把诉讼分为私人诉讼——私人之间的纠纷——和公共诉讼——伤害国家的诉讼。④ 对于私人纠纷，他设计了三级

---

① *Apology*, 26A；*Republic*, 492B – D.
② *Laws*, 766D – E.
③ *Laws*, 876B.
④ *Laws*, 767B.

法院的制度：初级法院、中级上诉法院以及终审法院。初级法院由当事人自己安排，他们可以从其邻居和朋友中选择法官，因为这些人更为熟悉所争议之事。在此，柏拉图无疑是针对盛行于雅典的优越的公众仲裁制度。在此制度下，大量的私人诉讼由多数人所选的公众仲裁人来处理。他们都是六十岁以上的人，阅历丰富且公正无私，他们的首要职责就是让双方和解。如果调解不成，他们就会听取争议并查看证据。然后裁定上诉，但上诉的内容仅限于在仲裁人面前所做的记录，它们被放置在一个密封的盒子里，直到上诉开庭的那一天才开启。总之，这是一种简易且并不昂贵的解决争议的方式。柏拉图对之的唯一革新就是原告和被告可以自己选择仲裁人而不是依靠多数人的选择。毋庸置疑，雅典公众仲裁人的能力不一，因而柏拉图对这种制度的修正也许是一种对不平等机会进行平衡的努力。柏拉图留意到如果诉讼双方被迫首先诉诸仲裁，那他们之间的争议就会加剧，从而为法院的工作提供了便利。①

就像雅典实践中所进行的那样，来自仲裁人的上诉，被带到了由若干村民和部落的人组成的中级上诉法院。柏拉图所想的这些部落法院显然是以雅典的审判官们所组成的法院为模本。但他认为所有公民都应参与私人争议的解决，因为没有参与审判的人会感到自己不是这个国家的真正组成部分。因而，法院是大众的法院，但它们不应太大也不应太小："大多数人做出良好的审判不易，少数人，如果其能力欠缺也是如此。"

在现实中，雅典的审判官法庭的裁定是终审。但柏拉图规定了从大众法院到裁判所的上诉，这种法院是"以一种人力所能做到的最廉正的方式组建的，是专门为了那些既没有在邻居那里也没有在部落法庭那里获得解决的人而设立的"。法官由公众官员所选，他们在寺庙聚会，从他们的队伍中选出最能胜任的，最有可能以最佳方式在次年为其同胞裁定诉讼的人。选举完成之后，由投票者再次进行审查，如果有人被否决了，另一个人就会以同样的方式被补选。法院的听证会应公开举行，参与选举的官员出席审判，任何想要参加的人都可以参加，法官的投票都被记录在案。后面的规定与雅典的现实做法有出入，那时法官的投票都是秘密进行的。柏拉图在别的对话篇中命名三十五人为法庭成员，② 而在《法律篇》中，明显是想要一个更小的法庭。

---

① *Laws*, 767C, 956.
② *Epistles*, Ⅷ 356D – E.

除了上诉程序外，柏拉图的建议都是由雅典人的理论与实践演变而来的。他相信公正的理念就是让法律得到普通人的足够理解。他也相信大众法庭——即由相当多的公民所组建的法院——可能是公正的最好保证，犹如马基雅维利后面所观察到的，由大量法官所组建的法院最有可能防止腐败。但对柏拉图来说，像审判苏格拉底那么大的法院（其约有 501 个成员）就过于庞大了。他对此做了折中，削减人员并增加了公众因素。在雅典人的民主观中，人们都是至高无上的人民的一员，因此准许人们到由大众法院选出来的法官所组建的法院上诉是一个显然的革新，所以柏拉图尽力为之提供他所认为的必要保障。法官会因误判遭受罚金和弹劾，并必须纠正其错误。他们的任期一年，尽管这不适用我们现今要有多年法律实践的专家的职业化法律制度，但对柏拉图所想的非专业化制度没有危害，并且在雅典也能实现，因为他们强调的是事实的认定以及依据由生活经验得来的公正观念的裁定。

在危害国家的事情上，柏拉图认为，首要的事情是要公众参与审判。因为对国家的伤害，也是对全体民众的伤害。[①] 但在公众法庭审判之前，柏拉图要求弄明白案件已被适当提交并审查了，这种情况在雅典的法律制度中并不总是存在。因此，把这类诉讼的最初阶段和最后阶段留给公众是不错的，但对其审查应在三名最高级别的官员面前进行，被告和原告相互都同意他们出席审查，或他们不同意就由议事会（the Public Council）来调整。这三个委员会成员会进行调查并把握案件的经过。[②]

柏拉图并没有忽视程序，[③] 法官应按资历紧靠着面对被告和原告而坐，所有有空闲的公民都应参加并聆听审判。公诉人陈述案情，被告做出回应，每人只有一次发言的机会。发言完毕后，资历最老的法官首先陈述其对案件的观点，他应详细审查公诉人和被告的陈述。他说完后，其余法官依序来审查他们所发现的双方当事人在诉讼发言中忽略的地方或错误的地方，法官应毫无怨言地把话语权留给其邻近的法官。与案件相关的所有发言记录都应由所有法官盖章确认，并放置在法庭的神灶之上。第二天，他们应在同一地方相聚，继续审核案情，并再次在案本上盖印。在同样的事情做了第三遍后，法官们就有了对证据和证人的适当权衡，每一个法官都应投出庄严的一票，并面对祭坛发誓这是依其所享权力做出的公正而真正

---

① *Laws*, 768 A.

② *Laws*, 766 D.

③ *Laws*, 855 D – 66 A.

的判决，从而结束审判工作。

柏拉图提出了概测法以验证证人的真实性。[①] 仅作一次伪证的人可能是由于难以避免的错误所致，而两次作伪证就说明了他是粗心大意的人——这样的人不适合做证人，三次作伪证就说明了他是一个恶棍。如果有人不想作证人，那他会被传唤，并服从对其的惩罚。如果他知道事情真相，也愿意提供证据，那他就应在法庭上作证；如果他不知道事情真相，那他就应发誓说他对此一无所知，然后离开法庭。法官在审判中传唤证人，并不需要投票决定。妇女在年满四十岁时也能作证人，如果她是单身，也可以提起诉讼，但如果她的丈夫还在世，那她仅被允许提供证据。在谋杀案中，奴隶和孩子都可以当证人，但他们要有因伪证而接受审判的保人。证据如在审判之前被确认为伪证可以被告发。如果发现错误的证据影响了裁判，那就应重新审判。

柏拉图认为，生活中有大量美好的事物，而公正的司法程序就是人类的美好事物之一。然而，它却遭到了职业辩护人的祸害，他们认为有技巧来应付某人的法律事务，并且这个技巧能够确保无论涉案行为是否正当都能确保胜诉。因此，收费的辩护人必须受到压制并被放逐。任何人试图败坏法官心中的正义观念，不正当地增加法律诉讼，或不正当地帮助他人参与诉讼，都要受到正当地审判和处罚。如果他是为了名声而犯罪，那他应被禁止参加任何审判，或仅参与自己的诉讼，如果重犯，他就会被判处死刑；如果他是为了钱财而犯罪，那么他是公民的话就要判处他死刑，他是外国人的话就要把他驱逐出境。

为监管行政官员和法官的出格行为及其办事程序，柏拉图借鉴了雅典审查委员会的理念。[②] 这在一定程度上与美国的总审计长和一些议会调查委员会的功能相似，但柏拉图规定的更为翔实。在柏拉图所设计的国家中，一些官员由抽签决定，一些由选举的方法选出，一些任期一年，一些有较长的任期。这种选人方式有风险，因而，国家必须有能够胜任的检察官，以免他们中有人不诚实地行使自己的权力或做一些超出自己权力的事。为此，柏拉图精心设计了一种选举检察官的方式。通过测验而获得人们尊敬的检察官会审查官员的公务行为及生活。对他们裁定的申诉，会由若干法官组成的上诉法庭处理。但如果申诉失败了，惩罚（如果不是死

---

① *Laws*，937C.

② *Laws*，945B – 48.

刑）就是双倍的。无论如何，检察官本身并不是无可置疑的，因而柏拉图设计了一种对检察官们的检查方式，就是任何公民提起对某个检察官的弹劾程序时所设置的一个专门法庭。定罪事关在世时所有职位的罢黜及死后不再国葬。如果弹劾程序没有获得法庭票数的1/5，那起诉人会被处以罚金。这着重强调了法官应由检察官来审查以及上诉人应为滥用司法权力所造成的损失承担责任的理念——这一理念在以后的罗马法和其他制度中都有显示。

契约和财产

柏拉图允许恢复没有履行协议条款的行为，① 除非协议有违法律，或受到胁迫，或为当事人无法控制的、难以预期的形势所阻——后者也许是现代“情势变更”原则（是由第一次世界大战促成的）的前身。不履行契约的行为，除非之前由仲裁人解决，否则都由部落法庭解决。与外国人所签的契约亦是不可侵犯的。② 如果一个工匠可恶地没有完成他所从事的工作，那他应被罚产生双倍的价值。如果工匠按照合同完成了工作，而雇主没有在规定的时间内支付价款，那么他要支付双倍的价款及利息。③

柏拉图从没有发展出一种适应社会发展的财产法。他洞悉财产的公正分配是国家福利的核心，④ 但他的解决之策局限于人造的理想社区。在中年鼎盛时期，他提议消除私人财产，⑤ 被解释为确保统治阶级一方无私利之心。在其老年的第二个最佳时期，他感到社会财产的控制超出了人的能力，因此他对土地和房屋的分配做了安排。⑥ 他充分意识到任何试图对财产的再分配都会引发很多愤怒，如果立法者设法阻碍这种事情，那么每个人都会对他大喊“不要干涉”或责骂他，以致他无力实施法律。⑦ 因此，他认为，把其他人的财产视为不可侵犯的是相互信任的基础，于是他提出了以下一条普遍规则：“不经我的允许，任何人都不能碰触我的财产，更不能搬运它们；而我也需以心换心，以同样的方式对待其他人的财产”。

---

① *Laws*，920D.
② *Laws*，729E.
③ *Laws*，921.
④ *Laws*，736E.
⑤ *Republic*，416D，420A，422D，464C，543B – C.
⑥ *Laws*，740A.
⑦ *Laws*，684E，736D.

为此，他制定了公民拥有国家的土地的原则，① 这一规则在美国法律中尽管隐而不露，但仍存在着。他认识到国家应限制财产交易，② 并提议设立档案处进行权利登记，以便事关财产的权利权责明确易于裁定，③ 这一制度也包括对财产的评估。④

柏拉图对财产的分类极为笨拙，是一种与职业相关的模式，这可能是因传统理论的缺失所致。他无力为所欣赏的分类原则找到任何可用之地，这对罗马和普通法国家的法律人却很容易，即使他们的认知也没有基于必要的科学基础。由于他不能平分，所以他分割财产"就像合伙人分割献祭的牺牲一样"。⑤ 依据这种方式，他得出了七种分类：用具、设计所用的材料、器皿、交通工具、防御的物品、玩物，以及提供营养的物品。柏拉图认为，"在某种程度上，分类是被迫的"。但它照顾到了除包括奴隶在内的驯化动物外的所有财产。⑥ 他反对寡头制度，因为它必然倾向把财产作为职位考核的标准。⑦

他没有对财产法进行系统性总结的想法，但他对传统的规则和做法尤其是雅典的做法做了详细的研究并大胆提出了很多建议。对于棘手的界限问题，他认为，任何人都不得私自移动土地的界标，⑧ 倘若他做了，任何人都可以告发他，如果被定有罪，法庭将会评估损失。柏拉图认为，与邻居的一点小小摩擦，尤其是这种摩擦一多，就会导致巨大的敌意。依柏拉图之见，对不动产的侵犯就是这种愤怒的根源所在，所以他认为至为重要的是一个人绝不应侵犯邻人的土地。无论谁蚕食邻人的土地，逾越界标，都应该被惩罚，赔偿损失，且是双倍赔偿损失的惩罚。同样，一个人会因用敲打的罐子偷盗大量的蜜蜂而被处以罚金，或因大火所造成的损失以及过于靠近邻人的界标种植树木而被处以罚金。他也通过借鉴古代的法律制定了针对灌溉、掘井以及洪水所造成的损失的详细规则。如果遗失物的归属有争议，就应由法院来指定，在财产有登记的情况下，法官会依靠国家财产登记来审判；如果没有登记，法官必须在三天内裁判。⑨

---

① *Laws*，740A，923A.

② *Laws*，923A.

③ *Laws*，745A，754E，850A，855B，914C.

④ *Laws*，955D.

⑤ *Statesman*，287 – 89.

⑥ *Laws*，776C.

⑦ *Laws*，698B，774A.

⑧ *Laws*，842E – 44D.

⑨ *Laws*，914C – D.

柏拉图建议消除遗嘱权，因为这纵容了将死之人渴望保有其财产的念头。① 法治国家的法律序言应是："贫弱之人的一天，就是你不知道你有什么或你是谁的状态：你和你的并不属于你自己，也不属于你曾经的和现在的家庭，但你和他们都属于国家。因此，我不会通过阿谀的欺骗，或减少疾病让你痛苦，从而形成一个邪恶的意志：国家的利益必须位于任何个人利益之前。除了和平和仁慈，其余的都留给立法家吧。"其后，他对死者财产的分配制定了详细的条款。

商品买卖

柏拉图规制商品买卖的建议缺乏商法所应具有的多样性。人类在面对商品交易的错综复杂的形势时，其行为将变得难以预料，因而有必要以法律来规制，在此，法规除非是基于甚为熟稔的实际业务而制定，否则都难以达成目标。柏拉图的做法是针对一个准乌托邦式的规模很小的城市国家的，其制定的法规把所有交易限制在很小的规模里。

总体而言，他禁止一些交易及获得财产的方式。埋藏于地下的宝藏的发现者不应动用它，违背这一规则者应受到惩罚。② 同样，任何发现由其他人遗留的财物的人，无论愿意与否，都要保留原样，否则对之惩罚。这样的商品由路边女神来保护。③ 柏拉图的埋藏物和遗失财物的规则④被认为来自梭伦的箴言："没有耕耘，就没有收获"。互利协会的捐助人如果对其捐助有争议，那他就不会再来捐助。⑤ 不允许赊购赊销，一个人绝不应把其交易物，无论是商品还是货币，在没有等价物的基础上交给另一个人。因此，卖主要赊销必须要依赖购方的诚信。这也说明了这是国家避免债务的最佳方式。⑥ 逃跑的奴隶会被其主人的朋友和亲戚捉获。如果一个奴隶在被买后的六个月内被发现有病，或在十二个月内被发现有癫痫病，他会被返还，除非购买者是一位治疗师、训练师或在买卖时就知道了这种疾病。如果买方买的奴隶是一个杀人犯，那在知情后有权返还。如果一位专业人士把有病的奴隶出售，那他必须支付双倍价款给买主；如果不是专

---

① *Laws*, 923A.

② *Laws*, 913 – 14B.

③ *Laws*, 914B – D.

④ *Laws*, 914E, 916A – C.

⑤ *Laws*, 915E.

⑥ *Laws*, 742C, 849E, 915E.

业人士，支付原价即可。

尽管柏拉图认为货物买卖会导致谎言和欺骗，而且零售商、商人和餐馆管理者绝不会满足合理的利润，总会追求过分的要求，然而，他认识到这种商业的必要性，但要限制非公民从事这种行为。① 市场管理员要完全掌管所有事关市场之事，包括监视愤怒的行为。② 每一件物品必须要有固定的价格，并且价格在同一天既不能增长也不能减少。③ 执法官要向零售领域的各个部门的专家讨教，并对盈利标准以书面的形式固定下来。④ 零售者为了促销而夸大陈词或用誓言来确保货物的质量，否者要惩罚。⑤ 任何人用金钱来兑换其他物品，无论是活的还是死的，都应让每一件物品保持原样。如果有人押运银钱，必须要有明确的法律文书，如果数量不超过1000德拉马克，至少要有三个证人在场；如果超过1000德拉马克，则至少要有5个证人在场。贸易中的经纪人对那些不能及时供货或送货的销售方有一定的担保作用，但对经纪人应与对卖方一样制定法规来规制其行为。⑥ 柏拉图对这些事情的观点表现了他希望协调雅典人因贸易所产生的邪恶与允许货物买卖的必要性之间的关系。他的解决之策就是严厉监管，详细限制及严厉处罚。

刑法典的注解

关于柏拉图在《法律篇》中的刑法原则，他更多考虑的是刑罚的正当性问题。他的总体认识是，惩罚只有在德性能够而且必须教导时才可以实施。无人会因他人寻常的或意外的灾难而谴责他，我们只会同情那些丑陋的、弱小的、残弱的人，但我们会对那些依靠应用、训练和教授应拥有的品质却没有获得的人发火并责骂他们。这就是惩罚的观念。他认为，任何一个理性之人都不应因其过去的违法行为而被惩罚，因为他不能使已做之事没有发生。他应面向未来，其目的在于制止特定的人或其他看到惩罚他的人再次行违法之事。因而，惩罚的目的既是改造又是威慑，其必然的含

---

① *Laws*，917B，918D.

② *Laws*，849A.

③ *Laws*，916 – 17.

④ *Laws*，920C.

⑤ *Laws*，917C.

⑥ *Laws*，954A.

义是教育能够造就德性。① 柏拉图依据社会学的视角，认为违法之人，并不仅仅是他自己在犯罪，社会也有责任，因为容忍一个坏的政府和错误的教育实践也是有罪的——这一概念曾在中国的刑事司法中得以运用。② 在设计刑事原则时，柏拉图很多次地面对其所认为的困境：所有的违法行为都是非自愿的，或因无知而造成的，因为正当的行为是幸福的，而错误的行为则是不幸福的，因而无人会选择导致不幸福的错误行为。③

柏拉图认为制定刑法是一件羞耻的事情，因为这假定了他的国家的公民会滋生在其他国家所发现的至为邪恶的行为。④ 然而，黄金时代已逝，他应当为普通人，包括没有受过良好教育的外国人和奴隶立法。

柏拉图的主要观点好似启发了现代法律人对侵权和犯罪的区别的认识；但它复杂一点，因为这是一个新观念。⑤ 由于他认为所有坏人都不愿意做坏事，所以他必须对此做区分。他发现在一些方面自己不同于大众之见：对偷盗神坛之人判处死刑是正当的，但惩罚是可耻的。然而，柏拉图认为，如果施加的惩罚是适当的，那遭受的痛苦就不可能是不适当的。任何时代，任何地方，法律制度都对违法行为做了有意和无意的区分。柏拉图不能接受这一区分，因为这与他的"违法行为不会是自愿的"的哲学立场相悖。因而，他必须做的是弄清法学家们在做这个区分时所想的是什么。然后，他的观念与法学家的观念协调起来。柏拉图对这一难题的解决之道就是，对可纠正的补偿行为和需要惩罚的行为、伤害行为和违法行为做了区分。如果遭受伤害，那么法院必须尽力使其好起来，它必须保全其所失，恢复其所损，使加害人与受害人之间的关系恢复如初。在受伤之人易于得到补偿时，法庭必须尽力以法律手段改变遭受痛苦的当事人和那些从冲突状态到和谐状态的人所遭受的痛苦。如果有违法行为，那么犯罪之人不仅要为受伤之人赔偿，而且必须遭受惩罚以免在将来再次犯法。换言之，法院必须教授其美德，对柏拉图来说，这是其惩罚的根基所在。

---

① *Protagoras*，323 – 24C；*Gorgias*，480B；*Laws*，934A – B；*Republic*，380B. 柏拉图在此并没有试图处理改造理论和威慑理论分离的争论。因为这两个理论都会让对无辜之人的惩罚正当化：威慑理论会对那些可能会在将来犯罪的人定罪；改造理论会对一个坏人但并没有犯所指控之罪的人定罪。

② *Timeas*，87B.

③ *Apology*，26A；*Gorgias*，466A；*Hippias Minor*，376B；*Laws*，731C；*Meno*，77 – 78；*Protagoras*，345D；*Republic*，589C；*Timeas*，86E.

④ 柏拉图的刑法原则在《法律篇》的第九章中得以详细地论述。

⑤ 同样，在《欧绪弗洛篇》中，柏拉图在发明语法词汇之前，好像对动词的主动语态和被动语态进行了区分。我们今天看这个观点会觉得没有必要这么复杂。

在使用"有意的"和"无意的"两个术语时，柏拉图说，他的意思与普通习惯有所出入。他绝不会像大众那样称之为非故意伤害的违法行为。当有人无意对另一个人造成损失时，把这一行为描述为"无意之错"是用词不当，因为他确实伤害了另一个人。一旦理解这一区别，当然考虑行为者的心理状态也是很重要的。有罪的意图的程度就必须被考虑在内。柏拉图为使事情更为清晰化，转而求助于心理学并把犯罪分类如下：（1）出于激情和恐惧的犯罪；（2）出于快乐和欲望的犯罪；（3）出于对至善的错误认识——或由于纯粹的无知，或由于对强大和弱小的错误认识——的犯罪。尽管这些说法有些令人费解，但要理解它们还是很简单的，即柏拉图试图把制定法典的观念从民事扩展到刑事领域，并在理性原则的基础上设计刑法典。

柏拉图认为惩罚的原则依据的是一个人已经做了的行为或没有做的某种行为，这样他解决了改造论和威慑论的缺点，即使对无辜之人的惩罚正当化。① 一个人不应仅因能震慑以后会犯罪的人或仅因能让一个坏人变成好人而遭受惩罚。惩罚之前必须要有违法行为。这种认识所遇到的困难在刑法学中仍没有解决。惩罚的标准在于违法行为，而非罪犯的人格。如果惩罚的标准是罪犯的人格，那么就会回到原先的立场上，即一个无辜但是坏的人可能会因其自身的善而遭受惩罚，但这一建议很少有人敢于倡导。

在犯罪系列之首的是亵渎圣物和叛国罪。惩罚是由法院裁断的死刑或减轻处罚，但惩罚不会涉及孩子，除非其父亲、祖父和曾祖父都被判处死刑，在这种情况下孩子应被驱逐出境。对于偷盗，罪犯应支付其所偷盗物品的双倍价款，如果他不能遵守这一规则，他会被投入监狱直到他这么做了，或起诉人同意释放他。在处理杀人案时，柏拉图区分了故意、过失及正当的杀人行为——后者包括杀死窃贼、强盗、强奸者。他也对伤害和斗殴的行为规定了惩罚措施。他主要处理由暴行所致的犯罪，这通常是年轻人所为，其暴行的对象可分为五类：圣物和圣地、个人圣坛和坟墓、父母、行政长官，以及公民的民事权利。② 这是西方世界首次提出宗教裁判的观念，即调查、审问并惩罚异端的制度。

---

① *Laws*, 862D - E; *Statesman*, 297 - 300.

② *Laws*, 884 - 85A.

律　师

　　柏拉图对律师极为怨恨。① 他留意到随着财富的增加，律师也会增加。起诉并不是一件光荣的事。如果城邦需要第一流的法官，不仅没有受过教育的人，而且那些宣称受过训练的人也需要他们，那么你还能找到更确切的证据来说明这个城邦的教育是邪恶可耻的吗？一个人因为缺乏自身品质而官司加身从而把自己交给那些称为专家和法官的人，难道不是一种羞耻之事？

　　哲学家的谈话极为平静，可以随意地从一个话题转到另一个话题。只要能获得真理，他并不关注其言辞是多还是少。而律师总是处于匆忙之中，因为有滴漏的水流驱使他，从而不允许他随意地阐释观点；有他的对手在监视他并行使其权利；有他不能背离的答辩状。他是一个解决争议的仆人，并为其主人所掌控。结果，他变得紧张而狡猾；他学着如何用花言巧语哄骗自己的主子并沉迷于这样的行为；他的性格变得狭隘且乖戾。由于他所涉及的都是利害攸关的问题，因此其想法极为自私，有时这就是他的生活本身。从其年轻时起，他就是一个奴隶，这剥夺了其发展、坦诚及独立。危险和恐惧过早地加在他的身上，使真诚和诚实远离他。当他们不具备年轻人的柔性时，就会走弯路。从其首次尝试欺骗和报复开始，他就变得乖张而刚愎。结果从青年到成年，其心灵都是不健全的，但他却认为他变得聪明而明智。在远离辩护和抗辩时候，他的狭隘的、狂热的、挑剔式的思维显示了其无助，这引起了对人类幸福与不幸的是与非的思考。他有洒脱且灵巧的奉承之词，但对善的生活却没有明智的言论。

结　论

　　与柏拉图相比，康德就像一只轻盈的鸽子以其从容的飞翔和奇思妙想洞穿宇宙，如遇阻力，其在空洞的宇宙中飞翔就会更为容易，② 这不适合柏拉图的法律观念。从长远来看，柏拉图知道至少在法律领域中实践重于理论。他对实证法和程序法的研究是全面而深刻的，这一洞察力在其一贯

---

　　① *Republic*，405，*Theaetetus*，175 - 77. 注释者认为，在《泰阿泰德篇》中曾把实干家及律师与哲学家做过比较。

　　② Kant，*Critique of Pure Reason*，（Smith's transl. 1933），p. 47.

坚持法律诉讼的有效范围上尤其明显。然而，在法学历史上，还不曾有人完全意识到法治对于任何渴望实现公民生活幸福的最终价值的国家的必要性。他对法律作为社会控制工具的功能有完整的认识，对其具体建议的认识要立基于他所处时代的问题，尤其要以克里特为背景，那里有其设置的城邦模本。他对法律的哲学式思考是另一回事，它们是法律的概论，如果它们全部有效或部分有效，那么它们所包含的真理标准就会无关于其自身的背景。柏拉图的法律思想从没有完整表达过，其中的一些思想仅仅是旁白。亚里士多德把他的收拢了一些思想，但其他人再次倡导其有效性时则等了大约两千年的时间，当然，这期间偶尔会有人相信这些思想陈述了新的原则。无论柏拉图主义的"神秘的"或"精神的"方面的观点为何，柏拉图所提出的问题对法理学的形成都是最有成效的。也许，柏拉图思想的最佳启迪就是我们要超越柏拉图主义的回答。他对法律问题的理解如此深刻，以致可以大胆地说西方法理学都是柏拉图的一个脚注。他对上千个或更多个城邦国家的法律制度的实际影响在希腊化时代就确立了，这反映在其《法律篇》对想象的共同体的沉思中，但仍囿于未解的希腊法理学，因此对之适当思考是合理的。这是一个有伟大梦想的时代，它直到罗马征服了希腊之后才沉寂下来。然而，众所周知，在罗马的规则之下梦想难觅栖息之所。

权利研究

从婚检制度看知情权与隐私权的保护与平衡

——以永城婚检隐瞒案为例

伍　瑾*

内容摘要： 永城婚检隐瞒案凸显了我国婚检制度下，患者隐私权与家属知情权的冲突。新中国成立后，我国的婚检制度经历了从无到有、从自愿到强制再到自愿、强制回潮、从收费到免费的曲折过程。作为一种新兴的公民基本权利，隐私权比传统自由权更强调精神层面的自由。在需要传染病防治的时候，公民得允许他人在一定程度上依法介入自己的私人生活领域。法定疫情报告程序就在一定程度上要求公民对隐私权加以克减。不过，婚检机构泄露与传染病防治无关的隐私信息是对公民隐私权的侵犯。婚检制度下的知情权与隐私权不必然冲突，两者冲突时隐私权并不必然让位于知情权，我们应当本着法权最大化的原则来处理隐私权和知情权的关系。化解两者冲突的关键在于：要超越单方利益而从整个婚姻的角度出发来思考问题。现代婚姻是建立在双方合意、彼此信任基础上的一种法律关系，同时往往负载着生育功能。为了达成双方的信任、保障生育利益，隐私权就要在一定程度上对知情权做出让步。具体的保护义务需要由国家而非公民个人承担。为了提高婚检率，进而实现多方利益的平衡，政府的可行之策不是一味复辟强制婚检而是加强对公民的引导和服务，实现婚检制度的重构。

关键词： 婚检制度；知情权；隐私权

引　言

2016 年 1 月，媒体报道的《婚检女友查出疑似艾滋被隐瞒　永城小伙婚后被感染》事件引发巨大反响。据河南电视台都市频道节目的报道，

---

* 伍瑾，常州大学讲师，法学博士，研究方向：公共卫生法、人权法。本文为江苏省社会科学基金项目"国家义务视角下的健康权保护研究"（16FXD001）和江苏高校哲学社会科学研究资助项目"我国志愿服务基本权利保护体系构建研究"（2015SJB470）的阶段性成果。

2015 年 3 月，小新和女朋友小叶在河南省永城市民政局办理婚姻登记。在完成登记手续的当天，前往永城市妇幼保健院进行婚检。婚检结果出来后，医生单独将小叶拉到一边，再次进行检查。完成检查后，医生表示双方体检结果一切正常，却没有将体检报告单给小新。三个月后，妻子小叶接到永城市疾控中心的电话，称小叶已被确诊为 HIV 阳性，而丈夫小新也很可能已经感染艾滋病毒。之后小新被确认感染。永城市疾控中心表示，3 月婚检的时候，小叶已被查出疑似感染艾滋病毒。而在2006 年，她就在夏邑县疾控中心被查出感染艾滋病毒并且早有备案。事发后，小新质疑院方为何在体检后不将妻子疑似感染艾滋病毒一事告知自己，进而导致自己不知情而感染艾滋病。医院则称这是女方的个人隐私，医生没有权利告知他人。之后，小新向法院提起诉讼，要求妇幼保健院承担责任。

此案是婚检机构隐瞒女方艾滋病史、男方不知情感染艾滋病毒致使生命健康权受到侵害的典型案例。这一案例凸显了我国婚检制度下，患者隐私权与家属知情权的冲突。

一　新中国成立后我国婚检制度的变迁

婚检是婚前保健服务的简称，它包括了婚前医学检查、婚前卫生指导和婚前卫生咨询等内容。其中，婚前医学检查是其核心内容，是对准备结婚的男女双方可能患有结婚和生育疾病进行的医学检查。婚检是控制传染病传播、促进生殖健康、维护家庭幸福的重要措施。同时，婚检作为出生人口缺陷干预的第一道防线，对提高我国人口素质也发挥着举足轻重的作用。我国的婚检制度从设立以来，整体上经过了从无到有、从自愿到强制再到自愿、从收费到免费的曲折过程。

（一）　从无婚检到有婚检

新中国成立后的婚检始于何时？主流观点认为，最早的婚检出现在 20世纪 80 年代初，是随着我国计划生育政策的实施开展起来的。

实际上，早在 20 世纪 50 年代初，上海的卫生、民政部门就婚检问题进行专题调研。① 据上海卢湾区志记载：1953 年 3 ~ 4 月接受婚检 109 人，

---

① 张姚俊：《1948：上海实施中国最早的法定婚检》，载《世纪》2005 年第 2 期。

其中暂缓结婚原因中梅毒占 33.3%。1981 年 1 月恢复婚前保健门诊,进行婚检。此后,婚检的受检率不断提高,到 1984 年,婚检率达到 90.14%。①在这一阶段,开展婚检的地区并没有强制进行婚检的要求,婚检与否由当事人自愿选择。

(二) 从自愿婚检到强制婚检

婚检变为一项强制推行的制度肇始于 1986 年。当时由国务院批准、民政部发布的《婚姻登记办法》第 6 条规定:"申请结婚的男女双方或一方有下列情形之一的禁止结婚……(五)患麻风病或性病未治愈的"。为了配合该办法的施行,卫生部和民政部于 1986 年 9 月联合下发了《关于婚前健康检查问题的通知》。其中第 1 条规定:"结婚当事人在结婚登记前进行健康检查,目的是诊断当事人是否患有禁止结婚的疾病。这是减少出生缺陷,提高人口健康素质的一项重要措施。鉴于各地情况和条件差异较大,在开展步骤上允许有先有后。是否已具备条件能够开展婚前健康检查工作,由各省、自治区、直辖市卫生厅(局)和民政厅(局)提出意见,报当地人民政府批准"。这时候的强制婚检制度虽然得到不少地方政府的支持,但尚未在全国范围内推开,而且其依据也不过是个内部规范性文件。

到了 1994 年,强制婚检的推行力度有了前所未有的提高。当年颁布并实行的行政法规《婚姻登记管理条例》第 9 条规定:"在实行婚前健康检查的地方,申请结婚登记的当事人,必须到指定的医疗保健机构进行婚前健康检查,向婚姻登记管理机关提交婚前健康检查证明"。第 10 条规定:"在具备条件的地方,应当建立婚前健康检查制度。实施婚前健康检查的具体地域范围,由省、自治区、直辖市人民政府的民政部门、卫生行政部门提出意见,报本级人民政府批准"。到了 1995 年,《母婴保健法》出台施行,其中第 9 条规定:"在实行婚前健康检查的地方,申请结婚登记的当事人,必须到指定的医疗保健机构进行婚前健康检查,向婚姻登记管理机关提交婚前健康检查证明"。这是在法律层面上第一次确认了强制婚检制度。

---

① 上海地方志办公室:《优生优育》,http://www.shtong.gov.cn/node2/node4/node2249/luwan/node36297/node36325/node62653/userobject1ai21262.html,访问时间:2017 年 4 月 22 日。

（三）从强制婚检回到自愿婚检

进入 21 世纪，中国的婚检制度又出现新的变化。2003 年 4 月 25 日至 5 月 11 日，由国务院法制办、民政部牵头，卫生部、人口计生委、财政部组成的国务院联合调查组分赴北京、内蒙古、上海、浙江、河南、云南就婚检的作用问题进行专题调研，在 7 月报送全国人大教科文卫委员会的答复中明确指出：自《婚姻登记管理条例》实施以来，各省的统计数字显示，新生儿出生缺陷率有升有降，缺陷儿出生率是波动的，而波动的原因是多方面的。专家认为，缺陷儿出生在统计学上属于"小概率事件"，目前新生儿缺陷数仍属正常波动范围，没有确切数据表明是由取消强制婚检造成的。答复还提到，婚检合格也生缺陷儿，一些地方婚检走过场，交钱不婚检的现象在地方上占相当的比例。由此得出的结论是：婚检宜提倡不宜强制。这次调研结论对《婚姻登记管理条例》的修改起到了很直接的作用。新《婚姻登记管理条例（送审稿）》上报国务院后，国务院法制办也多次就婚前医学检查证明是否应当作为结婚登记的形式要件进行论证。当时比较一致的意见是，结婚和生育是人生的两个阶段，不能简单地因为结婚可能会引发传染、生育等方面的问题就剥夺当事人结婚的权利；婚前医学检查属于婚前保健服务的内容之一，应当鼓励，但不能作为实施具体行政行为的依据。①

2003 年 10 月 1 日施行的新《婚姻登记管理条例》采纳了上述调研结论，取消了强制婚检的规定，婚检证明不再成为登记结婚的要件。婚检制度从强制到自愿，体现了国家尊重和保障人权的基本思想，通过国家提供婚姻保健服务、当事人自愿选择参与的模式，保障当事人结婚的自由。

但值得注意的是，此后《母婴保健法》中强制婚检的规定没有作任何改变，2001 年修订的《婚姻法》中关于禁止结婚疾病的规定也没有变化。2003 年修订的《婚姻登记管理条例》和现行的《母婴保健法》《婚姻法》之间的冲突为日后各地实践的不统一埋下了伏笔。

（四）部分地方强制婚检的"复辟"

2005 年 6 月 24 日，黑龙江省人大常委会审议并通过了《黑龙江省母

---

① 国务院调查组：《坚持婚检自愿 婚检不宜强制实施》，搜狐网，http：//news.sohu.com/ 20050728/n226480533.shtml，访问时间：2017 年 4 月 22 日。

婴保健条例（修订本）》，条例明确规定："本省实行婚前医学检查制度"，"准备结婚的男女双方，应当接受婚前医学检查和婚前健康教育，凭婚前医学检查证明，到婚姻登记机关办理结婚登记"。"婚姻登记机关在办理结婚登记时，应当查验并留存男女双方婚前医学检查证明"。"没有婚前医学检查证明的不予办理结婚登记"。

此消息一经传出，迅速引起各方关注。有人认为黑龙江省之所以出台这个地方性法规，是因为该省自实施自愿婚检后，婚检率下降，病残婴儿出生率增高。据 2004 年底的统计数据显示，黑龙江全省婚前医学检查率仅为 0.43%，由此引发的一系列突出问题，将对出生人口的素质造成严重威胁。不过，黑龙江省人大新闻办主任姜洪波在接受记者采访时，否定了这种说法，并做了三点澄清：第一，该省人大并不是专门因为黑龙江省婚检率下降、病残婴儿出生率增高而修改的《黑龙江省母婴保健条例》，完全是因为该省是在贯彻落实《行政许可法》而对一些地方性法规中涉及行政许可的规定进行的一般性修改，其他条文只是按照原样保留。第二，这次修改的《黑龙江省母婴保健条例》是完全遵照《中华人民共和国母婴保健法》制定并颁布实施的，不存在擅自变更的情况。第三，《黑龙江省母婴保健条例（修订本）》虽然已经出台，但具体的执行部门如何执行只是执行方式的问题，与人大立法没有直接关系。①

对于《黑龙江省母婴保健条例》的出台，该省的执行部门有着自己的看法。该省卫生厅基层妇幼保健处的姜处长在接受采访时说道：新人在结婚登记时如果不知道或者是隐瞒了一些严重的遗传性疾病，那么将来出生的婴幼儿患病率将是很高的，这直接影响到下一代的人口质量，所以有必要恢复强制婚检。与该省卫生厅态度形成鲜明对比的是，该省民政厅坚决反对强制婚检，其社会事务处调研员魏广福在采访中提出："新修改的《黑龙江省母婴保健条例》与《婚姻登记条例》发生了冲突，民政部门目前还要按《婚姻登记条例》执行，如果执行强制婚检，人家可以告我们行政不作为"。"取消强制婚检是进步的表现，但现在《黑龙江省母婴保健条例（修订本）》的出台，感觉又倒退了，应该采取更科学合理的方法来解决婚检率下降的问题，而不应该搞一刀切，走强制性的老路"。②

---

① 《黑龙江人大称并非因婚检率下降修改母婴条例》，39 健康网，http：//www. 39. net/focus/zdzt/120013. html，访问时间：2017 年 4 月 22 日。

② 《黑龙江人大称并非因婚检率下降修改母婴条例》，39 健康网，http：//www. 39. net/focus/zdzt/120013. html，访问时间：2017 年 4 月 22 日。

　　要求恢复强制婚检的绝不止黑龙江一省。2010 年修订的《广东省母婴保健管理条例》规定："准备结婚的男女双方，应当在申请结婚登记前……到经卫生行政部门审批的一方户籍或工作单位所在地的医疗保健机构接受婚前医学检查"，"婚姻登记管理机关办理结婚登记时，应当将婚前医学检查证明或者母婴保健医学技术鉴定证明作为结婚登记的依据，经婚前医学检查认为应当暂缓结婚的，暂缓办理结婚登记；认为不宜生育的，应当采取长效避孕措施或者施行结扎手术后，方可办理结婚登记"。2015 年新的《江苏省实施〈中华人民共和国母婴保健法〉办法》第 7 条规定："准备结婚的男女双方应当到经许可的医疗、保健机构进行婚前医学检查"。

　　可见，尽管 2003 年修订的《婚姻登记管理条例》取消了强制婚检的规定，但部分地方性法规仍然按照法律效力更高的《母婴保健法》的规定坚持强制婚检制度。

（五）从自费婚检到免费婚检的趋势

　　婚检政策设立后，其婚前医学检查内容部分作为医疗服务项目，一直坚持收费的原则。

　　2003 年修订的《婚姻登记管理条例》实施之后，全国婚检率迅速下降，在局部地区甚至长时间"归零"。为了保障公民的身体健康、提高公民婚姻质量、减少出生缺陷的发生，保障婚检工作的顺利开展、提高婚检率势在必行。卫生部在 2004 年发布了《关于免费开展婚前保健咨询和指导的通知》，以适应当时全国婚前保健工作面临的严峻形势，提高公众对婚前保健服务的利用。但是，该通知仅提出各地医疗、保健机构免费开展婚前保健咨询和指导的要求，对于婚前医学检查的具体项目的收费问题没有做出改变。

　　之后，部分地方政府开始寻求通过免费婚检的福利政策吸引公民自觉婚检。如湖北省 2006 年开始实行免费婚检。上海市于 2006 年 9 月 1 日开始实施免费婚检。北京市 2007 年出台免费婚检政策。浙江省自 2009 年起实施"免费婚前医学检查和免费孕前优生检测"。广西省从 2010 年 2 月 1 日起施行免费婚检服务模式。四川省从 2014 年 1 月 1 日起实施"自愿免费婚检项目"。据不完全统计，目前全国已经有北京、上海、重庆、湖北、湖南、浙江、河南、广西、四川、福建、江西等二十多个省份在其辖区内的部分或全部地区施行自愿免费婚检，江苏、广东等省在其辖区内的部分或全部地区施行强制免费婚检。不少学者提出建议，婚检不仅是涉及个人利益，也是关系到国家人口素质提高的公共利益，因而应当将婚检作为公共福利政策，通过免费或价格优惠的手段加以支持。

为了迎合社会发展进程，我国的婚检制度不断调整变化。但至今为止，其作用和价值仍未获得大众认可。从 2003 年《婚姻登记管理条例》取消强制婚检以来，我国的婚检率始终保持在较低的水平。这对我国提高人口素质、控制传染病传播产生了不利影响。婚检制度不被重视的原因是多方面的。2009 年的一项调查显示，不去婚检的动机排名前十位由高到低依次为：认为婚检项目不合理；对自己的健康很自信；相信对方诚信认为不用检；对婚检并不了解；没有时间和精力；对婚检很反感；认为婚检收费高；认为婚检无用；认为婚检无效果；故意隐瞒不检。① 2011 年一项针对浙江省某地办理婚姻登记的准新人的调查发现，17.5% 的准新人明确表示不会参加免费婚检，"工作忙"和"检查项目繁琐"是当事人对婚检的主要顾虑。② 2016 年北京晨报记者采访发现，准新人放弃婚检的主要原因是"嫌麻烦"和"不了解"，其他原因还有"担心触及隐私""担心自己某些疾病暴露"等。③

二　婚检中的隐私权保护

隐私权是免遭不想要的、不合理的干涉的被社会确认属于个人控制的领域。④ 隐私权是人身权利的组成部分，是公民个人针对国家公共权力行使机关和其他公民、组织享有的排他性权利。它是一项人身权利，与人道尊严息息相关。隐私权是一种个人私生活免受他人干扰的权利。它要求国家保障个人私生活不受侵犯，同时禁止他人不经同意将其私生活非法公开。

---

① 转引自赵素《对我国取消强制婚检的伦理思考》，昆明理工大学硕士学位论文，2010，第 9～10 页。
② 周驰：《婚前医学检查自愿性的综合干预研究》，浙江大学博士学位论文，2012，第 36 页。
③ 《九成准新人嫌麻烦不婚检　体检孕检不能替代婚检》，载环球网，http://health.huan-qiu.com/health_news/2016-09/9461467.html，访问时间：2017 年 4 月 22 日。
④ 〔美〕阿丽塔·L.艾伦、〔美〕理查德·C.托克因顿：《美国与私法·学说、判例与立法》，冯建妹、石宏等编译，中国民主法制出版社，2004，第 8 页。

（一）隐私权的宪法性质

虽然由于隐私权理论提出较晚，[①] 近代各国宪法没有明确把隐私权作为一项独立权利加以保护，但作为一项与人身自由权、人格尊严权、住宅安全、通信自由与通信秘密权等公民基本权利交叉的人身权利，通过相关宪法解释和司法解释，隐私权作为一项独立的公民基本权利正在逐渐被理论界接受并在实践中被采用。1948 年《世界人权宣言》第 12 条对隐私权作了规定："任何人的私生活、家庭、住宅和通信不得任意干涉，他的荣誉和名誉不得加以攻击。人人有权享受法律保护，以免受这种干涉或攻击"。1948 年《世界人权宣言》第 12 条的规定和 1966 年《公民权利和政治权利公约》第 17 条的类似规定，[②] 从私生活的角度对隐私权进行了明文保护。虽然两公约仍然没有明确"隐私权"的概念，但其对私生活的明文保护仍然对各国宪法缺少隐私权独立保护内容的状况有很大的弥补作用。

我国《宪法》中是否包含隐私权保护内容呢？有学者认为我国《宪法》中是有直接的宪法保护依据的。具体依据包括宪法第 37 条、第 38 条、第 39 条和第 40 条。《宪法》第 37 条规定："中华人民共和国公民的人身自由不受侵犯。任何公民，非经人民检察院批准或者决定或者人民法院决定，并由公安机关执行，不受逮捕。禁止非法拘禁和以其他方法非法剥夺或者限制公民的人身自由，禁止非法搜查公民的身体"。第 38 条规定："中华人民共和国公民的人格尊严不受侵犯。禁止用任何方法对公民进行侮辱、诽谤和诬告陷害"。第 39 条规定："中华人民共和国公民的住宅不受侵犯。禁止非法搜查或者非法侵入公民的住宅"。第 40 条规定："中华人民共和国公民的通信自由和通信秘密受法律的保护，除因国家安全或者追查刑事犯罪的需要，由公安机关或者检察机关依照法律规定的程序对通信进行检查外，任何组织或者个人不得以任何理由侵犯公民的通信自由和通信秘密"。从《宪法》第 37 条的整体规定来看，宪法保护的是狭义的不受司法机关侵犯的公民的身体自由权，按照通行的对于隐私权的

---

① 1890 年《哈佛法学评论》（*Harvard Law Review*）第 4 期刊登了哈佛大学法学教授路易斯·D. 布兰迪斯和塞缪尔·D. 沃伦的《隐私权》（"The Right to Privacy"）一文，被视为隐私权理论的诞生。参见王利明、杨立新《人格权与新闻侵权》，中国方正出版社，2000，第 439 页。

② 《公民权利和政治权利公约》第 17 条规定为：一、任何人的私生活、家庭、住宅或通信不得加以任意或非法干涉，他的荣誉和名誉不得加以非法攻击。二、人人有权享有法律保护，以免受这种干涉或攻击。

内容的理解，身体应该是私人可以自由支配的私的内容，所以，身体不受不合理的拘束的自由就包含了隐私权保护的内容。之所以第 39 条的住宅不受侵犯也属于隐私权保护的范畴，是因为住宅是公民身体活动最自由的物理空间，自然，住宅不受侵犯的权利亦构成了人身自由的一种重要展开形态。如果这样理解，对于人身自由不得随意侵犯的保护内容就包含了隐私权的保护要求。① 这种观点显然是将第 37 条的人身自由权作广义理解，但在笔者看来，这种理解过于泛化，因为无论是从国外的宪法实践，还是从国内的民法实践中我们几乎都没有直接援引人身自由保护条款来保护隐私权的先例。作为一种新兴的公民基本权利，隐私权区别于传统自由权的主要表现就是：其更强调精神层面的自由。诚然我们不否认精神自由和身体自由是内在统一的，但在宪法的内在结构中，我们还是将两者作一定区分的，否则我们就不会在第 38 条中单独规定"人格尊严"条款。笔者以为，较为务实的做法还是将隐私权保护纳入人格权保护之中。事实上，德国的宪法实践中就是这样做的。德国联邦宪法法院以《德国基本法》第 1条和第 2 条的规定为依据，创立了宪法"一般人格权保护"的概念，并将隐私权作为其中的一部分。例如在 1972 年的"病历保密案"中，宪法法院基于基本法第 1 条的人格条款和第 2 条的个性条款拒绝接受医生记录作为指控犯罪嫌疑的证据；即使保密记录的透露将有助于指控程序，这项公共利益亦足以侵犯医生和病人之间的隐私关系。② 德国宪法法院从宪法的一般人格权中解释出隐私权，对于我国解释机关对《宪法》第 38 条的解释有很强的借鉴意义。

2010 年实施的《中华人民共和国侵权责任法》第 2 条明确规定："本法所称民事权益，包括生命权、健康权、姓名权、名誉权、荣誉权、肖像权、隐私权、婚姻自主权、监护权、所有权、用益物权、担保物权、著作权、专利权、商标专用权、发现权、股权、继承权等人身、财产权益"。该条款首次在民法领域直接规定了隐私权，相对于先前透过《民法通则》名誉权条款实现对隐私权的间接保护，无疑是大大进了一步。民法的进步会对我们的宪法实践产生什么影响呢？其实，民法和宪法不应当是截然分开的，因为宪法是根本法，是民法的制定依据，民法依据宪法制定，也就意味着其中保护宪法的内容。诚然出于私法自治的考虑，一般而言，民事

---

① 王秀哲：《隐私权的宪法保护》，社会科学文献出版社，2007，第 253 ~ 254 页。

② 张千帆：《西方宪政体系》，中国政法大学出版社，2005，第 370 页。

纠纷往往不会上升到宪法层面，但是在审理民事案件中，对民法的理解却离不开宪法。反过来看，民法的实践也会在一定程度上促进宪法理念的更新。在德国，宪法保护隐私权之前，民法已经先行给隐私权提供了保护。在1954年的"读者来信案"中，德国联邦最高法院作出判决，认定人格尊严、自治、隐私的权利是《德国民法典》第823条中的"权利"。① 这一做法直接影响了此后的宪法实践。中国是否可以循此路径呢？笔者以为只要全社会特别是政府对隐私权保护的重要性达成足够的共识，我们就应当适时将隐私权保护拓展到整个宪法领域。

（二）婚检制度对隐私权的影响

婚检过程中，无论是婚前医学检查，还是婚前卫生指导和婚前卫生咨询，都涉及大量当事人不希望公开的个人信息，其中主要是个人的身体健康状况，不过在客观上也难免触及个人尤其是女性的婚前性生活史。由于这些信息可能影响到相对方的结婚意愿，所以当事人往往在主观上不愿意公开。

婚检制度对隐私权的影响主要体现在两个方面。一方面，隐私权是一项可以被公权力限制的权利。在需要传染病防治的时候，公民得允许他人在一定程度上依法介入自己的私人生活领域。《传染病防治法》《突发公共卫生事件应急条例》等相关法律规定的疫情报告程序就在一定程度上要求公民对隐私权加以克减。因而婚检中一旦发现当事人患有传染性疾病，婚检机构就有义务按照规定向疾控中心报告。另一方面，婚检机构有时会因为自身的不当措施将患者的生理隐私或者病理隐私，甚至其社交范围等与疫情报告制度无关的资料向媒体、他人传播或者泄露。这种未经当事人同意而对公民隐私的披露，则构成对隐私权的不当侵害。

由于疫情报告程序的需要，在发现传染病病例后，婚检部门应当按照相关要求予以报告、通报和公布，以便传染病的预防与监测。这是公众知情权的要求。但是，这种疫情预防措施应当站在传染病病例出现的角度上，而不应当针对公民的个人私生活情况。实践中曾经出现公众对已知的传染病患者的亲属、同事或邻居给予排斥甚至歧视的情况。这种情况的发生虽然主要是由于公众对传染病的传播途径、传播状态等情况不了解，但其发生的直接原因是对传染病患者个人资料的不当披露。所以，疫情的报

---

① 王秀哲：《隐私权的宪法保护》，社会科学文献出版社，2007，第80页。

告、通报和公布应当尽量避免涉及病人的姓名等无关于疫情预防的个人信息，也不应当未经当事人同意向公众披露病人的个人信息。

我国《执业医师法》规定，医师应保护患者的隐私。《传染病防治法》第69条规定了对医疗机构故意泄露传染病病人、病原携带者、疑似传染病病人、密切接触者涉及个人隐私的有关信息、资料的法律责任，为传染病防治工作中保护公民的隐私权提供了一定的法律保障。不过该法并没有对过失泄露上述人群的隐私信息予以规范。《侵权责任法》中对隐私权保护予以明文规定，而且该法的归责原则对于过错的规定不限于故意，所以按照此法，受害人也可以追究医疗机构过失泄露信息的责任。《艾滋病防治条例》第39条也规定："未经本人或者其监护人同意，任何单位或者个人不得公开艾滋病病毒感染者、艾滋病病人及其家属的姓名、住址、工作单位、肖像、病史资料以及其他可能推断出其具体身份的信息"。

隐私权是一项相对消极的权利，国家公权力有义务采取各种措施为保护当事人的隐私权提供条件。其中就包括取消强制婚检制度，将婚检与婚姻登记"脱钩"，赋予当事人婚检与否的自主选择权。但在自愿婚检的背景下，由于各种原因，不少当事人倾向于选择放弃婚检。为了消除当事人的顾虑，也是为了避免承担泄露患者隐私的法律责任，婚检机构选择为婚检患者严格保密，于是永城婚检隐瞒案就自然发生了。

三 婚检中知情权的保护

知情权又被称为知道权、了解权、信息获取权、知的权利或信息自由权，还有信息自由、新闻自由、情报自由等翻译方式。知情权是指公民对行使国家公共权力的活动进行了解、知悉和监督的自由，即公民享有从行使公共权力的国家机关或其他组织了解、获取、知悉国家公共管理信息的权利。[①] 为了实现对知情权的保护，国家机关和履行公共事务管理职能的其他公共机构都有主动公开或者遵照公民的要求公开所掌握的某些信息的义务。知情权关系着公民参与政府公共管理的可能性和参与程度，与对公共权力的制约密切相关。可以说，知情权是消除和防止权力腐败现象、保护公民权利、促使权力机关行使权力"透明化"的必然要求。所以知情权

---

① 刘广登：《论知情权》，载杨海坤《宪法基本权利新论》，北京大学出版社，2004，第153页。

属于政治权利的组成部分之一。

（一） 知情权的宪法地位

20 世纪中叶以前，知情权在各国的宪法中并没有被明确作为一项独立公民的基本权利加以保护。但已经存在一些包含知情权内容的宪法性条文。如美国马萨诸塞州 1780 年州《宪法》第 5 条规定，立法、执行、司法机关以及政府官员、政府雇员，有义务向人民报告其行使职权的情况。①这种政府向人民报告的义务从政府义务的角度体现了公民知情权的内容。1789 年法国《人权宣言》第 15 条规定的 "社会有权要求机关公务人员报告其工作" 也被认为具有知情权的理念。瑞典 1812 年《出版自由法》是一项宪法性文件，其第二章关于官方文件公开的内容，确认并体现了公民个人的知情权。

20 世纪中叶以来，一些国际人权公约对知情权作了比较明确具体的规定。1948 年联合国新闻自由大会第 74 ［Ⅴ］号决议通过了促进和保护信息自由的一般原则，大会宣布："鉴于信息自由（即知情权）是人的一项基本权利，是联合国所崇敬的一切自由的试金石，没有它世界和平不可能很好地得以维持"。② 1960 年联合国经济及社会理事会拟定的《信息自由宣言（草案）》第 1 条规定："了解的权利（the right to know）和自由寻求真理的权利是人的不可剥夺和基本的权利。人人均有单独地或集体地寻求、接受和传递信息的权利"。第 3 条规定："信息媒介应用来服务于人民。任何政府、公共或私人机构或行业都不得对传播信息的媒介实施控制以防止各种信息来源的存在或剥夺个人获得这类来源的自由。发展独立的国家信息媒介应受到鼓励"。③ 1995 年联合国人权委员会的《观点与表达自由特别报告》中提出了知情权是一项基本人权，"言论与表达自由的最重要的因素之一是寻找或者获得信息的权利"。1998 年的报告中又进一步宣布："寻找、接收与传播信息的权利使国家负有积极的义务，以保证获得信息，尤其是政府以所有方式储存的信息"。2000 年联合国人权委员会在报告中揭示了信息权作为一项人权的内容，敦促各国应修改法律或者制

---

① 〔日〕石村善治、堀部政男：《情报法入门》，法律文化社，1999，第 143 页。
② 〔美〕爱德华·劳森：《人权百科全书》，汪瀰、董云虎译审，四川人民出版社，1997，第 580 页。
③ 〔美〕爱德华·劳森：《人权百科全书》，汪瀰、董云虎译审，四川人民出版社，1997，第 580 页。但《信息自由宣言（草案）》还没有得到联合国大会的审议或批准。

定新的法律以保证公众的知情权，并阐明了知情权的主要特点和各国法律保障信息自由应当体现的原则。①

随着知情权受到越来越多的重视。20世纪90年代以来，知情权开始在一些国家得到宪法形式的确认。1987年菲律宾《宪法》第3条第7款规定："应承认人民得到公共信息的权利。除了法律所规定的限制以外，向公民提供官方记录与文件、与官方行为、交易或决定有关的文件以及作为决策基础的政府研究资料"。1991年罗马尼亚《宪法》第31条规定："不得限制人们获得公共信息的权利"。1997年泰国《宪法》第58条规定："除非公开政府信息会影响到国家安全、公共安全或其他人受到法律保护的利益，人们应有权获得国家机关、国有企业或者地方政府机构所拥有的公共信息"。1993年俄罗斯《宪法》第24条第2款规定："国家权力机关和地方自治机关及其公职人员应保障每个人都能在法律没有其他规定的情况下了解直接涉及他本人的权利与自由的文件和材料"。第29条第4款规定："任何人都享有以任何合法的方式自由地搜集、获取、转交、制造和传播信息的权利。构成国家秘密的情报清单由联邦法律确定"。

我国《宪法》目前还没有明确规定知情权。不过有学者认为，知情权是表达自由的对应形态。我国《宪法》第35条规定："中华人民共和国公民有言论、出版、集会、结社、游行、示威的自由"。这些自由在宪法学上可概称为"表现自由"或"表达自由"（freedom of expression），指的是人们通过一定的方式将自己内心的精神作用公诸外部的精神活动的自由；而其中所谓的"一定的方式"，主要体现于一定的表达行为（expressive conduct）之中，并具有复杂的多样性，但传统宪法学认为，其典型的方式主要有言论、出版、集会、结社、游行和示威。表达自由一定与知情权相对应。因为人们要形成自己的思想和意见并加以表达，首先必须获得相关的信息、资讯或情报，否则就不可能有效地形成表达内容，或者即使形成，也难以成为有力的表达内容，并可在进入具有竞争机制的"思想的自由市场"之后成功地实现前述各种表达自由的价值。在此实际上就存在着一种主观利益，并可形成一种宪法上的权利，那就是所谓"知情权"（right to know）。② 从以上的分析中可知。作为一项新的公民基本权利，知情权具有派生性，是由表达自由派生出来的一项新型的权利，在权利形态

---

① 转引自周汉华《外国政府信息公开制度比较》，中国法制出版社，2003，第2页。
② 韩大元、林来梵、郑贤君：《宪法学专题研究》，中国人民大学出版社，2004，第325页。

上与表达自由具有对应性，当然相对表达自由也具有一定的独立性。作为宪法主体，公民即使不为了有效地行使表达自由，也应该享有知情权。①

除了表达自由，知情权还是实现其他政治权利的前提要件。我国宪法第41条规定了中国公民对于国家机关和国家工作人员有批评、建议的权利；对于任何国家机关和国家工作人员的违法失职行为，有向有关国家机关提出申诉、控告和检举的权利。这些权利属于公民参与社会管理、行使管理国家事务权利的具体形式，是我国宪法对政治权利部分内容的具体表述。但是，无论是对国家机关和国家工作人员提出批评、建议，还是对任何国家机关和国家工作人员的违法失职行为向有关国家机关提出申诉、控告或者检举，这些权利的行使都是以对国家管理事务、公共权力行使和社会公共事务的知晓为前提的。② 作为行使其他政治权利的必要前提，知情权也必然会作为一项属于政治权利的公民基本权利，受到相应的宪法保护。③

（二）婚检制度下知情权与隐私权的冲突

婚检中的知情权主要是指有结婚意向的双方的知情权。从前文中可知，知情权往往对应着表达自由。一般而言，人格权立足于"私"，知情权立足于"公"。不过在婚姻领域，知情权"公"的属性则不太明显，因为其主要表现为缔结婚姻双方的特殊权利，而非公众所普遍享有的权利。如果把隐私比喻成一方精心收藏的小夹子，能够打开她的，是进入婚姻的双方，而非陌路之人。从尊重传统的意义上讲，婚姻是开启一个人性生活的仪式，所以对方的身体健康状况和性生活史就被赋予了特殊的意义。

尽管在婚检中，国家的主要目的是避免传染病的传播，而不是直接支配双方的结婚意愿，但是婚检的结果却可能间接影响婚姻的缔结，因为一旦一方通过婚检知晓了对方的某些私密信息，就可能对结婚与否做出较为理性的选择。在这里婚检是知情权的助手，却是隐私权的大敌。婚检的这种角色适当吗？

---

① 韩大元、林来梵、郑贤君：《宪法学专题研究》，中国人民大学出版社，2004，第328页。
② 林喆：《公民基本人权法律制度研究》，北京大学出版社，2006，第330页。
③ 这是因为，为了实现某项公民基本权利，必须保证该项公民基本权利实现的依据和前提能够实现。否则，该依据和前提不能实现，则以之为依据和前提的该项公民基本权利就没有了实现的现实可能，成为一项无法实现的"虚幻的"公民基本权利。所以，某项公民基本权利赖以实现的依据和前提也应当受到宪法的保护，除非该公民基本权利的相关条文仅仅是形式意义上的宣告性宪法条文而没有实质作用。

笔者以为要回答这个问题，我们不能局限于任何一方的利益，而要从整个婚姻的角度出发。《中国大百科全书》（法学篇）指出，婚姻是男女两性建立夫妻关系的结合形式。婚姻因结婚而发生，因配偶一方死亡或离婚而消灭。关于婚姻的性质，中国封建时代以夫妻为五伦（君臣、父子、夫妇、兄弟、朋友）之一，认为"夫为妻纲"，妇女处于夫权的统治之下。在欧洲的中世纪，教会法中曾有夫妻一体的宗教观，基督教的教义认为，上帝造人，分为男女，男人离开父母与其妻合为一体，是神的意志，除一方死亡外，绝对不许离婚，即"婚姻的不可离异性"。后来以德国哲学家康德为代表提出"婚姻契约说"，认为婚姻是民事上的要式契约，是男女双方处于平等地位的协议，解除契约，即是离婚。契约说对于反对封建婚姻制度，是有进步意义的。契约说在西方一直处于主导地位，许多国家的婚姻立法都以契约说为理论依据。法国1791年《宪法》规定，"法律婚姻不过为民事契约"。1896年《德国民法典》规定，婚姻缔结如无特别规定，应适用关于一般契约的规定。在英美法中，婚姻契约作为契约的一种，必须按法定形式或仪式实现；对法定条件或效力，当事人不得自由变更；有的地区不能由当事人协议解除；发生特别的身份效力。在当今中国，主流的学说认为，婚姻不是民事契约，更不是封建伦常关系，而是为法律所确认的夫妻关系，它包括夫妻的人身关系和财产关系，但人身关系是主要的。就上述观点，笔者以为，尽管当今各国对婚姻的性质认识有差别，但是无论是契约说，还是法定关系说，都没有否认现代婚姻是建立在双方合意、彼此信任基础上的一种法律关系。可以说，一旦双方的信任丧失，婚姻的基础就不复存在了。对于这种信任关系，《中华人民共和国婚姻法》第4条中的"夫妻忠实义务"就是最好的诠释。

此外需要补充的是，婚姻的另外一个重要功能是生育，尽管生育不是婚姻的唯一目的，但在很大程度上关系婚姻的稳定，也关系到一个国家的未来。知晓对方是否具备健康生育的能力也应是结婚双方重要的考量因素之一。可以说，正是由于文明社会中婚姻承载了种族绵延的功能，因而公权力在尊重当代人的婚姻自由权的同时，还必须采取行之有效的措施积极保障下代人的身体健康权。[①]

为了达成双方的信任、保障生育利益，隐私权就要在一定程度上对知

---

① 章志远：《制度变迁、利益冲突与管制重塑——立足于婚检管制模式演变的考察》，载《法学家》2007年第6期。

情权做出让步。缔结婚姻的双方都有权知道可能影响未来婚姻稳定的信息，这就在一定程度上肯定了婚检的必要性。不过值得注意的是，隐私权对知情权的让步也是有限度的。

四　婚检制度下知情权与隐私权的平衡

（一）知情权与隐私权不必然冲突

知情权与隐私权的冲突不是必然的。在很多情况下，两者之间并无冲突，其原因有二。

第一，知情权与隐私权是从不同的角度设定的权利，担负保障公民隐私权和担负公开现实情况的义务主体并不完全一致。知情权一般是指公民对行使国家公共权力的活动进行了解、知悉和监督的自由，即公民享有从行使公共权力的国家机关或其他组织了解、获取、知悉国家公共管理信息的权利。[①] 隐私权是免遭不想要的、不合理的干涉的被社会确认属于个人控制领域的权利。[②] 通常，知情权是政治权利的组成部分。隐私权是人格权的组成部分。知情权是公民对国家公共权力行使机关这个特定对象享有的特定权利。隐私权是公民个人针对国家公共权力行使机关和其他公民、组织享有的排他性权利。知情权需要公民主动行使。隐私权的行使则多在权利被侵犯的救济过程之中，如果没有被侵犯，权利人无须主张个人的隐私权。两者并不是完全的对立关系，因此传染病疫情的发布信息不侵犯公民隐私权的情况要远远高于侵犯公民隐私权的情况。当然，在婚检领域，知情权的主体有特定性，主要是缔结婚姻的双方，此时，知情权与隐私权冲突的可能性就极大增加。

第二，从患者个人角度来讲，知情权是隐私权行使的基础。患者只有了解自身是否罹患传染病，才能谈得到行使个人隐私权与否的问题。如果患者没有患传染病、没有感染传染病病毒，则不存在保护隐私权的问题。如果患者根本不知道自己罹患传染病，他就更加没有行使隐私权的基础。因为在患者不知道的情况下，即使该权利存在，他也无法主张自己的权

---

① 刘广登：《论知情权》，载杨海坤主编《宪法基本权利新论》，北京大学出版社，2004，第153页。

② 〔美〕阿丽塔·L. 艾伦、〔美〕理查德·C. 托克音顿：《美国隐私法：学说、判例与立法》，冯建妹、石宏等编译，中国民主法制出版社，2004，第8页。

利。只有患者行使知情权了解到自身信息时，才存在主张隐私权的可能性。所以从患者个人角度来讲，并不存在知情权与隐私权的冲突问题。

（二）两者冲突时隐私权并不必然让位于知情权

知情权与隐私权的主体在多数情况下不是同一的。我们谈到知情权时，往往在前面加上"公众"二字，说明知情权的权利主体往往是一个群体。每个公民当然都可以以独立个体的形式行使自己的知情权。但知情权的内容，即政府提供的公众信息，对每个公民来讲都是相同的。所以知情权的主体可以被视为一个集合概念——公众。当这些知情权主体被集合称呼的时候，就有了公共利益的味道，很多时候，政府机关通过一定方式来确保公众知情权实现的，这就更加强了其"公"的性质。但是隐私权涉及个人私生活的内容，每个公民隐私权的内容都不相同，所以隐私权的主体是不能合并成群体的形式的。因此，隐私权的主体必然是独立的公民个体。但这并不表明当两者冲突时，隐私权应当让位于知情权。

公共利益并不绝对高于个体利益，针对不同内容的公共利益，面对不同的个体利益，公共利益和个体利益何者优先的问题的结论需要根据具体情况具体分析。如果公民隐私权的克减无助于公众知情权的实现，这种克减就是没有意义的。当公共利益承载之财产不能弥补个体利益让渡之损失时，社会财富总量必然减少。这种无谓的损耗本身也违背公共利益的要求，是对公共利益和个体利益两个方面的共同减损。

在判断知情权与隐私权冲突时哪个权利让位、让到什么地步的问题上，我们还应当遵循比例原则。比例原则不单单是行政法的原则，而且是整个公法的原则。当知情权与隐私权冲突时，贯彻比例原则，衡量知情权的行使与对隐私权的限制是否都是适当的、必要的和非过当的，如果答案是肯定的，那就找到了两者平衡的最佳点。

（三）婚检制度下知情权与隐私权保护的权衡

在婚检中，将特定的患病情况告知配偶或准配偶是医生和患者的义务。《母婴保健法》规定：经婚前医学检查，对患指定传染病的，医师应当向男女双方说明情况。此规定将承担告知义务的主体确定为医生。《艾滋病防治条例》中规定，艾滋病病毒感染者和艾滋病病人应当履行"将感染或者发病的事实及时告知与其有性关系者"的义务。这项规定将性伴侣知情权的实现义务加在患者本人身上。同时，正如上文所述，《执业医师法》《传染病防治法》《艾滋病防治条例》中都有关于患者隐私权保护的规定。法律框架下同时存在着对知情权和隐私权保护的规定。那么，一旦在婚检中发现一方或双方患有特定疾病时，患者、医生或医疗机构到底应当保护患者的隐私权还是保护另一方的知情权？具体说来，就是应当依照何种法律规定行事？

我们应当本着法权最大化的原则来处理隐私权和知情权的关系，"两利相权取其重、两害相权取其轻"。当一方隐私权的内容是对另一方影响很小、对自己影响甚大的性生活史时，应优先保护隐私权；而当一方隐私权违反社会公德或可能对另一方或后代的身心健康造成损害时，应优先保护知情权。① 具体到永城婚检隐瞒案的情况，女方感染艾滋病毒的事实明显会影响到男方的身心健康，甚至影响到后代的健康状况。此时，患者的隐私权需要让位于对方的知情权。

（四）知情权保护的国家义务

我们不能将保护公民知情权的义务仅仅施加给小叶这样的普通公民。因为如果将义务加在公民身上，一是加重了公民个人的负担，使其承担了更重的义务，是对其隐私权利的单方面克减，削减了公民的利益；二是容易造成为了逃避责任选择放弃婚检，同时放弃自己的知情权的不利情形；三是由于公民个人行为的难以掌控，传染病防治的效果难以保证，造成传染病防治成效难以控制，因而造成公共利益受损。所以，像《艾滋病防治条例》这样将告知义务赋予当事人的规定，实际上难以达到保障性伴侣知情权的立法目的，反而容易造成公共利益和个人利益同时受损，导致法权总量的单边减少，不利于公民权利的保护和传染病防治工作的有效开展。笔者认为，婚检中公民知情权的保护应当主要落实到国家义务层面而非由公民个人承担。

在永城婚检案中，夏邑县疾控中心在很早以前就有了小叶感染艾滋病毒的备案，永城市妇幼保健院在婚检时也查出小叶疑似感染艾滋病毒。两个单位对小叶的病情非但没有进行必要的跟踪、辅导或者干预，甚至对于可能造成疾病传播的危险行为也完全放任。这种行为本身违反了艾滋病防控的相关义务，侵害了传染病防治这一公共利益，危及了公众健康。两个

---

① 范莉莉：《婚姻中隐私权的内涵特点及其保护》，载《中共青岛市委党校：青岛行政学院学报》2005 年第 3 期。

单位不主动将小叶病情告知小新或者在小新问询时回答无权告知，属于典型的隐瞒；而答复小新一切正常则已经具有了欺骗的故意。可以说，两个单位特别是永城市妇幼保健院的刻意隐瞒和欺骗对小新走入婚姻生活并最终感染艾滋病毒负有不可推卸的责任。

五　利益平衡下婚检制度的重构

为什么不少人排斥婚检呢？笔者以为，主要有以下四个方面的原因。第一，法律原因。《婚姻登记管理条例》作为国务院的行政法规，却直接与《母婴保健法》这样一部全国人大常委会制定的法律相抵触，使得各个地方人大在制定有关婚检的地方性法规上态度不一，有的依据《婚姻登记管理条例》取消强制婚检，有的则依据《母婴保健法》维持强制婚检。执行部门也各行其是，民政部门大多倾向于取消强制婚检，而卫生部门多数支持维持强制婚检。依据上的不统一使得地方上无法形成合力，制度上的反复也使得政府的公信力受到了影响。第二，观念原因。国务院 2003 年取消强制婚检的一个重要的原因就是过高地估计了普通公民的社会责任意识。在一个健全的公民社会里，有性接触并准备生育的成年人应当完全清楚自己的身体和自己未来的孩子可能面临的健康风险，并采取必要的预防措施，如果他选择了掩盖和回避，他将自己承担全部后果。政府在此也许不应热心过度，在风险尚未大到整个社会都无法承受之前，政府似乎没有理由采取强制手段。然而，我国公民的责任意识并没有政府期望的那么高，究其原因，笔者以为，主要在于我国公民长期生活在一个大政府的管理体制下，并不习惯于自律自治。而且在性教育问题上，政府的缺位尤其明显，在谈性色变的教育体制下成长起来的很多新人是"性盲"，性保健、性安全的意识比较贫乏。第三，婚检本身的原因。在强制婚检体制下，接受婚检是义务，而实施婚检是权力，权力滋生了寻租空间。正如国务院联合调查组的报告所述，婚检走过场、高收费的情况屡禁不止。加之婚前性行为的普遍，婚检的实际效能已经打了折扣。进入自愿婚检后，卫生部门尚未向服务型政府转变，不少地方虽然实行免费婚检，但是对新人的劝导缺乏有效的方法。第四，地区差异的原因。我国幅员辽阔，各地的流行病和流行情况差异很大。各地的经济水平和社会发展情况也不相同。一刀切地适用特定的婚前医学检查项目、收费标准等婚检政策，很难达到良好的效果。

针对上述情况，笔者以为要提高婚检率，必须采取多种手段，平衡各方利益，方能收到实效。首先，法律规范要统一。现行的《婚姻登记管理条例》和《母婴保健法》存在一定的冲突，按照《立法法》的要求，前者应当修改。但是如此一来强制婚检将在全国范围内"复辟"，这势必再次冲击政府的公信力。所以，建议全国人大常委会出台一个对《母婴保健法》婚检部分的临时性解释，授权国务院作出例外规定，并在未来修订《母婴保健法》的过程中，吸收自愿婚检的内容。其次，提高婚前教育水平，强化公民责任意识。在婚检的知识普及和动员活动中发挥非政府组织的作用，提高社会自治水平，引导普通公民树立正确的隐私观念。再次，转变卫生部门的管理职能，推行免费婚检、便利婚检。通过积极劝导和人性化的服务提高婚检率。在婚检中，对检查获得的信息进行严格区分，对不影响对方及后代健康的隐私信息做到严格保密。最后，根据不同地区的流行病学特点、婚姻习惯和经济水平，有目的地采用柔性导向干预政策，提供固定项目和可选项目相结合的医学检查项目，制定适合本地特点的婚检政策。

人格权之法定权利属性证成研究

高 可*

内容摘要：自然权利和实在权利的辩证统一关系自始至终存在于人格权本质的聚讼中。承认人格权的法定权利属性，最强烈的意义在于，对人的伦理价值性的立法确证。而从中国权利文化传统的客观忽视与晚近民事律法体系再造经验的互动中，可以清晰地梳理出，人格权法定对于启蒙教化内化于人的伦理价值的巨大效益。世界范围来看，法、德两国采用的"蕴含"式的人的伦理价值保护方式有了松动的迹象，一些后发国家青出于蓝甚至改弦更张，另起人格权法定化的新炉灶，这种从含蓄内蕴立法体例到显性外放立法体例的转型被认为是适应人类社会发展规律的认识论革新。可以明了的是，天赋权利根本上是一种权利享有的资格与门槛，为实在法设置权利提供根据与目的，但这只意味着其实现完成的一种可能性，并不具有板上钉钉、一一投射的绝对盖然性。从这个意义上讲，人格是根源性、原则性的理性信念，人格权是结果性、制度性的法律规范。

关键词：人格权；自然权利；法定权利；双重属性

一 自然法理论下的人格权自然权利属性

（一）法哲学流派对人格权权利属性的影响

1. 古典自然法学派

以英国先哲霍布斯、洛克等为代表的古典自然法学派，不论是性恶论者还是性善论者，均主张自然权利是自然状态①下由自然法所规定的权利综合体，其中自我保存的欲望具有不可撼动的根本性。"每个个体应竭力

---

* 高可，法学博士，常州大学史良法学院讲师，主要从事民法基础理论研究。

① 对自然状态的理解上有两种观点：一是霍布斯所说的战争状态，人的关系如狼群中的弱肉强食；二是洛克倡导的和平状态，也就是平等自由主导的社会。但两者均推导出人们可以享有自然权利的结论。

以保存其自身，不顾一切，只有自己，这是自然的最高的律法与权利。"①
究其根本，启蒙先知们出于对"君权神授"恶念的抵触，建构起盖于人性
基石之上的自然权利，毫无掩饰地凸显其原生性和唯一性，从根本上否定
了任何外来力量特别是政府强权的干涉恩赐，强调自然权利单纯因人性而
生成，带有朴素的平等感情思维，也在一定程度上促动了教会权力世俗化
的跟进。由此可推，这种建基于人性之上的人格权在古典自然法理论中毫
无疑问地将纳入自然权利之上，最直观地看，启蒙思想家推崇的最基本
的、最重要的古典权利的内容与人格权最核心的、最基本的权利如生命、
健康、自由等高度契合，表明两者在集合映射上产生包含与被包含的牵连
关系。

2. 康德哲学

尽管古典自然法法学家开创性地发现人性并将其立为权利神圣性的根
基坐标是哲学思想的里程碑事件，然而，新生事物从来就不是完美无瑕
的，一大批学者尤其是休谟敏锐地摸到了权利理论的裂痕——人性的规定
性何在？理性的本质又是什么？他进而指出"理性的作用在于发现真或
伪……道德上的善恶区别并不是理性的产物"。② 这鲜明地阐释了其"事
实陈述不能推导出价值陈述"的论断，简言之，即从"事实上怎样"不
能得出"应当怎样"。诸如此类的质疑极大地动摇了权利的理论底柱，庆
幸的是，康德理论的面世有力地因应了"休谟难题"，也为继续探究权利
根据提供了深层哲学的注脚，其对权利的设计安排基于对"人性"的崭新
解构，即人之自由本性，其中饱含对人性互相尊重的目的性诉求，"你的
行动，要把你自己人身中的人性，和其他人人身中的人性，在任何时候都
同样看作是目的，永远不能只看作是手段"。③

解决了权利依据的课题后，康德谋筹出"天赋的权利"和"获得的
权利"的两分权利圈，实现了权利的最高级类型化分析。前者意指与生俱
来，无须依托旧有的法律条令或某一法律行为，所有人均可因自然而领受
之权利，是"内在的我的和你的"；后者则截然相反，对实在的法律条例
有前提性要求，不然该权利无法生成或者归于灭失。那么，康德眼中的天
赋权利具体为何呢？"自由是独立于别人的强制意志，而且根据普遍的法

---

① 〔荷〕斯宾诺莎：《神学政治论》，温锡增译，商务印书馆，1963，第212页。
② 〔英〕休谟：《人性论》（下册），关文运译，商务印书馆，1980，第498页。
③ 〔德〕伊曼努尔·康德：《道德形而上学原理》，苗力田译，上海人民出版社，2005，第
48页。

则，它能够和所有人的自由并存，它是每个人由于他的人性而具有的独一无二的、原生的、与生俱来的权利。"① 因而，确立了"与生俱来的自由"在天赋权利语境中的唯一指向，而人性也当仁不让地成为天赋权利的源出，人因其自主性奠定主体地位。至于人格权的位阶归宿，康德权利体系中未曾明见，因而也就引致出不同的看法，譬如徐国栋教授认定人格权属于获得的权利范畴，李中原教授则主张人格权应纳为天赋的权利。当我们反顾康德论述时，就会发现在其权利概念视域下，人仅可为自身之主人，于不触犯他人权利边界的情况下，盖享有一种天赋的行动自由。就此，也就决定了主人运用己身器官和智慧的自由，如果否认人自然的身体以及所具有的智能和体能，很有可能导致此人与彼人的粘连，这种区分度的丧失会引起连锁性的恶反应——人与权利的挂靠对接无从谈起。之所以这样说，康德所言的权利并非无边无际而是栖身于诸人周围，这种自由的实践仰赖人身的机能和智力等内在要素，不然任一切自由便灭失了足以立存于世的必要性。

（二）人格权是自然权利的主张及其意义

秉持否定说态度的学者受自然权利理论的启发，笃信人格权的自然权利属性是固有权的属种。人格权囊括的生命、健康、身体等利益关乎人的生死和存亡，与自然权利的核心和焦点达成了高度的吻合，它以彰显人最重要的价值为己任，承载着"人即为目的"的尊严宣告。较之财产权的手段工具性，人格权披着浓厚的目的性权利外衣，是主体满足自己基本需要和价值确认的形式，也许社会制度、道德水准存有差别，但对人格权的保护是底线伦理和自然本性的共同夙愿。

其一，最核心的观点是，人格权法定化会导致人对自身的支配，主体与客体的同一，进而导致人的自杀权问题。② 这种对权利主体与权利客体可能混同的不安弥漫已久，人格和人格权唇亡齿寒，形影相随，人格权是主体对自身的权利，是维持主体存在所不可或缺的基础条件，其性质与权利能力、行为能力、出生、死亡、失踪相同，均属于主体自身的事项，而

---

① 〔德〕伊曼努尔·康德：《法的形而上学原理》，沈叔平译，商务印书馆，2009，第53页。

② 参见〔德〕霍尔斯特·埃曼《德国民法中的一般人格权制度——论从非道德行为到侵权行为的转变》，邵建东等译，载梁慧星主编《民商法论丛》（第23卷），金桥文化（香港）出版有限公司，2002，第413页。

与一般民事权利之属于人与人之间的关系不同。①

其二，"《法国民法典》作为大革命的产物，认为自然人对自身有着高于法律权利的支配权，因而否定从法定权利论的角度规定人格权。"②另外一部具有世界性广泛影响的《德国民法典》③ 也"……遵循了康德和萨维尼的信念，该信念反对'以物权方式架构此种人格权'，因为这样的话，人就是自己的所有权人，并且这与自我决定存在结构上的矛盾"。④基于上述理论支点，两部法典均没有只言片语正面体现任何人格权的，而是步调一致地采取了侵权行为之债的方式保护人格利益。⑤ 有些学者对此不但没有垂头丧气反而津津乐道，反而笃定这超脱了权利观念的束缚，正是人格保护特殊待遇的点睛之笔。在他们看来，人格权早于法律，是与生俱来的，是超越于法律之上的，若非要将生命、身体等视作权利的附属，无异于是对其自然属性的抽离，对解释生命等权利的产生与本质造成不便。所以法律根本没有规范有关人格利益的权利的适格性，在法定权利层面规定人格权不啻于是对人格权崇高地位的贬低，以上观点的龃龉与宪法权利、民法权利之争异曲同工。

其三，从立法技术与人格权自身特点的兼容方面，勘定人格权的内容、范围、类型具有相当大的难度。在当时制定《德国民法典》的立法者们看来，倘若将人的伦理价值视为人在外部领域的自由空间，那么在这个空间之内，人与人之间自由的界限将是无法界定的。⑥ 人格权是一种最高度概括、最高度抽象的权利，具有不确定性、不具体性和思想的内在性，所以只能一般地原则性地规定，不能具体地个别列举。⑦ 这样一来，就基

---

① 参见梁慧星《民法典不应单独设立人格权编》，《法制日报》2002 年 8 月 4 日第 3 版。

② 〔日〕齐藤博：《人格権法の研究》，东京一粒社，1979，第 10 页以后。

③ 也有学者如龙卫球等认为，《德国民法典》首采人格权法定主义立场，尽管人格权被视为原权利，但观念上仍将包括人格权在内的各种原权视为一种法律权利而不是所谓的自然权利。参见龙卫球《民法基础与超越》，北京大学出版社，2010，第 164 页。姚辉则从法条本身出发，论证了《德国民法典》第 12 条、第 823 条、第 824 条及《艺术品著作权法》等创立的具体或特殊的人格权制度。参见姚辉《人格权法论》，中国人民大学出版社，2011，第 54 页。

④ 〔德〕罗尔夫·克尼佩尔：《法律与历史——论德国民法典的形成与变迁》，朱岩译，法律出版社，2003，第 87 页。

⑤ 德国民法典将人视为法律关系中的主体，除了在权利主体部分规定了姓名权之外，主要是在侵权行为法部分规定了对生命、身体、健康、自由、信用、妇女贞操的保护。

⑥ 参见〔德〕霍尔斯特·埃曼《德国民法中的一般人格权制度——论从非道德行为到侵权行为的转变》，邵建东等译，载梁慧星主编《民商法论丛》（第 23 卷），金桥文化（香港）出版有限公司，2002，第 413 页。

⑦ 参见米健《人格权不宜独立成编》，《人民法院报》2004 年 10 月 15 日第 3 版。

本堵死了人格权法定化的路径与前途。

承认人格权为自然权利的意义是显而易见的。康德划分天赋权利与获得权利的初衷在于，当发生以后天权利（实在法的权利）为标的的纠纷，且难以辨识时，可通过确证或否定一方当事人的主张是天赋权利的范畴，从而描绘出不同权利的大致疆域，为权利纷争的化解提供良好指引，"它的目标是，一旦对后天获得的一种权利发生争辩时……或者对有关事实尚有怀疑，或者事实已经确实，但对有关的权利还有争议时，就能够更加有准备地提出论证。因为，提出否认一项责任的一方，能够有条不紊地提出他的天赋自由权利，作为在各种关系中详细的专门化的权利，并能公平地在这些关系之上建立各种不同权利的权限"。① 这事实上确立了以先验的纯粹理性为原则的天赋权利的比较优势，是对自然权利的"寄予厚望"和"备受推崇"。所以，人格权的自然权利论极大地拔高了人格权的神圣性和高阶性，相当于从顶层哲学给予裁判者足够的理论自信，合理识别某一与人格相关联的利益（新型权利）是人格权，并在更高站位上施加法律保护的决断，这不仅能减轻法官自由裁量过程中的思想负累和心理惶恐，更明晰了人类基本权能庇护的道德准绳和人性衡平。自然权利只为法律保护人格权提供了一种正当性理据，在人格权法定的其他理据不尽如人意时，承认人格权的自然权利性质为人格权法律层面的保护奠定了一个相对而言更牢固的基础，承认人格权的自然权利性质为人格权烙上了耀眼的光环。②

需要特别声明的是，对人格权的自然权利性的肯定，仅为表达两层意思。一是从本源上看，人格权根植于人性之中，不依赖人身外的其他依据，即它的正当性不服从于国家规定和立法者意志。二是从权利性质上看，人格权是防御性权利，国家公权力承负保障职责却无剥夺之权，借此防范抵御国家对人格权的肆意与傲慢。"拒斥自然权利，就无异于说，所有权利都是实在的权利，而这就意味着，何谓权利是完全取决于立法者和各国的法院的。可人们在谈到'不公正'的法律或者是'不公正'的决断时，显然是有某种意蕴，有时甚而是非如此不可的。在下这样的判断时，我们指的是存在着某种独立于实在权利而又高于实在权利的判断是非的标准，据此我们可以对实在权利作出判断。"③

---

① 〔德〕伊曼努尔·康德：《法的形而上学原理》，沈叔平译，商务印书馆，2009，第54页。
② 参见易军《论人格权法定、一般人格权与侵权责任构成》，《法学》2011年第8期，第90~91页。
③ 〔美〕列奥·施特劳斯：《自然权利与历史》，彭刚译，生活·读书·新知三联书店，2003，第2页。

二　刺破人格权之自然权利面纱

（一）人格权自然权利属性的否定

"人格权作为一种内在于主体自身，以维护其人格尊严为主旨的权利，天然反对'权利法定'的法律逻辑，害怕这样的逻辑最终将致使人格尊严及人格的发展只是受制于立法者的意志，因而主张实在法是不够的，强调赋予其应有的超越实在法的地位。"① 这个解释直截了当地道出了部分学者拒绝承认人格权法定的缘由之所在，其中糅合了对自然权利的极度垂青以及对法定权利的无端惧怕。坦率地讲，对人格权的自然权利属性的过分倚重，实际上错置了作为道德权利的"道德准则"与作为法律权利的"基本权利"的功能价值，"人格权作为一种自然权利，其更应该只是一种最基本的道德担当，而不应该是一种积极的现实索求"。② 那么，我们应当更积极地从应然判断的角度去理解人格权是自然权利的归位，囿于经济社会文化发展的阶段差别，其中必然交织着对客观实然存在的批判鞭策，若以此就轻易地抹杀人格权法定权利属性，毫无疑问会因为理论上的幼稚病而走向简单化的歧途。

汇总起来，两种主张的争议焦点无非是以先验性、永恒性、不可让渡为原则的自然权利与以规范化、具体化、可解释化为基础的实在权利的对抗。前者习惯了居高临下似有还无的态势，于裁判乏术之时加以高屋建瓴的指点迷津，使人豁然开朗；后者倾向于走下神坛触接地气，通过明确科学的立法理念与立法技术，确保人人权利的保障和义务的履行。看似皆有道理，互有利弊。仔细分析，一旦将人格权定性为自然权利，就必然要接受各方对自然权利的诸多质疑。最致命的是，自然权利内容的模糊性和随意性，以及作为权利根据的永恒本性与正当理性的怀疑。"自然法的规范性命题不是建立在对人或其他任何事物的观察（Observation）的基础上的，而是来自对不证自明的、所有人的善的反思性把握（Reflective Grasp），来自对人的本性和自然倾向性进行体验的实践性理解（Practical Understanding）"。③ 确实，自然

---

① 李永军主编《民事权利体系研究》，中国政法大学出版社，2008，第121页。

② 郑永宽：《人格权概念属性解析》，中国政法大学博士学位论文，2006，第25～26页。

③ See Finnis, *Natural Law and Natural Right*, Oxford University Press, 1980, p.59. 转引自徐继强《阿奎那的自然法理论及其在当代的意义》，载正来学堂，http：//dzl. ias. fudan. edu. cn/MasterArticle. aspx? ID = 9151，访问时间：2016年2月20日。

权利论可以无所顾忌地高调宣称人格权在道德意义层面上的合理性和自证性，任性割裂它与立法、司法之间的关系，但这也无益于解决其有抽象、绝对等特性的尴尬处境，不仅不会完成保护人格权所期望的利益的伟大夙愿，反而可能逐步沦为现实世界里苍白无力的理念、声明、假设和希望。因此，自然权利的实证化过程是兑现所有美好许诺的必经途径，切实保障人格权应当成为国家制度和法律准则的题中之意。"如果应有权利不能转换为现有权利，缺乏规范化、制度化的形态，那么就会妨碍应有权利自身的现实化，妨碍人的价值的充分实现"。①

还有一种担心是，如果承认法律有规范人格权的资格，就意味着人格权依附于个体意志而存在，这种工具性背弃了人的内在的法律义务，从而间接地肯定了人们享有自杀、出卖器官、借腹生子等行为的权利，这将是对社会公序良俗的巨大戕害。这种错误忽略了其权利本体的独特之处，自觉不自觉地把人格权与物权等量齐观，两者在"支配权"这一范畴内有较大不同，要知道，行使支配人格权有一整套严格的限制和运行规则。"自杀权"实质上系因误认人格权权利为直接支配人格之全部或一部之权利而得出的错误结论。生命权为一种人格权利，其重点系在于强调"不被他人侵害，而享受生命、身体之安全及活动之自由"。② 至于在处分、限制权利客体过程中可能发生的违背人道主义的情形，则完全可交给伦理道德、公共利益等特别规定进行调控，以解决类似的忧虑。

至于人格权内容无法明确规定和具体列举的说辞也是杞人忧天。法国、德国、日本等国民法典受制于时代背景和立法理念的困囿，对人格权的认知不可避免地流于表面，并且当时对人格权保护的渴望也不强烈，人格权的抽象化规定在满足人们需求上也绰绰有余。而伴随人权运动的蓬勃开展，以信息、基因、网络等为代表的新技术日新月异，人的本质的再认识步入了一个全新的阶段，也倒逼法律对人格权的建制步步推进，人格权类型化的实践便是其中最为有力的证明。何况寄希望于人格权的抽象规定根本不能完成其预期目标，必须辅之以司法判例的扶植——订立保护多种人格利益的界限、方法等，两者的紧密配合方能承担起人格权保护的任务，刨根究底，这何尝不是人格权具体举列方式的另一种表达外现。

---

① 公丕祥：《法哲学与法制现代化》，南京师范大学出版社，1998，第 248～249 页。
② 黄立：《民法总则》，中国政法大学出版社，2002，第 65 页。

（二）人格权法定权利属性的价值

历史与实践一再证明，承认人格权为法定权利具有深刻的现实价值和长远的历史意义。

首先，承认人格权的法定权利属性，最重要的意义在于对人的伦理价值性的立法确证，法律的具体规定特别是人格权的类型化处理发挥了一个塑造权利运作程序的模具作用，根据价值依托、存在方式、构成要件等标准，成功地排列剥离出每一项具体人格权的清楚疆界，并提炼出权利义务关系上的分配比例，为公民捍卫人的尊严、个性张扬、自由和谐发展搭建起自律与他律、自我尊重与要求他人尊重的平台，不但有益于权利主体主动行使人格权的法律赋能，更紧要的是，通过人格权受保护范畴的确定，达成权利人自我预期与潜在后果的大致吻合，防止发生不可预知的危害。对法官群体而言，也大大克减了他们法律适用上的渎职风险和额外负担，只需在把握立法目的意图的基础上，恪尽职守或者说按图索骥地去解释运用法文条款即可，无须理会"法外之权"的纷扰，这也是"相同案件相同对待"正义原则的最好诠释。

其次，从中国权利文化传统的客观忽视与晚近民事律法体系再造经验的互动中，可以清晰地梳理出，人格权法定对于启蒙教化内化于人的伦理价值的巨大效益。一方面，纵观中华古代文明史，似乎都是"礼教纲常""权力至上""刑罚化思想"大行其道，放眼望去，刑法（刑罚）被奉为保护生命、健康、身体等的不二选择，慑于统治者威权吓阻，千年顺民听天由命早已成为三流。但事实上，中国历史向来不缺乏个人意识、自由主义生长的内生因素，它们根植于中国特有的本土资源中，人们通常所言的权利传统缺失可能更多地应归咎于今人挖掘得不够以及着眼点的偏执，这种所谓的资源匮乏性是虚妄的，有待人们关注点的回归与聚焦。另一方面，1986年《民法通则》颁行，从第98条至第103条集中举列出生命权、姓名权、健康权等多项权利，开创了世界民法典史上人格权、物权、债权、知识产权等的并列齐平的立法先例，无疑是中国法制探索人格权法定道路上的标志性事件，凸显了立法者高度重视人格权的鲜明态度以及对人的尊严的价值宣示，顺应了人格权理论的发展潮流，有力地促进了人权思想在当代中国内铺开。之后，通过《侵权责任法》（第2条）及2001年最高人民法院《关于确定民事侵权精神损害赔偿责任若干问题的解释》等一系列司法解释明确了隐私权等属于人格权的范畴。但应清醒地看到，

《民法通则》等的不懈努力只是拉开了公民权利意识、法治思维顿悟的序幕篇章，还有赖于更加全面更加科学的法律整体特别是民法典的进一步洗礼，历史之痛与现实之变昭示这样一条真理——从来没有一种所谓固有的权利兼具自动显现的机能。在当前对中国权利文化传统重视不足的情况下，于关于权利显性明文规定缺失的话语中去阐释宣扬权利的保障与实践都无济于事。因而，应当毫不迟疑地促进人格价值的权利化，而不应陶醉于自然权利论的乌托邦中，这无异于阻断了人格权发展的美好通途。

再次，成文法在对待绝对权（支配权）问题上历来传承法定主义，以期个人行动自由与秩序运行平稳之结果。从这个意义上，人格权的法定化不外乎是绝对权保护基本学理的根本遵循。众所周知，绝对权面向权利人之外的不特定多数人为义务受体，是居于强势主导地位的对世权，其波及的利益相关人甚为宽泛，也存在被滥用的危险。法律乃平衡的艺术，始终行走于个人权利保护与他人行为自由的两个极端之间，力求公允。如果绝对权的创设如相对权般地由当事人自由任意进行，难免在注重了当事人一己权利的同时，使社会公众动辄得咎。① 为杜绝人格权的保护掉入非此即彼、你死我活的零和博弈旋涡中，法定化路径不失为一种上佳的选择。原因何在？概括起来，人格权利的法定固化切割出各个具体人格权的内涵与外延，以法律的明确性勾画权利界限的明确性，帮助人们依法之规推测行为的轨迹及后果，从而理性地指引自身行为各得其所适度有加，切忌突破法律公示的自由边界。"因权利系属法定，其本身就是一种非常明确的行为规则，每个人只有正当地行使自己的权利，才有行为自由，行为的边界即是他人的权利"。②

最后，从世界范围来看，法、德两国采用的"蕴含"式的人的伦理价值保护方式有了松动的迹象，一些后发国家青出于蓝甚至改弦更张，另起人格权法定化的新炉灶，这种从含蓄内蕴立法体例到显性外放立法体例的转型被认为是适应人类社会发展规律的认识论革新。《法国民法典》制定初始，根本没有规定人格权，但其后的两次重要修订出现了些许的不同：1970 年第 70－643 号法律规定"任何人的私生活权利应得到保障"（法典第 9 条），为一般人格利益的判例保护提供私法依据；1994 年第 94－653号法律围绕人体基因技术的最新进展，又规定"任何人均享受有身体受到

---

① 参见姚辉《人格权法论》，中国人民大学出版社，2011，第 56 页。
② 曹险峰：《在权利与法益之间——对侵权行为客体的解读》，《当代法学》2005 年第 5 期，第 86 页。

尊重的权利"（法典第 16 - 1 条第 1、2 款）；2004 年 8 月 6 日再次作出补充"任何人都不得侵犯人类的完整性"；2008 年 12 月 19 日明确指出"对人类身体的尊重不因人的死亡而终止"。上述变化透露出，《法国民法典》已经着手从权利类型的视野对待人格权，这与最初"人格只是一种法律地位"的立场相比有了较大进益，是应社会进化发展的得力举措。"通观各国民法典立法中对人格权法的不同态度，可以发现一个重要的规律，那就是随着历史的发展，民法典对人格权越来越重视，在民法典的体系内部，给予人格权法的地位越来越高，空间越来越大。这是历史发展的必然，是人类对自身价值认识不断提高的结果，也是对尊重人权、重视人权保护的结论。这一点，对于中国编纂民法典不无重要的启发和借鉴意义。"[①]

三　人格权双重本质的否认

在学界关于人格权本质的大讨论之外，有学者另辟蹊径，提出了全新的思考进路："人格权兼具自然权利与法定权利的双重属性，并指出了这一中庸论断的哲学基础。在其看来，社会共同体中的重要权利包括人格权都有道德之维与法律之维的两面，并进一步论道权利就是道德社会承认并由国家加以维护的要求。"[②] 人格权的双重性承认能够有效消除片面性认识的弊端，具有不同以往的独到优越性。

如果第三条道路确实有助于解决困扰学界多年的理论难题，无疑是皆大欢喜、振奋人心的幸事。然而，无论是对旧有理论的剖析解构，还是新的模式的营造重构，这一提法都过于简单草率，或多或少地留有值得商榷之处。

要深刻理解自然权利与法定权利之间的鸿沟，自然权利性的承认并不是法定权利性的充要条件，两者不可混为一谈。社会生活中，总有那么一些权利并不因其吁求合乎情理、存在合乎正当、运作合乎程序就理所当然地被法律接纳而上升为法定权利。其中的主客观原因多种多样，但根子还是要追到康德哲学上。当康德基于权利来源的灵感，创设天赋权利和获得的权利时，就为两者的关系埋下了伏笔。"存在着一种普遍的永恒的法，

---

① 杨立新：《中华人民共和国民法典·人格权法编》（草案专家建议稿）起草说明（上），http：//old. civillaw. com. cn/article/default. asp? id =10589，2015 年 12 月 6 日最后访问。

② 〔英〕鲍桑葵：《关于国家的哲学理论》，汪淑钧译，商务印书馆，1995，第 206～207 页。

它是一切实在法的渊源：它不过是统治着全人类的理性"。① 可以明了的是，天赋权利根本上是一种权利享有的资格与门槛，为实在法设置权利提供根据与目的，也就是说，天赋权利重在应然事实的鼓吹督促，获得的权利强调实然存在的表达确意，后者只意味着前者实现完成的一种可能性，并不具有板上钉钉、一一投射的绝对盖然性。从这个意义上讲，人格是根源性、原则性的理性信念，人格权是结果性、制度性的法律规范。……人格权是自然法层面上人格伦理价值外化的结果，是人格的实在法保护方式之一。② 法定权利的存在虽以道德、利益、义务等各种观念为基础，但并非所有得到称许的道德方面的要求都被认定为法定权利，并非每种权利都能得到法定权利的保护，也并非每一义务都有特定的法定权利与其对应。③可见，尽管自然权利对法定权利有一定意义上的规定约束性，但法定权利在确认自然权利方面也非寄生性的一无是处、照单全收，其能动性的存在同样反作用于自然权利，加上有些道德权利由于公开性缺失而难以抗辩第三人的，必然使得部分自然权利落入不能享受法律羽翼保护的窘境。"庄严宣告的'人权'仅仅具有宣布它们的法律条文所赋予法律价值。因而，即使人们承认某些个人权利可以在人性本身找到深刻的根源，但也应当知道这些权利只有在实体规则承认其存在的限度内才具有有效性"。④

法定权利的确定性与自然权利的动态性能否兼容并蓄，也是人格权双重承认问题中不得不面对的障碍。法律及于社会秩序的规范作用，体现在其以权利义务的视角筛选社会成员的众多要求，择其利害攸关者，精心设计出化解纠纷的具体条款，待人们需要法律介入社会交往之时，必须符合法律搭建完毕的轨道与路径方能生发法律既定的效力。法律从来不会放下身段，主动去迎合个别人的生活交易轨迹，这也是保持法律严肃性、明确性的基础所在。与此相对，从人性中释放的自然权利天生乐观，受不了法律条条框框的掣肘压抑，由于各色主体的不同解释，呈现出内容含混随意的外在特点。这一区别给人们适用法律的过程带来了相当的隔阂和矛盾，法律语言的特定指向与法律结构的特殊组合都有一定程度地脱离日常话语

---

① 参见〔法〕阿·布瓦斯泰尔《法国民法典与法哲学》，钟继军译，载徐国栋主编《罗马法与现代民法》（第2卷），中国法制出版社，2001，第290页。

② 参见马俊驹《我国人格权基础理论与立法建构的再思考》，《晋阳学刊》2014年第2期，第112页。

③ 参见〔英〕戴维·沃克《牛津法律大辞典》，邓正来译，光明日报出版社，1987，第774页。

④ 〔法〕雅克·盖斯旦、〔法〕吉勒·古博：《法国民法总论》，陈鹏等译，法律出版社，2004版，第130页。

的成分，假如仍以普通思维去认识去实施，不免出现貌合神离、文不对题的误会。例如，基于对侵权责任法中行为"不法""违法"的庸俗化理解，涌现了一大批所谓"亲吻权"（车祸造成嘴唇裂伤不能接吻）、"悼念权"、"哺乳权"（公共场所给孩子喂奶）、"同居权"等五花八门的诉讼，大大侵蚀了法律的威严性，造成了司法适用上的紊乱。这表明，人格权不能集法定权利与自然权利属性于一身，否则，不但会造成司法资源的巨大浪费，也使得法的指引作用大打折扣。

按照上述逻辑，肯定会有人站出来攻击法定权利的确定性而产生的一系列不利后果。确实，法定权利的确定性特征带给法律适用以安定性，但这可能是以牺牲一定的正义观念和时代精神为代价的，即"具体人格权模式下，永远都存在法律漏洞"。① 但这不等于法定权利在与社会变迁、科技进化的抗衡中束手就擒，它也通过自己的免疫系统去抗衡和改进。一来，大量新兴种类的人格权如隐私权、肖像权等次第出现，证明了人格权是一个不断被"发现"的权利，这个"发现"的征途中，法律维度的确认与支撑如影随形并发挥了不可或缺的作用，单凭天赋权利的自我标榜，人格权的存续也只能是空中楼阁而难以自行。可见，我们所言明的法定权利的确定性或可识别性有着相对的时空条件，不是一成不变的教条，而是与时俱进、不断更新的。恰恰是人们认识到某种权利对日常生活和社会发展的必要性价值，带给立法者创设新权的动因。二来，通过人格权的一般条款的设置，完全可以为权利的法定性与权利体系的开放性的平衡提供砝码。总之，"一般条款＋具体权利列举"模式为许多国家接受并实行，其优势有二：一方面最大限度地公开表明人格权的保护内涵及未来路向，从而使得法官的自由裁量本能地保持在可控安全阈值之内；另一方面坚决剔除由于人格权法定化而滋生的闭塞封锁，在明确已然类型化的人格权基本内容的同时，大大开辟未来人格权发展的广泛空间。

结　语

唯物辩证法的联系观要求我们高度重视事物联系的客观性、普遍性，以全局系统而非孤立片面地观点看问题，避免走入形而上学的极端。"我

---

① 罗卫平：《人格权法若干基本问题研究——兼论我国未来民法典在相关问题上的立法选择》，《河北法学》2004 年第 10 期，第 151 页。

们提倡尊重理论逻辑，但是反对唯理论逻辑的马首是瞻。当我们提出自己的主张时，必须对担当的角色有足够的自觉，对面对的问题性质有清楚的认知，如果面对的是一个实践中的问题，而不是一个理论体系内的纯认知问题，妥善平衡当事各方的利益，实现民法制度追求的目标，则是一个必须认真对待的维度。"① 倘若关于人格权属于自然权利还是法定权利的分野，不涉其他，仅仅是这一单纯学术问题的辩论与探讨，只要各方言之成理、逻辑自洽，百花齐放百家争鸣亦无伤大雅。但我们不得不掂量的是，这个争论的意义何在，事实上，看似拘于形式的认识差异直接干系到人格权法独立成编与否的重要判断。那么，一个明确不含糊的性质判定显然远比两边不得罪的骑墙立场更益于中国民法典的建构。

---

① 蔡立东：《论法人之侵权行为能力——兼评〈中华人民共和国民法典（草案）〉的相关规定》，《法学评论》2005 年第 1 期，第 66 页。

失地农民社会保障权之国家尊重义务

周忠学*

内容摘要： 失地农民社会保障权是失地农民的一项基本权利，是解除失地农民的生存危机、维护社会底线公平、体现政府公共责任的有效路径。失地农民社会保障权的实现仰赖国家履行相应义务，国家义务是社会救助权实现的根本保障。在诸多国家义务中，失地农民社会保障权国家尊重义务处于基础性的地位。失地农民社会保障权国家尊重义务具有维护人性尊严与防御失地农民免受公权力侵害的功能。它要求失地农民有尊严、自由、平等地享受社会保障。

关键词： 失地农民社会保障权；国家尊重义务；层级定位

失地农民社会保障权国家尊重义务有着自己的意义与理论内涵，在国家义务中处于基础性的地位。失地农民社会保障权国家尊重义务秉持以生存为基础、以尊严为宗旨和原则，不仅在自由法治国下处于重要地位，而且在社会法治国下依然处于首要地位。

一 失地农民社会保障权国家尊重义务的逻辑解析

理论运用于实践并取得较好效果的前提是理论自洽性与科学性，失地农民社会保障权国家尊重义务要在实践中取得良好效果也要考察其理论的自洽性与科学性。由于失地农民社会保障权的人性核心，失地农民社会保障权国家尊重义务首要考量的是人性尊严；既然失地农民社会保障权是失地农民的基本权利，那么防御功能对于尊重义务的意义应于探究之中；失地农民社会保障权既然作为一种权利，权利理论必然对其有着影响作用。

---

* 周忠学，法学博士，研究方向为宪法与行政法学。

（一）人性尊严：失地农民社会保障权国家尊重义务的核心

1. 人性尊严的绝对伦理价值：浸淫失地农民社会保障权的始终

尽管失地农民社会保障权的核心指向国家的积极保护、给付义务，但尊重义务始终处于基础地位。尊重义务是指"不要采取行动剥夺他人的生存手段，凭借这种手段他们就可以满足自己的生存权或者使他们能够满足自己的生存权，除非这些人自己采取了有害的行动"。① 尊重义务的宗旨是人性尊严，人性尊严，又称人格尊严或人的尊严，其滥觞于西方古希腊、古罗马和基督教世界。康德指出，"每个有理性的东西都必须服从这样的规律，不论是谁在任何时候都不应把自己和他人仅仅当作工具，而应该永远看作自身就是目的。"② 康德说出人所以为人的理由："人的目的性，自此以降，人类理性认识到，任何行为首要的价值是就是人性尊严"。这是因为人性尊严与"人"互相依附，故人性尊严不可剥夺、不可放弃。人性尊严喻指人的主体性与人的价值，人既是物质的，也是精神的。"人是具备理性和意思的动物，因而是一种伦理的存在：人在物质世界之外，还追求精神世界的价值"。③ 故人性尊严是人的绝对价值，不可须臾离开人，是人存在的基础。由于人性尊严是失地农民社会保障权国家尊重义务的核心，故人性尊严自当浸透失地农民社会保障权的始终，国家尊重义务是失地农民社会保障权的基础。

2. 人性尊严的内涵：奠定了失地农民社会保障权国家义务的基础地位

尽管人性尊严为世界各国认同，但对于人性尊严的内涵界定各不相同。自然法学派虽然认为人性尊严是人的首要权利，但没有确切的定义其内涵，而实证主义法学派更是指出，人性尊严由于各怀其旨，定义为基本权利，因内容的模糊性无法保障。通过对于人性尊严的梳理，我们可以定义人性尊严的基本内涵。首先是人的最终目的性，即人是存在的目的。这表征了国家的任何行为都要为了人的生存、发展而存在，而不是相反，把人当作手段。失地农民社会保障权的目的首先是保障失地农民的人性尊

---

① Henry Su, *Basic Rights: Subsistence, Affluence and U. S. Foreign Policy*, Princeton University Press, 1996, p. 55.

② 〔德〕伊曼努尔·康德：《道德形而上学原理》，苗力田译，上海人民出版社，2005，第52页。

③ 〔日〕星野英一：《私法中的人》，载梁慧星《为权利而斗争》，中国法制出版社，2000，第328~329页。

严，保障的手段是国家义务，尤其是国家的尊重义务。故人性尊严是宪法的首要价值。其次，人性尊严的内涵之二是人的平等性。"'尊重人的尊严'之原则并无例外可言，任何人均具有完全相同之尊严，而且无论在何时皆属平等，无质、量等差之分"。[①] 没有平等就没有真正的人性尊严，人之平等是人性尊严的必然要求，即无论性别、职业、民族、阶层、国籍都有平等的内在的价值、尊严。故失地农民与其他主体的价值、尊严是等同的，这需要国家来保障。最后，人性尊严平等要求每个人具有自主性与自觉性。人的目的性决定了人自我意识、自我判断、自我决定、自我实现的能力，否则人就作为一种手段而存在，没有了尊严。故人的自主性与自觉性是人作为目的自然派生出来的，内在于人性尊严。这指出失地农民社会保障权虽然主要面向的是国家的积极作为，但国家的积极作为并不能完全排斥失地农民的自我选择权、决定权。

3. 人性尊严的宪法价值：引领失地农民社会保障权的方向

在人类历史的长河中，人性尊严大多以道德、伦理或宗教的宗旨面目出现，但第二次世界大战中，法西斯纳粹的反人类、践踏人性的行为唤醒了世人，人性尊严只有在法律的框架下才能得到有力的保护，人类的伦理道德对于凶悍的无人性的暴徒太苍白无力了。第二次世界大战后，人类基于生存状况与对国家对人类残害的担忧，开始在法律中载入相关的"人性尊严""人格"等条款，人性尊严也逐渐由道德、宗教、文化描述转换为法律术语。最终人性尊严走进了作为国家根本大法的宪法，由于各国历史、文化等因素，人性尊严在各国宪法中表现风格各异，有附带性的出现，譬如1937年的爱尔兰《宪法》的前言以及1947年的意大利《宪法》对此的叙述。人性尊严以权利真正面目呈现是在1949年的《德国基本法》中，该法第1条第1款规定："人的尊严不可侵犯，尊重和保护它是国家的义务。此条款永远不能修改"。随后，世界各国对此纷纷赞同，以各种形式使人性尊严进入了宪法，诸如希腊、西班牙、瑞典、葡萄牙等国直接把人性尊严作为首要基本权利，伊斯兰国家则采取以神的名义保护人的尊严，据统计，现在世界上超过90%国家的宪法都有了人性尊严的直接或间接的规定。[②]"人性尊严"的入宪使人性尊严成为考量人民的各种基本权利的核心，进而确认国家对人民基本权利应承担的义务。当今公民的人格

---

① 邱联恭：《司法之现代化与程序法》，三民书局，1992，第18页。
② 董云虎、刘武萍：《世界人权约法总览》，四川人民出版社，2000，第960页。

尊严甚或，"是一项基本宪政规范，一个国家的宪法只有在承认并尊重人格尊严的基础上，再去谈论公民的权利、自由、民主或法治才有意义"。①不言而喻，人性尊严也是考量失地农民社会保障权的核心，进而可以确定失地农民社会保障权的国家义务，这其中包括国家的尊重义务。

（二）防御权功能：失地农民社会保障权国家尊重义务的因缘

尊重义务是指"指国家自身不妨碍和不干预公民权利的义务，尊重义务与基本权利防御权功能相对应，是国家首要的、最根本、最主要的义务"。②失地农民社会保障权是失地农民享有的基本人权，也是他们的基本权利。根据德国的宪法理论与实践，基本权利有"主观权利"与"客观法"双重性质。"主观权利"主要是个人针对国家的权利，即排除国家的主动干涉，个人自由主动行使自己的权利；"客观法"有时被称为"客观价值""客观规范"，它是指基本权利蕴含一种价值秩序，公权力必须遵循这一价值秩序，并尽可能地创造一切去条件去实现、维持基本权利的实现。③"主观权利"与"客观法"在德国有着法律的依据，《联邦德国基本法》第19条第4款规定："任何人的权利受到公权力的侵犯，都可以向法院起诉"。该规定确立了排除公权力干涉的"主观权利"的功能，并且建立了违宪审查制度与根据《联邦宪法法院法》的"宪法诉愿"制度，保障了"主观权利"的功能。"客观法"的法律依据是《联邦德国基本法》的第1条第3款："下列基本权利是约束立法、行政和司法的直接有效的法律"，第19条第2款："在任何情况下，对基本权利的限制不得危及其本质内容"，第79条第3款："对基本法的修正，不得影响……第1条至第20条所确立的基本原则"。这些条款说明，公权力时刻受到是否是基本权利的考量，基本权利是约束公权力的基本依据，这种依据并不是基于个人请求排除公权力的侵害与违宪审查，直言之，在这里基本权利不是"主观权利"性质，而是"客观法""客观规范"性质。

基本权利的"主观权利"属性指向个人可以根据自己的意愿请求国家公权力作为或者不作为来满足自己的利益，即"基本权利是在'个人得主

---

① 张千帆：《宪法学导论——原理与应用》，法律出版社，2008，第524页。
② 刘耀辉：《国家给付义务研究——社会权保障的反向视角》，东南大学法学院博士学位论文，2012。
③ Robert Alexy：《作为主观权利与客观规范之基本权》，程明修译，《宪政时代》第24卷第4期。

张'的意义上被称作'主观权利'的。也就是个人得依据自己的意志向国家提出要求，而国家必须按此要求作为或者不作为。基本权利的此种'主观属性'包含两层涵义：首先，个人得直接依据宪法上的基本权利条款要求公权力主体为或者不为一定的行为；其次，个人得请求司法机关介入以实现自己的要求"。① "主观权利"这种属性具有的功能叫"防御权功能"（Funktion der Grundrechte als Ahwehrrechte）。"防御权功能"来自德国1958年的吕特（Lüth）案，"基本权被定性为人民对抗国家的防御权；基本法关于基本权的章节显示人及人的尊严优先于国家权力。防御权的主要目的在于确保个人的自由免受公权力干预，以创设人民的'自由空间'，就此一空间，人民有独立自主权，亦即'人民自由于国家之外'"。② 在国家公权力侵害个人权利时，个人依据"防御性功能"请求国家停止侵害，此行为也可以获得司法上的支持。"防御权功能"产生之初主要是针对国家权力恣意侵害公民的自由、财产等"自由权"性质的基本权利，后来随着社会的发展，基本权利扩充到包括社会保障权的社会、经济、文化权利，这些权利无一例外都蕴含"防御权功能"。"防御权功能"是所有基本权利的最基本的权利属性。

国家义务的工具性质与基本权利的功能相对应，基本权利的"防御权功能"对应国家的尊重义务。

（三）权利理论变化：失地农民社会保障权国家尊重义务的演进

近代西方国家脱胎于封建专制的压迫之下，新型资产阶级为了发展资本主义经济，要求最大程度的自由，对于公民个人而言，则是最大的自由保障，这种自由在法律上称为自由权。这种自由权的存在既有资本主义发展的需要，同时又有人们对于现实的反抗的寄托。资本主义发展需要有自由流动、自我选择的人力资本，否则资本主义因缺少人力资本而无法前进。同时在封建压迫之下，人们幻想着没有阶级压迫与经济差别的平等的自然状态，在这种语境里，人们享受着自由。与此相应的是这时期的国家是"自由主义法治国家"。"自由主义法治国家，又称为自由的法治国或市民的法治国、夜警察国家，是指为了谋求增进社会的公共福利和维持个人的生存发展，国家应当尽可能地放任个人的自由活动，使得公民能尽可

---

① 张翔：《基本权利的双重性质》，《法学研究》2005年第3期，第24～25页。
② 龚向、袁立：《劳动权的防御权功能与国家的尊重义务》，《北方法学》2013年第4期，第36页。

能享有个人的权利；并且为了谋求社会文化和经济的发展，行政权的行使应严格地限于最小的幅度，以尽量避免介入为原则，也即最少的政治是最好的政府"。① 此时的国家只要依照法律最大程度地不干预公民的生活，就是保障了公民的自由，公民自由权就是排除国家干涉的权利。

随着资本主义工业革命的发展，资本主义垄断的建立，社会上出现贫者愈贫、富者更富，贫富差距扩大的现象，人们幻想的自然平等状态没有出现。人们对于生存的渴望超越于对自由的追求，自由权逐渐让位于以生存权等为代表的社会权。事实上，"历史将自由主义的模式驳倒，在德国民法典的形成过程中可以看到市场的力量无法保障每个人最低程度的生存条件，自由贸易和财产自由原则也无法缓解个人面对市场时可能出现的经济困境。薄弱的社会安全制度导致大量的农民、手工业者和工人缺乏最基本的物质生活保障，进而带来社会的失序和动荡"。② 一言蔽之，自由法治国理念和与之相应的自由权已不能保障公民的生活，并成为社会动荡的催化剂。公民的生存需要国家的干预，国家发挥公共权力提高公民的生活，即"国家机关的任务不只是自由放任和保护，而是必须在国民生活各个领域中积极发挥并干涉计划、分配和形成成功的境界。"③ 弥补自由法治国理论不足的社会法治国思想顺应时代呼唤与公民生存的要求蓬勃发展起来，与此对应的公民权利主要是社会权。社会权是指"公民依法享有的，主要是要求国家对其物质和文化生活积极促成以及提供相应服务的权利"。④ 社会权主要是被动的要求权，需要国家积极义务保障实现的权利。

社会权的诞生是社会现实的发展必然要求。"为了挽救资本主义的危机，延缓资本主义制度的倾覆，以法国'二月革命'为契机，社会权首次被规定为国家的义务。近代市民宪法也就顺应历史的潮流而演变为现代市民宪法。现代市民宪法试图克服如此紧张的社会矛盾，为此它采取了标榜保障一切公民都可以得到'无愧于被称之为人的生存'和'健康的、有文化的、最低限度生活'的福利国家的思想，它要给予社会经济上的弱者

---

① 熊菁华：《论行政不作为的救济》，中国政法大学博士学位论文，2001，第 42 页。

② 张志铭、李若兰：《迈向社会法治国：德国学说及启示》，《国家检察官学院学报》2015年第 1 期，第 33 页。

③ 〔日〕大木雅夫：《东西方的法观念比较》，华夏、战宪斌译，北京大学出版社，2004，第 75 页。

④ 龚向和：《社会权的概念》，《河北法学》2007 年第 9 期，第 55 页。

以生存权和劳动权等社会权的保障；同时对经济自由权进行了积极的限制"。① 社会权也使国家义务的主要内容从自由法治国下的消极义务转变为社会法治国下的积极义务，即"与公民居于消极地位的自由权不同，社会基本权是公民居于积极地位，要求国家为积极给付的权利，是基本权的积极面向"。② 国家在社会法治国状态下扮演着不同于自由法治国语境之下的角色：在社会法治国之下，国家通过规范生产、公平分配，促进公民的生存发展；在自由法治国的语境下，国家发挥界定公民的自由权。由于公民权利由自由法治国的自由权转向了社会法治国的社会权，国家义务由消极面向转变为积极面向，此时更加需要社会权国家义务的救济，这与我国的民生更强调国家义务保障的救济有着异曲同工之妙。

二 失地农民社会保障权的国家尊重义务的涵括

我国《宪法》第 33 条规定："凡具有中华人民共和国国籍的人都是中华人民共和国公民；中华人民共和国公民在法律面前一律平等；国家尊重和保障人权；任何公民享有宪法和法律规定的权利，同时必须履行宪法和法律规定的义务"。其中，"国家尊重和保障人权"是对各项基本权利采取了概括式的"国家尊重"和"国家保障"的义务规定，这也是失地农民社会保障权国家尊重义务直接适用宪法规范的体现。失地农民社会保障权"在传统意义上为国家权力对个人的压抑，在近代意义则为防止歧视和差别待遇"。③ 为此，笔者认为，尊重义务的内容主要体现在"尊严保障""自由保障"以及"平等保障"三个方面。

(一) 失地农民有尊严地享有社会保障

国家要实现失地农民社会保障权的尊重义务，首先必须维护和保障失地农民的基本生存需求，即对于失地农民而言，要"幼者需育、老者需养、弱者需帮、贫者需扶、孤者需助、病者需医、伤者需治、残者需抚、死者需葬、遭灾者需救助、失业者需解困，等等，所有这些，均表明了任何人都离不开国家和社会的援助，当代社会必须建立起健全、完备的社会

---

① 熊菁华：《论行政不作为的救济》，中国政法大学博士学位论文，2001，第 47 页。

② Sachs. Grundgesetz, Kommentar, München：C. H. Beck, 2009, p. 743.

③ 黄越钦：《宪法中工作权之意义暨其演进》，《法令月刊》2001 年第 10 期。

保障制度"。① 制度既确认了失地农民社会保障权，又维护了失地农民社会保障权的实现，同时也是国家尊重义务履行的依据。

国家和社会必须一定程度地满足失地农民的衣、食、住、行等基本生活需要，并且保证随着社会的不断发展，使失地农民尽可能享受有尊严的社会保障，这是社会保障权实现的必有之义。正如诺瓦克所指出的那样："人权的焦点是人的生命和尊严。如果一个人遭受酷刑、被迫受奴役，或者被迫过贫穷的生活，即没有最低标准的食物、衣物或者住房，其尊严就受到了侵犯。其他经济、社会和文化权利，比如获得最低限度的教育、医疗和社会保障，同尊重隐私、家庭生活或者个人自由一样，也对有尊严的生活具有根本性的重要意义"。②

毋庸置疑，社会保障是失地农民尊严的第一要义，这诠释了社会保障对失地农民的意义；同理，失地农民必须有尊严地获得社会保障，这表征了尊严是社会保障的应有之义，故尊严在失地农民社会保障权国家义务中有着至关重要的意义。尊严意味着一个人和他人具有同等的地位，那么他必须是一个不受歧视、被人尊重的主体，即"一个有尊严的人，具有与他人平等的价值。这意味着必须有非歧视的相关规定，包括在种族、性别、性取向、族群、宗教、民族根源方面"。③ 尊严要求国家履行义务时平等对待所有失地农民的社会保障。但现实中，在对失地农民社会保障时，保障者利用价值取向选择受益人。譬如有过错的人或劳改犯本人及其家属往往被另眼相看。一些地方政府甚至规定，申请最低生活保障金的居民，家里不能有吸毒、赌博人员，不能违反计划生育条例。④ 持该种观念的人认为，最低生活保障制度会产生依赖于制度的"懒汉"阶层，为了道德的完善必须对不符合社会规范的穷人或有劳动能力的穷人进行严格的限制，否则就会助长部分困难家庭或人员的惰性，可能会养起一批懒人和无赖。

（二）失地农民自由地选择社会保障

在西方，早期的社会保障附带一些耻辱和苛刻的限制条件。如早期的英国《济贫法》规定，接受救济的穷人必须进"教养院"或"贫民习艺

---

① 郑功成：《社会保障学——理念、制度、实践与思辨》，商务印书馆，2000，第216页。
② 〔奥〕曼弗雷德·诺瓦克：《国际人权制度导论》，柳华文译，北京大学出版社，2010，第1页。
③ 〔美〕Martha C. Nussbaum：《正义的界限：残障、全球正义与动物正义》，徐子婷等译，韦伯文化国际出版有限公司，2008，第85~87页。
④ 参见杨立雄《北京市社会保障制度的衍变及创新》，《当代史研究》1999年第2期。

所"进行劳动，而且政府认为他们是"懒惰而不值得救济"的穷人，应用严酷的手段来惩罚他们。新的《济贫法》虽然开创了社会保障属于公民合法权利、社会实行救济是应尽义务的新格局，但是，穷人要享受这种权利必须要付出巨大的代价：一是要丧失个人的声誉，被社会看作是污点；二是要丧失个人的自由，必须被禁闭在习艺所里；三是要丧失政治自由，接受救济的人要失去公民权，特别是选举权。① 即使在当代，社会保障还是附带种族、性别等色彩，少数民族群体常在就业、受教育和福利分配上受到来自科层机构和工作人员的不公平对待。② 许多社会保障政策将妇女的角色定义为家庭中孩子的母亲，也忽视了妇女工作和参与社会活动的权利及需要。③

在我国，尽管我国失地农民没有像在西方社会那样附带条件的社会保障，但也存在着一些无法自由选择的情形，这与失地农民社会保障是国家和社会不可推卸的义务理念相冲突。由于历史和现实等多种原因，我国在对失地农民社会保障时还存在着对不应有的限制的现象。譬如在失地农民进行社会保险时，失地农民的缴费标准相对固定、不能自由选择，即使不愿购买或支付不起这笔保费，还要必须购买。失地农民的缴费标准相对固定的原因，是失地农民的缴费标准一般参照当地城镇居民月最低生活保障标准且不能上下浮动。与此对应的是，农村与城镇社会保障的缴费标准比较灵活、有多个档次，缴费人员可以自由选择更加适合自己条件的保费标准，有利于减轻参保人员的负担，提高自己的保障水平。

（三）国家平等地对待社会保障

由于我国地域辽阔、各地经济发展程度不同，制定统一的失地农民社会保障水平既不现实，也不可能。各地都是根据本地经济发展与政府财力情况，制定带有地区色彩的失地农民社会保障规定。各地失地农民社会保障水平有所差别可以理解，而同一地区由于我国经济社会存在城乡二元结构，失地农民社会保障存在着明显的城乡差别，这种现象直接影响失地农民社会保障权国家尊重义务的实现。从国家义务的视角看，国家应平等尊

---

① 参见杨立雄《社会保障：权利还是恩赐》，《财经科学》2003 年第 4 期。

② L. Penketh&Y. Ali，"Racism and Social Policy"，in M. Lavalette&A. Pratt（eds.），*Social Policy：A Conceptual and Theoretical Introduction*，London：Sage，1997，p. 101.

③ N. Fraser and L. Gordon，"A genealogy of dependency：Tracing a keyword of the U. S. welfare state"，in B. Laslett，J. Brenner and Y. Arat（eds.），*Rethinking the Political：Gender，Resistance and the State*，Chicago：The University of Chicago Press，1995，pp. 33－60。

重失地农民社会保障权。[1]

一方面，失地农民社会保障在内容方面存在城乡差别。农村社会保障体系包含的内容主要是新农保、新农合、社会救济、最低生活保障、五保户供养；城镇社会保障体系包含的内容有养老保险、医疗保险、失业保险、工伤保险、生育保险、社会救济、最低生活保障、流浪人员救济等。由此可以看出，即使失地农民能够及时加入现有的城乡社会保障体系，他们所能享受到的社会保障服务内容也存在很大的城乡差别。何况，绝大部分失地农民还未纳入现有的城乡社会保障体系。可见，失地农民社会保障存在很大的城乡差别。

另一方面，失地农民社会保障缴费标准和保障待遇存在明显的城乡差别。从整体上来看，城乡享受的保险经费中，占人口 20% 的城镇居民享受89% 的社会保障经费，而占人口 80% 的农村居民的社会保障仅占全国保障费的 11% ,[2] 这对农民特别是失地农民是非常不公平的。同时我国政策规定，各地区的失地农民社会保障缴费标准及保障待遇一般参照当地的最低生活保障标准和城镇职工基本保障标准。由于城乡二元结构与经济发展的原因，我国最低生活保障标准和城镇职工基本标准存在明显的城乡差别。农村最低生活保障标准低于城镇最低生活标准，导致失地农民社会保障缴费标准存在农村和城镇的区别。保障待遇以缴费标准为基础，所以失地农民社会保障待遇也存在较大的城乡差别。再者，政府补贴方面也存在城乡差别。农村基层政府财力有限，城镇地区的政府财力相对雄厚，所以两者对失地农民社会保障的补贴标准也不同，从而导致保障资金总额不同，最终产生城乡差别化的保障待遇。

三　失地农民社会保障权国家尊重义务的层级定位

（一）国家尊重义务的基本性质

在主观上，国家尊重义务强调的是对权利的认同、容忍。相较权利而言，国家义务的确认有此特殊的意义，因为"从某种程度上来讲，确定义

---

[1] 参见龚向和、袁立《劳动权的防御权功能与国家的尊重义务》，《北方法学》2013 年第 4 期。

[2] 浙江省人民政府研究室课题组：《城市化进程中失地农民市民化问题的调查与思考》，《浙江社会科学》2008 年第 4 期。

务的内容比宣示权利更为重要。一是因为没有义务规范相对应的基本权利只是纲领性的道德宣教，中看不中用；二是基本权利在司法的适用需要以明确的义务作为前提和基础"。① 这就指出对于任何权利来说，如果没有相应国家义务，尤其是国家尊重义务的相配合，权利没有实质的意义，不能称之为真正的权利；本质上国家尊重义务就是对相应权利的认同。对于失地农民社会保障权的国家尊重义务而言，国家尊重义务宣示了对于失地农民社会保障权的认同，同时失地农民社会保障权才获得真正的权利。

在客观上，国家尊重义务主要是消极义务，消极义务强调的是国家不要积极干预、妨碍公民的基本权利的不作为义务。它是依据"消极权利"与"积极权利"划分而来。当然，权利与义务是相对应的概念，因为权利的实现有赖相应义务的履行。通说认为，消极义务对应的是消极权利，由于自由权主要是消极权利，而国家尊重义务属于消极义务，故国家尊重义务主要针对自由权；而积极义务对应的积极权利，社会权主要是积极权利，故积极义务对应的是社会权。实际上，消极义务与积极义务只是义务的履行方式，它们不能作为划分权利的依据，譬如自由权与社会权的区别，"自由权和社会权之分不在于国家的义务是积极还是消极，而在于两种义务在两种情形下的地位和作用。社会权以国家的积极义务作为主要手段达到期待利益的保护、促成和提供，以国家的消极义务作为次要手段达到现有利益的尊重；自由权以国家消极义务为主要手段、国家积极义务为次要手段达到现有利益的尊重"。② 这也表明了无论是自由权还是社会权都需要相应的积极义务与消极义务，只是区别于是以何种义务为主。无论以何种义务为主，消极义务中的国家尊重义务都是基础，因为尊重义务强调了国家对权利的认同与容忍。失地农民社会保障权属于社会权，需要相应的积极义务与消极义务，尽管积极义务有着更重要的意义，但消极义务性质的国家尊重义务是其基础。

（二）国家尊重义务的功能地位

失地农民社会保障权属于特殊群体社会权的一种，对应的是社会法治国的状态，社会法治国是在自由法治国的基础上发展而来的。自由法治国奉行"夜警式"原则，国家承担的主要是消极不作为的义务——国家的尊

---

① 徐钢：《论宪法上国家义务的序列与范围——以劳动权为例的规范研究》，《浙江社会科学》2009 年第 3 期。
② 龚向和：《作为人权的社会权——社会权法律问题研究》，人民出版社，2007，第 18 页。

重义务，这是因为在自由法治国的原则下，公民主要拥有的是自由权，自由权要求国家尽量不要干预公民的自由就可以保障公民的基本权利。不可否认，自由权实际也需要国家履行积极的保护义务，譬如美国学者唐纳利主张，为了保障人身自由，"确保这种侵犯不会发生，在几乎所有的情况下都要求重要的'积极'计划，它包括训练、监督和控制警察及安全部队"。① 在与自由法治国原则不同的社会法治国原则下的社会权中，国家主要承担的是积极作为的义务——国家保护义务与给付义务，这是由于在自由法治国的原则下，人们放任自由的发展无法继续维系生活，需要国家"以极大魄力采行大幅度措施，来主导社会发展；并且规划与分配社会之生产成果，使得行政权力由以往单纯扮演维持社会和谐、限制人民自由的角色，变成为持续膨胀的工具，来提供给国民许多指导性与服务性之作为。"② 但这并不意味着国家抛弃了尊重义务，社会法治国下的社会权继承了自由法治国的尊重义务，尊重个人的自由与人性尊严的思想，"和警察国家相反对，唯他再补上下列三种：1. 社会文化的开发，2. 经济上之弱者的保护，3. 不但在法律上，且在事实上，解放一切人民；以上三种亦为国家的任务。于这一点，其思想和前代不同"。③ 这表明社会法治国下的国家在履行国家尊重义务的基础之上，继续履行国家的保护与给付义务，促进与提高人们的生活，国家尊重义务依然是其基础义务。同理，属于社会法治国下的失地农民社会保障权的国家尊重义务也处于基础地位。

（三）国家尊重义务的主要作用

相较于国家，公民处于弱势地位，故公民最担心的是国家的恣意行为对公民权益的侵害，因此必须对国家权力进行制约。公民权利制约国家权力已成为通识，遗憾的是，对于国家权力而言，公民权利依然处于弱势地位，制约国家权力的效果有限。幸运的是，人们在考究国家权力衍生的逻辑路径时，发现国家义务产生的逻辑前提是公民权利保障的需要，国家义务的履行需要限定一定范围的国家权力，因此国家义务是国家权力产生的逻辑前提。国家义务可以有效制约国家权力，这是因为国家义务与国家权力同属于公共平台之上，地位相当。具体到某项公民基本权利而言，公民

① 〔美〕杰克·唐纳利：《普遍人权的理论与实践》，王浦劬等译，中国社会科学出版社，2001，第32~33页。
② 陈新民：《公法学札记》，中国政法大学出版社，2001，第95页。
③ 〔日〕美浓部达吉：《宪法学原理》，何作霖译，中国政法大学出版社，2003，第131页。

基本权利的国家尊重义务是约束国家权力恣意的力量。因为公民的基本权利要防御国家权力的侵害，即公民基本权利的防御功能，国家尊重义务就是应防御功能而产生的。防御功能"指基本权赋予人民一种法的地位，于国家侵犯到其基本权所保护的法益时，得以直接据基本权规定，请求国家停止侵害，借以达到防御基本权保护的法益，使免于国家恣意干预的目的"。① 相反，如果基本权利没有防御功能，基本权利将可能受到国家权力的恣意侵害，故"基本权利保障的最原始及主要目的根本在确保人民的自由与财产免遭受国家干预，此外无他"。② 尽管随着社会的发展，国家保护义务与给付义务对于普通民众的生存而言极为重要，但防御国家恣意侵害公民基本权利不会因情形的变化而有所萎缩，因此国家的尊重义务对于公民基本权利来说是其首要、基本的义务。至于失地农民社会保障权而言，尊重义务依然是其基本的义务。

---

① 许宗力：《宪法与法治行政国行政》，元照出版有限公司，2007，第 184 页。

② Vgl. Statt vieler Albert Bleckman, *Staatsrecht II – Die Grundrechter*, 3. Aufl. Köln, Berlin u. a. 1989, S. 2ff. 转引自许宗力著《宪法与法治行政国行政》，元照出版有限公司，2007，第 184 页。

部门视点

法学方法论视角下在线短租契约的法律定性

梁文永　王　杰*

内容摘要： 在线短租是一种创新的商业形式，由于产生发展的时间尚短，与欧美国家不同，在线短租在我国尚没有在经济和社会层面激发深化的矛盾，但是如何在法律上解释这种商业形式是对该行业规范指引并实现良性监管的必要前提。就在线短租契约的法律定性，民法精神从契约自由到契约正义的转向是合同类型界定的理论基础。在此基础上，本文跳出民法部门法的思维，从法学方法论的视角，认为传统的概念思维在推理过程和结果上都无法解决在线短租契约的界定问题，相比之下类型化思维更具价值。因此，本文结合类型化思维和方法，提出了在线短租契约类型界定的具体方法，即根据合同期限与缔约方性质的强弱结合判断，这不失为在线短租契约法律定性的一种动态的、利益均衡的解决之道。

关键词： 在线短租；法律定性；概念思维；类型思维

一　作为共享经济的创新商业模式

（一）共享经济的范畴

根据罗素·W. 贝尔克（Russell W. Belk）给出的定义，"共享"指"将自己之物分配给他人并为他人所用或者从他人处索取某物并使用的行为或过程"。① 贝尔克认为，伴随着所有权或使用权能的转移以及互利性交换的赠与和市场交易行为并不是一种"纯粹共享"（pure sharing），而

---

　* 梁文永，中国政法大学教授、法学博士、法学博士后；王杰，中国政法大学民商经济法学院 2014 级法学硕士研究生。

① Belk R. Why not share rather than own? ［J］. The Annals of the American Academy of Political and Social Science, 2007, 611 (1): 126 – 140.

应称为"假性共享"（pseudo sharing）。共享经济即属于"假性共享"，其介于"纯粹共享"与市场交易行为之间，兼具两者某些要素。从贝尔克就共享的内涵出发，对共享经济内涵的总结也始终不得脱离于"共享"的语义学解释，以盈利为目的的共享经济商业模式便是一种"假性共享"的形态，或者是一种介于"纯粹共享"行为与商业行为的中间态。在这一范畴下，单纯利用互联网搭建的 B2C 商业平台就不能被纳入此处所说的共享经济形式。

共享经济之所以成为值得研究的新生事物，其经济实质仍在于对闲置资源的利用而不在于其他，此为其里，至于采取的具体商业形式、商业或生产领域则为其表，此共识是摆脱共享经济不同外在形式对其实质判断干扰之必要前提。而就"共享"而言，随着实践中商业形态的扩张，共享经济中个人对个人、去中心化的色彩被淡化，但个人利用闲置资源的核心追求仍在。同贝尔克不同，瑞秋·波斯曼（Rachel Botsman）对共享经济范畴的论述摆脱了"共享"的语义学桎梏，而是从商业形式的本质出发，在协作经济（collaborative economy）的框架下概括共享经济的范畴。为了为后文奠定更为清晰的理论框架，本文根据波斯曼的论述将共享经济中的对等经济部分（peer economy）称为"狭义的共享经济"（P2P economy），狭义的共享经济乃是与共享经济的本来形态最为相符的经济形式（关于这一点几无争议），就包含对等经济及之外的其他共享经济形式称为"广义的共享经济"（B2P economy 及其他）。[①] 共享经济广义狭义区分的意义更多在于将最近创新的共享经济形式与被共享经济理论范畴统摄的借助于互联网和信息科技而更新的其他传统经济形式（如 B2B、B2C 等）区分开来，以更大地凸显创新共享经济的独特性和价值，本文研究对象的边界也会更为清晰。

（二）我国房屋在线短租业商业模式——两种模式的差异

从字面上理解，"在线短租"是一个相当宽泛的概念，它或许可以泛指所有利用互联网开展房屋短期租赁的业态。然而在共享经济的视野下，在线短租特指："房东或者房源经营者通过网络平台发布空置房屋与价格信息，销售房屋的短期使用权，有旅游、出差或其他居住需求的租客可搜

---

① Rachle Botsman, Roo Rogers, *What's Mine is Yours: How Collaborative Consumption is Changing the Way We Live*, London: Collins, 2011。

索并浏览房屋相关信息，与信息发布者沟通并实现租住交易的商业模式"。① 国内在线短租行业大致于 2011 年前后起步，多家创业公司成立，经过数年的发展，行业内不同商业模式并存的竞争格局逐渐明朗。一方面，以"小猪短租"为代表的 P2P"轻资产模式"，即个人对个人的在线短租，而所谓"轻资产"，是指短租平台本身并不拥有或控制任何房屋资产，所有的房源均来自用户本身。另一种典型的在线短租模式为 B2P 的"重资产模式"。在这一模式中，个人的短租需求直接对接拥有房源的商组织，也就是提供房屋信息的网络平台，网络平台不仅仅限于提供信息，还拥有大量的房屋资源，这也就是在线短租的重资产模式。因此，此种在线短租的商业模式，与典型意义上的共享经济下的在线短租有些距离，但是从提高社会闲置资源使用效率（个人闲置房屋或者开发商待售的房屋等）、减少交易成本的实质来看，其将其纳入前文"广义的共享经济"并无不妥。我国目前 B2P 模式在线短租业的典型代表"途家网"，即基本符合上述特征。

两种不同模式的在线短租，不仅在在线短租行业内具有典型的代表意义，作为共享经济的两种生态，不同的模式也正对应理论上共享经济的两种分类：狭义的共享经济和广义的共享经济，或者更为直接地说，P2P 型的共享经济和 B2P 型的共享经济，前者更为符合一般大众对"共享"的通常认知，后者则因为更具集约化、规模化的特征容易被解读为徒具共享经济的外观。本文的研究主题即在于对作为狭义、典型的共享经济——P2P 型房屋在线短租模式下在线短租契约的法律定性进行探讨（以下简称"在线短租契约的法律定性"）。

二　概念思维下短租契约定性的困境

（一）问题的提出

以"小猪短租"为例，其在服务协议中没有直接说明房东房客交易关系的法律性质，但是在其中多次提及"提供短期出租""房屋出租""短租"等②。尽管在上述过程中，房东与房客并不会签订名为"租赁协议"

---

① 国家信息中心信息化研究部、中国互联网协会分享经济工作委员会：《中国分享经济发展报告 2016》，2016，第 47 页。

② 参见"小猪短租"主页：http://www.xiaozhu.com/help/service，访问日期：2016 年 6 月 2 日。

的契约，但是按照惯常的理解，似乎是房东与房客之间成立租赁关系无疑。不过，一方面，这种租赁关系与典型意义上的房屋租赁存在差别。因为从生活经验出发，为一般大众所通常认知的房屋租赁有以下特点：由线下约定，即使是从网络了解到租房信息；租客基本上都需要实地、线下考察方能决定租住事宜；租赁期限一般较长，至少以月为单位，以一年以上居多；双方需签订内容翔实全面的协议；除固定基础设施如燃气、自来水外，出租方基本不会提供个人起居用品。另一方面，这种在线短租又与传统的旅店住宿类似，二者存在诸多共同点：房客利用互联网挑选、预订房屋的过程与旅店开展的线上订房很相似；在线短租的房东实际上为潜在的房客提供了旅店式的标准化服务，房客除了支付房费外无须其他工作，为一种"拎包入住"的体验；入住期限一般较短，并可实现"私人订制"；房东与房客之间不会特别签署任何协议，而体现为房客对房东预先订立条款的认可。

以上在线短租的交易关系与传统房屋租赁和旅店住宿业务在形式和内容上的异同，来源于共享经济浪潮下房屋租赁行业的创新。那么，值得探讨的是，这种差异能否被现有法律制度所包容、调整和规制，或者这种差异会否导致适用法律的疑难或空白？尽管在政策层面，国家鼓励短租行业的发展，但是如何在法律上定性这种短租交易进而实现有效监管在各国都是一个难题。[①] 笔者认为，对短租交易定性的核心之一即在于对当事人间短租契约的定性，又集中体现在住宿合同与租赁合同之间的选择，后文将围绕这一问题展开。

（二）问题的意义：从契约自由到契约正义

按照古典契约自由理论，市场交易主体利用互联网科技在租赁业或旅店住宿业的创新属于私法自治的领域，房东、房客、平台经营者通过协议的形式就各自或共同的权利义务关系做出安排，此种安排就是三方的"法律"，除此之外，法律不应就契约的内容和形式施加额外的干预。那么在这一前提下，探讨在线短租交易的法律性质则是纯粹学理性的探讨，房东与房客皆为平等的缔约当事人，二者地位平等，任一方不存在交易特权，短租契约当事人权利义务的依双方约定为准，在未约定和约定不明的情形

---

① 除了在欧洲、美国 Airbnb 被罚款、追缴税收之外，我国在线短租业亦亟待法律的定位和规范。参见："男子无证出租民宿月入超万元两次被罚款拘留"，http：//www.zznews.cn/news/system/2016/03/07/010917991.shtml，访问日期：2016 年 6 月 3 日。

下则以探求当事人真实意思表示为先，辅以不同的合同解释工具。随着契约形式正义向实质正义的价值转向，就租赁契约和住宿契约的订约主体地位不平等、公益性、消费属性，法律由自由放任转变为积极调整干预，由追求形式平等转向实质平等。《合同法》《消费者权益保护法》等法律中就两种类型契约的缔结形式、权利义务、风险负担、争议解决等都作出了详细而有较大差异的规制，无论是在干预的深度、广度还是方式上皆有不同。在这一背景下，确定在线短租契约的法律性质，其意义将不仅决定各方的责任划分、权利义务配置，还将直接决定法律将如何回应此种创新，进而影响整个行业的发展前景。

在 P2P 在线短租平台模式下，房东将个人闲置的房屋利用短租平台对外出租赚取收益，平台也借此收取相关费用，平台的"柜台出租人"定位基本得到确立。但是首先，交易的性质不清，虽名为房屋"短租"，但是借助互联网的高效和便捷，本为"偶然""零星"式的闲置资源再利用具备"事业性""经营性"的可能性；其次，法律事实的改变引起法律关系的转变，在上述过程中，"房东"便有可能成为事实上的"旅馆经营者"，"房客"也相应地成为"消费者"，房东与房客线上签署的"房屋租赁协议"实质上也成了"住宿合同"。因此，从法律角度审视，在线短租因契约自由在法律定性上存在矛盾与冲突，如何回应这些冲突是契约正义的必然要求。

（三）概念及概念思维方法

"概念"（der Begriff）是德国法学方法论上的重要问题，方法论上的"概念"是指法律事实的特征已被穷尽罗列，从而系争法律事实是否得涵摄于某一法律概念下可单纯地通过逻辑推论加以确定。[①] 概念虽为对所描述对象特征的穷尽列举，但是人类理性认知的界限和形式逻辑的需要，决定了概念的形成有赖于主体就对象之不重要特征的舍弃和根本特征的把握或反映、高度抽象和概括。概念为法律体系化的实现发挥了巨大的作用，实际上，任何理论体系的形成和发展都离不开概念的创造、舍弃、修正与梳理。法律上由概念构成的体系，这种"外部"的体系，乃是"依形式逻辑的规则建构之抽象、一般概念式的体系，此种体系乃是许多法律，特

---

① 李可：《类型思维及其法学方法论意义》，载《金陵法律评论》2003 年第 6 期第 2 卷。

别是民法典的体系基础"。① 体系化本身的作用即在于将诸多规范的各种价值予以正当化、一体化，从而避免规范之间的矛盾，对于法律解释、法的续造意义重大，而概念则是体系的基本构成，是法学理论体系的组成细胞，这也是概念的普适性和抽象性的基本功能。另外，概念的规范性和评价性作用决定了由概念构成的理论体系非为价值无涉的纯粹形式逻辑体系，概念的作用还在于"特定价值之承认、共识、储藏从而使之构成特定文化的一部分，产生减轻后来者为实现特定价值所必须之思维及说明的工作负担"。②

不过，概念的上述特征及其所构建的法学体系正不断遭受质疑。首先，概念是所描述对象特征的穷尽列举，因此概念建构的体系中，不同的概念之间存在截然分隔的界限，因此就某一法律事实，因为概念的可穷尽描述，其可归属于某一概念或者另一概念，这种归属是静态而非动态的，是"非此即彼"而非"或多或少"。③ 其次，概念的、抽象的体系的另一个弊端体现在法律的适用过程。生活事实对应法律上概念的过程称为"涵摄"，也是法律适用的方法之一，然而在法律的适用过程中，"常常过度强调推演过程之纯逻辑性而导致如何为适当评价的问题被如何为适当涵摄的问题所排斥，形式逻辑将取代目的论及法伦理学的地位"。④ 换句话说，概念虽具有评价性，但是涵摄的方法往往导致法律适用和解释的"大前提"的形骸化，而忽略概念构造时价值考虑所在。再次，概念化方法也是一种理论抽象的方法，概念的规范性和评价性决定了概念服务于主体的建构，对于特征取舍的程度等同于抽象化的程度，因此既可能存在"抽象化不足"（"过度具体化"）也有可能发生"过度抽象化"，后者是问题的典型。与这一后果相反，实际生活"满布的则是交错纵横、变幻多端、呈现若干重叠和过渡态势的社会关系，其远非一个封闭的逻辑范畴/抽象概念所能涵括和胜任"。⑤

由于经济和社会现实的不断变化，在传统概念思维的指引下，法律面对新问题即法学所称"情事上的变更"时，首要的工作便是解决生活事实与法律规定的衔接问题，这一过程即为涵摄。在一些情形下，经过法律上

---

① 〔德〕卡尔·拉伦茨：《法学方法论》，陈爱娥译，商务印书馆，2003，第316页。
② 黄茂荣：《法学方法与现代民法》，中国政法大学出版社，2001，第52页。
③ 宁红丽：《论合同类型的认定》，载《法商研究》2011年第6期。
④ 宁红丽：《论合同类型的认定》，载《法商研究》2011年第6期。
⑤ 〔美〕本杰明·卡多佐：《司法过程的性质》，苏力译，商务印书馆，2000，第27页。

抽象概念的涵摄能够较为完美解决法律的适用问题。然而在另一些情形下，现实世界的新事物、新形象常常会打破概念思维下词语之间的界限，由于前文所讨论的概念及概念体系的种种弊端——概念与概念之间僵硬的界限、概念涵摄对背后价值的忽视以及过度抽象化，往往导致概念无法在法律与现实世界搭建沟通的桥梁，造成很多法律适用的问题。当然，最为简单的解决办法便是在法律体系中增加新的概念和新的词语以囊括社会现实的新变化，但是法的安定性和法律资源的有限性往往并不允许如此。

（四）概念思维下短租契约定性的失败

在线短租交易的法律界定循着概念思维的解决路径以解决法律的适用和指引问题，便陷入了上述的理论困境。经过前文分析，我们已经将与短租合同可能的理论定性限定在租赁合同与住宿合同，这种"寻找"和"归类"的过程在结果上乃为追求这样一种结果：短租交易可以确定地、不加调整地被租赁合同或住宿合同统摄，归类为其中之一，并且适用合同法和其他法律法规的特殊规定。由于前述概念体系下对法律目的和背后所追求价值的惯性忽视，无论将这种契约划分为租赁合同或住宿合同都将导致明显的不正义的结果，也不符合订约双方对契约效果的期待。具体来说，我们无法概括地假定将短租房屋作为旅店替代产品的"承租人"因与房东达成短期的"租赁协议"而赋予其租赁合同项下的种种特权，例如房东概括同意下的"转租权"，房屋出售时同等条件下"承租人"的优先购买权以及"买卖不破租赁制度"的保护。在住宿合同，同租赁合同的界定相比，其显然在外观上更为接近实际。若将短租契约径行界定为住宿合同，作为消费者合同，消费者法将赋予作为"消费者"的房客更为全面的保护，房东作为提供住宿服务的"经营者"也将承担更多的义务。那么，实际上，住宿合同不加区分地将共享经济范畴下的在线短租行为等同于旅店经营业务，在法效果上也难以适应国家鼓励共享经济的现实，法律法规对旅店业的管制将阻吓拥有闲置房屋的业主进入市场，已有一定规模的房屋共享经济也因缺少必要强制许可而将陷入"违法"的境地。因此，在概念思维下，无论在二者之间如何选择，都将在短租领域发生法律不适应甚至扭曲现实的结果。

短租契约因其可以无疑义地适用民法总则的规定，并且在契约自由理论下民法上任意性规定对短租契约并无干涉之虞。重要的是，立法机关将部分既存的契约类型规定为法定契约类型，即有名契约，"在该契约类型中本来习见之约款中，一部分会被采为强制规定，另一部分则会被采为任意规定。当其被采为强制规定，这些规定便成为该契约类型之不能任意排除的准绳；当其该采为任意规定，则它们便成为该契约类型之补充的规定"。① 在将既存的契约事实适用特定有名契约的规定之前，必须先将具体的契约归属于该契约类型的适用范围之内，实现这一目标的方式即为前述"概念式涵摄"的过程。不过，涵摄的必要条件是"大前提是可以穷尽定义的概念，因此，只有当我们能用确定的要素穷尽地定义法定契约类型，才能够进行涵摄"。② 我国《合同法》上的 15 种有名合同在章节开篇都选择"开宗明义"，这种"定义"远未到达"概念"穷尽契约类型的标准，与其说其为对特定契约界定的概念，毋宁说其为一种初步的指示。在租赁合同下，租赁合同的定义也无法包含所有的契约类型，融资租赁契约的另行规定即为有力证明。实践中大量存在的契约类型的结合，如"租卖""混合赠予""分期付款买卖"等因不涵属于各概念，恐将不能归入法律的体系之中，这显然站不住脚。另一个选择，住宿合同既为无名契约，则无实在的法律概念可供参考，而实际上，住宿合同本身即为一种契约的混合，其无法被现有的任何一种有名契约在概念上包涵，这也是我国诸多民法典草案提出将其独立规定为一种新型契约类型的原因。因此，在概念思维下，大前提的不确定导致涵摄过程运行不畅，从而引起法律的适用出现障碍。

三 类型思维下短租契约的法律定性

（一）法学上的类型及类型思维

"当'抽象——一般'概念及其逻辑体系不足以掌握某种生活现象或意义的脉络多样性生态时，首先会想到的补助思考形式是'类型'"③，拉伦茨称之为"概念的失败"，④ 而类型和类型思维是抽象概念之外法学体系建构的另一种选择。在类型与概念的关系上，类型并没有否定概念的建构作用，也没有否定概念存在的客观性和必要性。法学作为一门独立的学

---

① 黄茂荣：《法学方法与现代民法》，中国政法大学出版社，2001，第 235 页。
② 〔德〕卡尔·拉伦茨：《法学方法论》，陈爱娥译，商务印书馆，2003，第 181 页。
③ 〔德〕卡尔·拉伦茨：《法学方法论》，陈爱娥译，商务印书馆，2003，第 337 页。
④ 〔德〕卡尔·拉伦茨：《法学方法论》，陈爱娥译，商务印书馆，2003，第 341 页。

科，自诞生以来，法学家们就一直致力于将法学构造成为一种逻辑封闭、体系完整、适于获取法律知识及裁判的体系，从而使法学具有"纯粹科学之学术概念意义下的——'学术性'"，而这种体系的实现有赖于"抽象——一般"概念式体系的实现。我国目前也已经有学者提出应利用类型化思维去解决不同法学领域的难题，例如学者宁红丽提出应利用类型化思维解决合同类型的认定问题，[①] 学者杜宇提出"合类型性解释"是刑法解释的另一种路径，[②] 学者周光权提出要"积极运用类型思考方法认真梳理当下的具体法治实践，推进法学研究方法论的变革，提出类型性命题，为法学的发展作出世界性贡献。"[③] 笔者认为，类型与概念从方法论层面并非一种革命性的替代关系，毋宁说为法学家在承认概念及概念体系的不足的基础上，以务实性思维提出的一种全新方法论工具和研究视角，以作为概念的补充，我国现行的民事立法也具有种抽象概念与类型混合并存的特征。

类型"是一种'有机组合'，一种有意义的结构性整体，在该整体中，每一'要素'，皆被联系于一'意义中心'，一'精神核心'，因而其功能与意义应自整体出发，来加以确定"。[④] 易言之，类型并非仅仅由诸特征组成的弹性组合，各特征之间也并非孤立地、无联系地存在，而是特征之间互相联系、互为条件、相互依赖的有机整体。这一特点也可以在与概念的比较中获得解释，我们已知概念可以从其穷尽列举的组成特征中获取"定义"，而类型虽拥有一个"意义中心""精神核心"，但是作为组成部分的特征却是"弹性的""开放的"，即并非一个固定的特征组合才能呈现出作为整体的类型"意义"，故对于类型"无法采用定义也无法列举出（物理）特征项之相同，而仅能诉诸于一种'整体性的观照'（Gesamtbetrachtung）……一种'须以整体性的方式被认知理解的普遍事物'"。[⑤] 所以类型化的观察方法正是这样一种着眼于描述对象整体性的方法，对事物整体性的把握可以分为两个步骤或阶段。首先，在面对具体事

---

① 宁红丽：《论合同类型的认定》，载《法商研究》2011 年第 6 期，第 90~99 页。
② 杜宇：《刑法解释的另一种路径：以'合类型性'为中心"》，载《中国法学》2010 第 5 期，第 176~190 页。
③ 周光权：《类型思考与中国法学研究》，载 2015 年《中国社会科学评价》第 4 期，第 14~28 页。
④ 参见吴从周《论法学上之"类型"思维》，载《杨日然教授纪念论文集编辑委员会：法理学论丛——纪念杨日然教授》，台湾月旦出版社，1997，第 328 页。
⑤ 林立：《法学方法论与德沃金》，中国政法大学出版社，2002，第 131 页。

物时，其从中区分出一般的特征、关系及比例，并个别赋予其名称，这一过程与概念的思考方式并没有差别；其次，与概念不同的是，在类型的观察方式，事物的特征并不会就此孤立或被舍弃从而抽象出越来越一般的概念，而是"让类型的要素维持其结合的状态，利用这些要素来描述（作为要素整体的）类型"。①

不过，一个尚待填补的空洞是——在对社会现实中的案件事实做类型归属时，由事实特征有机结合形成的这类"整体形象"究竟取决于什么，而使得这一类的"整体形象"区别于另一类的"整体形象"。拉伦茨在有关"法适用领域中之价值导向"的论述中为我们提供了部分问题回答的思路，以"动物占有人"为例。德国民法典就动物侵权规定了"动物占有人"的概念，动物占有人是"为其自身的利益，非仅暂时地将动物应用于其家室、经济营业或一般地应用于其支配范围之内的人，质言之，当动物属于其生活或经济范围之中时"，并规定了动物占有人的加重责任。拉伦茨通过列举例外的形式首先认定"经济营业"和"家室之中"并非择一的概念要素，即不能认为当且仅当两个要素之一存在，才可以肯定动物占有人的性质，如"带着流浪狗的手工艺人"。至于另外的要素"事实上的支配力"和"自己的利益"，拉伦茨认为这种支配力可以由一人为他人之目的行使之，直接占有也不是必然的要求。如一个人在外出期间将宠物交由朋友托管照顾，主人虽构成间接占有人但他仍是动物占有人，因为他人只是为主人的利益实施照顾。但是在另外一些情形，如动物主人将动物借与营业场所使用，虽然主人也构成间接占有，其对动物仍保留返还请求权，在动物上之利益非终局地消灭，但是该利益必须让步于借用人的利益，基于此理由，德国帝国法院判例认定借用人负动物占有人之责任，主人虽也构成间接占有人但并不满足动物占有人的性质；占有动物的利益也可以几乎以相同的程度同时存在于直接占有人与间接占有人之上。如现代社会发展出的提供宠物寄养服务的宠物酒店，宠物的寄托人一般构成间接占有人，宠物酒店构成受托人，但是无论是宠物的寄托人还是受托人，对于宠物寄养获得的利益很难说一方比另一方更大。同理对于最后一个要素"非暂时地"也存在诸多不切现实的案例。拉伦茨提出，"动物占有人"非为抽象概念而是类型化的描述，就动物占有人的定义所提出的几个要素均不是概念性的要素，因此并非不可或缺，但是这些因素之一只要与占有

---

① 〔德〕卡尔·拉伦茨：《法学方法论》，陈爱娥译，商务印书馆，2003，第338页。

动物的利益结合就变得重要了。因此不管这些要素强弱程度如何，彼此之间的分类搭配抑或现实上复杂多变的生活事例对诸要素的不完全反映，动物占有人的责任和界定的判断均被统制于这样一种思想——个人利益与危险统一，如果没有这样一种思想作为联系中心，其他诸要素都只不过是多少具有偶然性的、孤立的、形骸化的要素，这种思想在类型化的构造中就是法律的价值判断，也正是前面所提问题的答案。同概念不同，概念的涵摄在理想状态下是一种价值中立的过程，并以此较类型往往更能实现法的安定性，相反，"在描述事件的属类时，类型学的思考总是维持其与指导性价值观点间的联系，因为所有被考量的特征都取向于这个——促成整体类型的——中心价值，惟有如此它们'才具有价值'"。[①] 因此，促使某一类型的诸多具有弹性和流动性的特征形成有机组合的基础，并且使该类型成为统一整体的内在因素就在于此"中心价值"，也即前文所引述的台湾学者林立所指称的"精神核心"。拉伦茨认为，在对具体的案件事实作类型归属时，必须一直考量法律的价值观点，只有该价值观点方能依照出现的特征或因素的程度及其结合的情况，决定特定归类能否正当化。

（二）类型化思维下短租契约的界定

类型化思维对于理解住宿合同和租赁合同之间的关系助益甚巨。按照民法理论，住宿合同乃为混合契约中的类型结合合同，其本身即为租赁合同、保管合同、买卖合同的混合，这种混合体现了住宿合同同时包含租赁、保管、买卖等诸多特征要素，类型化思维下的这些特征是通过有机结合并围绕一个"意义中心"内容形成的整体形象，是这一整体形象给予我们一种直观的"住宿合同"的类型。那么理解这一"意义中心"便是掌握住宿合同类型化的关键所在。住宿契约之所以为混合契约，乃是从住宿契约的内容进行的解读。"旅店住宿契约，就其租用旅店房间供之用而言，乃属租赁契约，就其寄托行李等物品而言，又有寄托契约性质，就其对服务生提供服务而在习惯上给付住宿等费用百分之十服务费而言，则兼有雇佣契约性质，另就旅店提供早餐、饮料等方面而言，又有买卖契约性质"。[②] 故通说认为住宿合同乃为以租赁契约为主，并附随寄托、雇佣、买卖等契约之混合契约。就这一说法，必须澄清的是住宿合同的混合契约

---

① 〔德〕卡尔·拉伦茨：《法学方法论》，陈爱娥译，商务印书馆，2003，第343页。
② 曾隆兴：《现代非典型契约论》，著者发行，1996，第245页。

界定系类型化观点，而非概念性定义。依类型化思维，住宿契约的构成特征具有弹性而非固定，住宿契约附随的其他契约类型非为住宿契约不可或缺的构成要素，而是法律类型化的住宿契约特征的典型示例。旅店住宿是一项古老的商业形式，住宿服务所涵盖的范围具有历史性和时代性，诚然，随着住宿行业的发展，住宿合同这种"契约混和化"是一种不可逆转的趋势，租赁契约附随的其他契约类型也在日趋多样化，这也决定了住宿合同拒绝任何形式的固定化和概念化。个人在以金钱为对价寻求住宿服务时，在住宿市场，他有权选择最为全面周到的住宿条件，这种住宿合同则体现为保管、雇佣、买卖或者承揽等种种，或者，他亦有选择权在市场寻求最为简单的住宿服务——一个落脚之地而已，这种住宿合同或许仅仅包含租赁合同的内容。很显然，无论住宿契约的涵盖内容有多丰富或简单，都没有理由否定两种情形下的住宿契约性质，这既是契约自由的体现，也是类型化思维下住宿合同内在弹性的体现。除住宿合同的诸多规范性特征外，在经济目的上，旅客最根本的目的在于寻求一个临时居住的场所，并且能够享受安全舒适的住宿服务；旅店经营者通过开办旅店获取经济利益，并且是一种"经营性"和"事业性"的，而无论经营者是法人或是自然人。在利益分配和共享负担上，旅店经营者对旅客负有更多义务，在风险负担上也负有更大责任。

在类型的构造上，不是租赁契约和其他附随性契约成就了住宿契约的类型，这是一种本末倒置的观点，而毋宁是住宿契约为其他契约提供了一个结合的"意义中心"。易言之，无论是租赁契约或是其他附随契约以何种形式机械的结合都不足以称之为住宿契约，而是围绕某个经过法律价值评价了的——"意义中心"方得以成为一种新的契约类型，这一意义中心就是法律对住宿交易的消费属性上的价值判断。所谓消费属性，是指作为旅客的个人本着消费的目的与旅店达成交易契约，合同标的乃是住宿服务的提供，合同当事人乃是作为消费者的旅客和作为经营者的旅店，而在消费者合同上法律的基本价值取向就是保护消费者，出于消费者和经营者经济地位的不平等，住宿合同的基本法律规制也是围绕这一点构建。至此，住宿合同的类型化便清晰了。同样的方法适用于租赁合同，特别是房屋租赁合同。房屋承租人的经济目的乃为在一定期限内获得房屋的使用权，一般为用以居住而又不必破费获得房屋的所有权，同理，房屋的出租人得以在此期间从房屋中获得收益而又不致丧失对房屋的所有权。在典型的房屋租赁市场，房屋租赁双方当事人都会追求一种"安定性"，这种"安定性"植根在房屋不动产的经济特性和生活属性之中，这也是民法特别构建房屋租赁项下承租人优先购买权及《合同法》第 234 条规定的共同居住人居住权的法理之一，而衡量这种"安定性"最重要尺度就是房屋租赁期的持久和稳定。租赁合同典型的利益状态也是在法律对租赁关系"安定性"的预设下形成的，如前面提到的两种权利以及《合同法》第 236 条规定的"出租人无异议续租权"。

就住宿合同与租赁合同的关系上，根据类型化思维和两种合同特征要素的组成，住宿合同与租赁合同本身还存在一种流动性过渡的关系，二者之间的过渡关系取决于短租契约两种特征的强弱变化——时间要素（合同持续时间）和主体要素（缔约方的性质）。其一，时间要素。就住宿合同而言，法律虽然没有将时间作为规范因素加以考量，但是在类型化思维下时间也是住宿合同的特征要素之一，它对形成住宿合同类型化的整体形象有着重要影响。正如前文对住宿合同经济目的的描述，通常类型的住宿期间都是临时性的、短暂的，这也是旅店住宿与房屋租赁、日常家居的基本区别，这一特征的缺失正是前面所述法律过度抽象化的结果。至于并不常见的在旅店长期居住的现象，笔者认为并不构成住宿合同短期性的反例，原因在于，即使旅客为长期居住，旅客与旅店一般也并不会之间签订长期协议，而是以"短期协议＋续约"的形式实现，每次续约都构成一个新的住宿合同，而并非一个住宿合同的期限累加。如在酒店住宿时，旅客必须以不断续住、登记房卡等实现长期住宿。当然，也不能完全否定旅客与旅店之间签订一个长期住宿协议的可能性，这一问题下文另有讨论。其二，主体要素。住宿合同的另一个特征要素是作为缔约方的旅店经营者，其也是住宿合同类型化的核心要素之一。法律对住宿合同消费属性的价值评价也是以此为根基。合同时间与缔约方的性质共对住宿合同的类型化发挥了决定性的影响，不过，二者存在强弱不一的可能性。如前文所提，在旅店直接与房客一次性签订长期住宿协议的情形下（尽管不常见，但并不应该忽略），笔者认为，时间因素的权重应超过缔约方作为经营者的权重，转而应适用租赁合同的规定，因为在这种情形下，租赁合同对旅客安定性的保护较住宿合同对旅客作为消费者的保护更为优先。这从徐国栋先生所起草的《绿色民法典草案》可以印证"如果提供一个月或更长时间的住宿，不适用住宿合同的规定，而适用房屋租赁合同的规定"，[①] 同时埃及民法

---

① 徐国栋：《绿色民法典草案》，社会科学文献出版社，2004，第 589 页。

典和秘鲁民法典亦作相同规定，笔者赞同这样的处理。另外，对于房屋租赁合同，纵然安定性是其特征之一，但在租赁期较短的情形下一般也不应径直否定租赁合同的界定，此为契约自由范围内当事人得自由决定的事项，除非有其他特征要素权重更大，如在缔约方可以定性为旅店经营者情形下租赁合同就向住宿合同转化。

四　动态均衡的类型化界定方法

P2P在线短租行业是共享经济的新兴经济形态，它的主要"痛点"就在于提高闲置资源的利用率，也正是基于这一特点共享经济才成为我国政策鼓励的方向之一。不过，美国及欧洲等在线短租兴起的国家都面临着在线短租所带来的负面问题。具体来说，用以租赁的房屋其实具有一定的社会保障属性，它可以为无法购置房产的群体提供安居的场所，对于房价高的地区犹是。短租行业进入以后，房东会被短期出租的相对高收益吸引，一部分租赁房屋被吸纳入短租行业，这就不再只是经济问题而是社会问题。另外，短租行业也对部分居住区的管理造成冲击，"短租化"高的居住区人流量变大，"生人"比例变高，邻里关系、安全问题变得更为棘手。此外，短租行业与传统酒店业构成竞争关系，在现有制度下，短租房东所承担的责任也与传统酒店不可相提并论，所以不正当竞争问题也受到传统酒店业的抗议。无论是合同的类型化方法或是具体的监管实践，都应直面在线短租业带来的上述问题，最大程度减少行业的负外部性并实现行业规范有序发展。在线短租业的形成初期，加入的房东和房源都是本着闲置资源利用之宗旨，体现为一种偶然的、零散的形式，如房东在短暂外出期间将个人房屋出租，或者房东将多余房间在一个月的某几天出租以获得额外收益，然而随着在线短租平台的崛起和示范效应，大量的"职业房东"加入，凭借相对酒店低廉的价格、共享经济的噱头以及平台辅助提供的标准化服务（床具清洗、专业保洁、财产保险等），房东可以轻易实现房屋出租的经营性和事业化，这时候共享经济的外延也变得模糊。所谓在线短租业，实际上是由房东与房客之间签订的一个个契约交易为表现形式，凭借在线短租平台提供的信息服务，得以实现信息化和标准化而形成规模化。就在线短租契约来说，传统概念式法律思维无法回答在线短租契约的定性问题，因为无论在住宿合同和租赁合同之间择一并贯之，对会对因为无论概括地认定为住宿合同或者租赁合同，都会对新生的在线短租行业带来短租行业带来沉重的制度负担，也无助于消除该行业的负面效应。根据前述分析，在类型化思维下无论是在住宿合同或是租赁合同中，时间要素和主体要素都扮演着重要角色，它们是二者之间流动性过渡的桥梁、解决在线短租契约定性问题的突破口，针对在线短租契约的定性也应从这两个特征入手。首先，结合类型化思维和各国的监管实践，判断在线短租房东的性质仍以其在特定时间内的"经营频率"为判断标准，[①] 以年为单位，设定一个阈值，如180天，假设房东在一年内通过在线短租的形式出租房屋超过180天，那么有理由认定房东出租房屋具有事业型和经营性质，反之，在180天以内则不认定为具有经营性质。其次，短租合同本身的期间，以时间长短作为是否发生合同类型过渡的判断标准，参照其他国家民法典的设计，假设为一个月。那么就在线短租而言，假设房东在一年内通过在线短租的形式出租房屋超过180天，那么认定其为住宿服务提供者，即旅店经营者。结合短租合同期间，如果旅客与其签订的住宿期间在一个月内，则视为住宿合同，反之则为租赁合同；假设房东在一年内通过在线短租的形式出租房屋在180天以内，那么认定其非为住宿服务提供者，则其与旅客签订的入住契约皆为租赁合同。在线短租作为一个新兴产业，其牵涉面广，利益复杂，法律需要平衡各方利益，以精妙设计达成目标而不能一味抽象化、简单化地处理问题。这种动态均衡的类型化界定方法可以以表格形式示例如下。

表1　动态均衡类型化界定方法示例表

主体要素：房东性质	时间要素：合同持续时间	
房东经营时间/每年	超过30天	不满30天
超过180天：旅店经营者	住宿合同	租赁合同
不满180天：非旅店经营者	租赁合同	租赁合同

五　结论

P2P形式的在线短租商业模式，其经济意义核心便是利用互联网为闲

---

① 在线短租鼻祖Airbnb所在地美国旧金山市就以一年90天为在线短租合法的界限，在房东不与房客居住在同一房屋的情况下，房东不得以在线短租的形式出租房屋在一年内超过90天。参见：https://techcrunch.com/2014/10/07/san-francisco-airbnb/，访问时间：2016年6月26日。不过笔者并不赞同以房东是否在家为监管的判断标准。

置的房屋资源提供一个高效利用的平台，然而现实中却有可能异化为事业性的住宿资源经营平台，这种异化为短租交易的法律定性带来困难，回应这一问题的核心便在于对在线短租契约的法律性质进行合理界定。就在线短租交易契约的法律定性，在法律尊重意思自治的前提下，肯定当事人之间契约的效力并无障碍。但当事人间形成的所谓"租赁契约"在特定情形下已经完全具备了向住宿合同过渡的条件。契约自由向契约正义的价值转变决定了租赁合同的法律界定已经不能完全适应在线短租的经济现实，也无法调和其带来的矛盾。同传统的概念思维相比，类型思维视野下的合同类型是一种流动性的、开放性的合同体系，在解决混合契约、创新型契约的界定上具有概念化方法无可比拟的优势。在类型思维和类型方法的指导下，在线短租契约的类型界定应根据其构成特征的结合和变化来确定，包括房东的性质和约定租期的长短，这种流动性的界定标准提供了法律应对此等创新经济形式的动态的、利益均衡的解决方法。当然，这种方法的实现需要各方面的配套机制予以实现，限于本文主旨按下不表。

罗马法中占有、所有权变动与正当原因的关系

——以物权行为理论为视角

朴常赫*

内容摘要：罗马法规定，通过让渡来继承获得所有权需要正当原因。现有的许多见解认为，要想保证所有权能够正常转移，就必须要具备两重要件——正当原因和占有转移，这很有可能是因为使用现代的占有概念从而得出的结果。为了能够准确地理解当时"通过让渡的所有权转移"，就必须要理解正当原因的本质，为此，自然首先要准备理解当时关于"占有"的概念。但是，罗马法中并没有对占有这一概念及其本质做出一个体系性的解释，而且占有概念还被广泛地使用。首先以当时关于占有的法律规定和解释为中心，将占有分为外表上的占有以及市民法上的占有，对它们与所有权之间的关系进行探讨，然后进一步考察"通过让渡的所有权转移"过程中的必然要件——正当原因与占有的关系。

关键词：外表上的占有；市民法上的占有；所有权变动；让渡

一 引言

事实上，在现在的法律概念解释论之前，法律概念是通过某种沿革上的发展过程，独自产生、变化、发展而来的。虽然不存在一定要根据学术史和沿革概念来进行现行法解释论的逻辑必然性的强制和外部的决断，但是，正确把握一个概念的本来意义，是该概念在现实中实际运用及相关的解释的一个基础性工作，[①] 同时，也可以通过划清与其相关争论的界限，从而起到消除毫无根据的论议和争论的功能。特别是在对具有激烈的论争点的物权行为概念进行沿革考察的过程中，需要注意的是，如果用现在的

---

* 朴常赫，男，常州大学中国财税法治战略研究院副研究员，法学博士。
① 〔韩〕Seo Eul‐O：《物权行为论에 관한 学说史的研究》，世昌出版社，2008，第4页。

概念框架来解释过去的现象的话，可能会产生脱离当时意义的、以现实观点为主的概念解释，从而出现歪曲其本义的可能性。

一种"概念"是在现实客观的基础上，应当时时代的要求以及依靠特定概念的必要性而形成、变化和发展的。并且，这种现实客观的基础从过去到现在一直持续地变化和发展。在这样的基础上，出现了响应当时时代现实要求的、特定概念的必要性的概念，及其变化、发展。并且，这种概念由于其自身的时代性，所以具有本质的局限性。因此，对于一个概念，即使现实中已经很好地进行了整理并做出便利的解释，但对这种概念沿革性的考察，可以防止对某种概念任意使用，并且最大限度地在各个时代的客观的基础上，通过探讨概念的产生和发展过程，尽可能地抑制极端概念的观念化，从而发现具有现实意义的概念。特别就物权行为的概念而言，一些学者将现代物权法的物权行为无因性概念直接使用于古代罗马法中，以此来说明其法理依据。这就是将不仅法律行为概念不存在，而且连现代意义上的契约概念也不存在的当时的法制，勉强插入现代的概念体系里面而进行解释。因为这种方式会歪曲该概念的本质，从而导致上述所讲的概念的法史学的，沿革的考察丧失解释现实概念的功能（相应概念实际性的运用和相关解释中的一种基础性工作，讨论的界限），甚至现在关于概念的论议和争论也变得毫无价值。

在这篇文章中，对于物权行为理论中最重要的概念之一——占有，不是按照现代的观点而是按照罗马法时代的基本观点来再试图探讨，进而确定这样的占有和当时的所有权如何成立关系。

二 罗马法中占有与所有权的关系

（一）外表上的占有形式与占有

现代民法上的占有，意味着对物的实际上的支配，但是，罗马法中虽然也存在占有制度，但对其概念与本质并没有理论上系统性的解释，甚至连明确的基本原则也不存在。因此，占有是罗马法中最为复杂的问题之一。①

关于占有，乌尔比安（？～228）认为占有应该与所有相区别，因为

---

① 江平：《罗马法基础》，中国政法大学出版社，2004，第267页。

事实如此。占有者不会总是所有者，所有者也不会总是占有者。而且，占有者也会成为所有者。① 他的此种观点被认为是关于占有的最权威的观点，② 这意味着外表上的占有形式并不总能表现所有权。也就是说，在罗马法中，外表上的占有形式与所有权并不总是具有必然的联系，而是独立于所有权这一概念之外的存在。如此，罗马法中的占有不同于日耳曼法中现实的占有与本权（所有权）统合的 Gewere 的概念。而且，保罗（3 世纪前半叶）对占有给出如下定义："我们取得占有须有占有之事实（corpus）与占有之意思。只凭占有之意思或占有之事实不能取得占有"。③

上述段落不是关于所有权的取得，而是关于占有的取得，亦即关于占有取得中的成立要件。为了取得占有，保有与意图应同时存在，这里的"保有"是指表面上的占有形式，而"意图"是指保有的目的和原因。取得占有必须具备的心素和体素，如果不能满足二者的要件则无法取得占有。这就是保罗所说的"占有"不是单纯的、外表上的占有形式，而是带有"意图"的形式。由上述两个段落可知，所有权与外表上的占有形式是相互独立的存在，外表上的占有形式与意图即心素结合时，才与所有权产生关系。

从古典法开始，占有被认为是具有正当原因的占有形式。④ 这种具有"正当原因"的占有形式的转移是产生所有权转移的法律效果的让渡，并且通过这种占有形式的时效完成而实现的原始取得就是使用取得。以意图（即心素或正当原因）的有无为标准，外表上的占有形式可以具有不同范畴的意义。关于保罗所说的心素和正当原因之间到底有何种关系的问题，后文再详细论述。首先我们要理解的是，为了使外表上的占有形式能够形象地表达其所包含的所有权的事实，除了表面上的形式以外，还必须加上所有的意图和有关表征。

需要注意的是，罗马人没有合适的词语来分别表达不同的外表上的占有形式，而是统一使用"占有"（possessio）一词。⑤ 也就是说，虽然

---

① D. 43，17，1，2 乌尔比安《轮告示》第 69 卷，"发布此令状的理由是占有应有别于所有权，因为可能发生一个人是占有却非所有人，而另一个人是所有人却非占有人的情况，还可能发生某人既是占有人又是所有人的情况"。参见〔意〕桑德罗·斯奇巴尼选编《物与物权》，范怀均、费安玲译，中国政法大学出版社，2009，第 377 页。

② 江平：《罗马法基础》，中国政法大学出版社，2004，第 267 页。

③ D. 41，2，3，1 保罗《轮告示》第 54 卷。参见〔意〕桑德罗·斯奇巴尼选编《物与物权》，范怀均、费安玲译，中国政法大学出版社，2009，第 357 页。

④ 〔意〕彼德罗·彭梵得：《罗马法教科书》，黄风译，法律出版社，2010，第 208 页。

⑤ 〔英〕巴里·尼古拉斯：《罗马法概念》，黄风译，法律出版社，2010，第 106 页。

"占有"在罗马法中包含三种相互区别的内容,① 但都使用同样的词语。

一是被称为"自然的占有"(naturalis possessio) 的外表上的占有形式。"自然的占有"与现代民法中的占有相似,即单纯的、实施上的支配标的物的占有形式,包括租赁人及保管人进行的占有形式。在罗马法中,对于与市民法中的占有不同的、不产生法律效果的外表上的占有形式,即"自然的占有",未赋予特别的词语,② 仅称之为 naturalis possessio。③ 二是法定占有 (possessio ad interdicta),即虽然因其占有形式不具备正当原因而不能成为市民法上的占有,但通过法务官的命名可以受到保护的占有,包括允许占有者 (precario accipiens) 的占有、质权者的占有、入账物保管者 (sequester) 的占有。④ 三是市民法上的占有 (possessio civilis),即上面引文中所说的占有。这种占有是在外表上的占有形式具有意图 (正当原因) 时成立的,是作为所有权让与或者使用取得上所需的要件之一。⑤作为本文主题的、与所有权转移相关的占有即市民法上的占有,下面即对这种占有的成立及其与所有权的关系做一探讨。

(二) 市民法上的占有的成立及其与所有权的关系

外表上的占有形式虽然是作为所有权正常的、自然的、表面上的现象的事实,但仍作为与所有权独立的概念而存在。⑥

保罗所述的"人通过精神活动和身体活动 (animo et corpore) 取得占有;精神活动必须是自身的活动,但身体活动可以由他人补充"。⑦

这里所说的占有即前述的市民法的占有,在此,保罗提出市民法的占有要求两个要素。为了所有权的成立与转移,除外表上的占有状态以外,还需要所有的意图,二者成为体素 (corpore) 和心素 (animo),外表上的

---

① 〔韩〕Seo Eul – O:《物权行为论에 关한 学说史的研究》,世昌出版社,2008,第 25 页。

② 〔英〕巴里·尼古拉斯:《罗马法概念》,黄风译,法律出版社,2010,第 106 页。

③ 〔韩〕Seo Eul – O:《物权行为论에 关한 学说史的研究》,世昌出版社,2008,第 29 页。

④ 〔韩〕Seo Eul – O:《物权行为论에 关한 学说史的研究》,世昌出版社,2008,第 28 页。同时,值得注意的是在罗马法中,比如承租人或借用人的占有,像这种只存在体素的物品的"拥有",则不具有占有的效力。但承认临时受让人的占有,质押债权人的占有,扣押保管人的占有。另外,到了罗马希腊时代,又添加了永佃户占有和地上权人占有。参见〔意〕彼德罗·彭梵得著《罗马法教科书》,黄风译,法律出版社,2010,第 207 页。

⑤ 〔韩〕Seo Eul – O:《物权行为论에 关한 学说史的研究》,世昌出版社,2008,第 26 页。

⑥ 〔意〕彼德罗·彭梵得:《罗马法教科书》,黄风译,法律出版社,2010,第 206 页。

⑦ 〔英〕巴里·尼古拉斯:《罗马法概念》,黄风译,法律出版社,2010,第 106 页。

占有状态成为体素，把有关物归属于自己的意图称为心素。也就是说，外表上的占有状态，仅在存在有所有标的物的意图的时候，才被认定为赋予所有权的占有，即前述市民法的占有。

如此，就罗马人而言，占有（市民法的占有）是与所有的意图相关的，是所有权的形式，同时也是所有权的全部内容。① 因此，所有权的让与与取得就是通过市民法占有的转移，即让渡和市民法占有的维持，即使用取得而成立的。所谓的外表上的占有形式的事实，是与心素结合而成的市民法的占有，进而实际上成为作为所有权权利的形式，② 这样的市民法的占有，是组成所有权的成立与变动关系的一般内容的基本要素，所有权通过确保市民法的占有或转移，得以取得、维持或者转移。

（三）市民法中占有的心素与正当原因

如上所述，保罗认为，市民法上占有的成立，需要体素和心素，心素作为精神的活动，是与作为身体活动的体素相对应的。此种心素是行为者的意图，即对物理占有上的主观观念和心理状态，③ 或者行使对标的物的实际控制力的意图。④ （简单地说，心素就是这样一种心理意识："为什么、以什么目的占有其标的物？就是为了所有，我现在占有。"）

但是，在优士丁尼时代，我们发现，自然占有表现为正当原因或占有心素缺失的占有。⑤ 也就是说，这意味着用作为市民法占有要件的心素代替正当原因。通过后世法学家的研究，这种现象更为明确。此后，为了成立市民法上的占有，即跟所有权变动有关的占有，正当原因替代心素占据了其成立要件。

在此，我们需要理解正当原因究竟仅是心素的另一种表现形式，还是与心素不同的概念。其实，心素即上述的"所有"的认识（不是"使用"或"消费"的认识）。这是个人的主观意图，这种意图仅通过外表的形式加以体现。人的主观意图，如果不存在外在的形式，其他人就无法把握其真意，因此，人们只能依靠外表的形式推论当事人的真意。如上所述，如果在外表的占有形式（即体素）上，仅在作为心素的"所有"意图存在

---

① 〔意〕彼德罗·彭梵得：《罗马法教科书》，黄风译，法律出版社，2010，第206页。
② 〔意〕彼德罗·彭梵得：《罗马法教科书》，黄风译，法律出版社，2010，第205页。
③ 江平：《罗马法基础》，中国政法大学出版社，2004，第269页。
④ 〔英〕巴里·尼古拉斯：《罗马法概念》，黄风译，法律出版社，2010，第107页。
⑤ 〔意〕彼德罗·彭梵得：《罗马法教科书》，黄风译，法律出版社，2010，第207页。

时市民法的占有才成立的话，又出现了另一个问题，即究竟如何确认心素的存在。如果考虑到罗马人对法的实用性态度，可能他们必然要求得到这一问题的现实答案，由此，我们能够发现正当原因的功能。也就是说，他们通过法律规定将现实占有的所有权转移和获得的情况（买卖、清偿、遗赠嫁妆、消费借贷等），拟制为存在心素（即所有意图）。此时，正当原因即是被法定的具体情况，与这种情况有关的占有是包含心素的占有，即市民法的占有。作为市民法占有成立要件的心素，被能够拟制其心素存在的法定正当原因所代替，克服了现实的概念限制（主观性），而仍然维持于正当原因中。如此，正当原因（克服心素的主观性）被客观地界定，避免了当事人轻易改变占有的意图（心素），排除其主观性，"任何人都不可自己改变占有的原因"（nemo sibiipse causam possesseionis mutare potest）即是上述内容的体现。① 但是，这里要注意的是，在罗马法中，"原因"除了表示行为者所意图的目的以外，还被用于其他多种情况，如债务的有效要件、合同当事人一方的债务履行等。②

三 所有权变动上的让渡与正当原因

（一）通过让渡的所有权转移和市民法上的占有

1. 关于让渡的段落及其理解

到优士丁尼法时期，在初期罗马法上的所有权转移方式中，让渡是唯一被认定的方式。③ 让渡的形式是法律上无色无味的行为，但在履行时按照相关情况取得法律上的特点。④ 也就是说，让渡是单纯的占有的转移，即仅表现为表面上占有状态的转移，如果向这种状态提供作为正当原因的因素，外表上的占有状态与其正当原因的内容产生关系，从而成为市民法上的占有，而这种市民法上的占有把所有权形象化，其占有的转移就转化为所有权的转移。

---

① 〔韩〕崔秉祚：《罗马法·民法论考》，博英社，1999，第402页。

② 〔韩〕郑泰纶：《关于罗马法中的原因论的考察》，载于《法学论集》第9卷1号，梨花女子大学出版社，2004，第110~111页。

③ 〔英〕巴里·尼古拉斯：《罗马法概念》，黄风译，法律出版社，2010，第112页；但是，当时，使用取得作为所有权的原始取得方式仍然得到认定，优士丁尼法所规定的所有权转移方式是让渡和使用取得。本文研究的主题限制于继承取得，因此使用取得在此不作讨论。

④ 〔英〕巴里·尼古拉斯：《罗马法概念》，黄风译，法律出版社，2010，第112页。

盖尤斯（2 世纪中叶）将让渡解释为："实际上，略式物可以通过让渡（traditional）完全归他人所有，只要它们是有形式的并且因此而可实行让渡，""因此，如果我把一件衣服、一块金子以买卖、赠与或者任何其他名义让渡给你，该物就立即变为你的，只要我是物的所有主。"① 在此，盖尤斯首先陈述了非握取物通过让渡可以转移其所有权。其时，握取物和非握取物仍然按照其所有权转移方式被区分开，握取物的所有权转移通过要式行为实现，即只能通过要式买卖与拟诉弃权进行。（这种物的区分和通过要式行为的所有权转移到优士丁尼法（5～6 世纪）时期在法典上完全消失。）这种非握取物的让渡以买卖、赠与或其他正当原因实现所有权转移。引文中的让渡就是占有的转移，即前述外表上的占有状态，亦即自然占有的转移。而且，在这种自然占有取得买卖、赠与或其他正当原因——即自然占有转换为市民法的占有时，让渡才产生所有权转移的法律效果。他主张，为了通过让渡实现所有权转移，让渡人必须为物的真正权利者，即所有者。②

而且保罗认为，"通过单纯让渡（nuda traditio）不可转移所有权，仅当买卖和其他正当原因先行，由此带来的让渡随之实现，方可如此（实现所有权转移）。"③ 在此，与上述盖尤斯的观点都体现了古典法的立场，他们将关于所有权转移的罗马法的基本原则精当地表达出来。④ 保罗使用了"单纯让渡（nuda traditio）"一词，是在一个世纪前盖尤斯的所用的"让渡"一词前加上了"单纯"一词而成的。在前述关于占有的论述中，我们已经确认，保罗将占有的要件区分为身体的因素（体素）和精神的因素（心素），二者同时具备，市民法上的占有才能够成立。保罗对占有的这种见解，可以将以前作为让渡的占有转移区分为表面占有状态的转移和市民法上的占有转移，据此，保罗不同于盖尤斯，他将表面上占有状态的转移表现为与"让渡"不同的"单纯的让渡"，这种"单纯的让渡"中的占有

---

① Gai. 2，19－20，参见盖尤斯《盖尤斯法学阶梯》，黄风译，第 59 页。

② 罗马法中存任何超过自己所拥有的权利都无法转移给他人。（Nemo plus iuris ad alium trasferre potest quam ipse habet）。"但是，为了通过让渡从无权者处取得物的善意受让人的现实法益受到保护在这样的法彦"，以使用取得的方式进行社会的法益衡量，从而维持法的正义。

③ D. 41，1，31pr. 保罗《论告示》第 31 卷"单纯的交付绝不能使所有权发生转移，除非存在以下情形，事先有出卖或其他正当原因的存在，使交付基于它们随后产生。"参见《学说汇纂（第四十一卷）》，贾婉婷译，中国政法大学出版社，2011，第 43 页。

④ 〔韩〕Seo Eul－O：《物权行为论에 관한 学说史의 研究》，世昌出版社，2008，第 33～34 页。

不是市民法上的占有，而是缺少正当原因的表面占有状态。

2. 通过让渡的所有权转移的二重要件与市民法上的占有

关于让渡的段落说明，通过让渡转移所有权需要包括买卖在内的正当原因，据此，我们容易误解，通过让渡的所有权转移需要所谓的让渡和正当原因这二重要件。特别是，Seo Eul－O 教授支持让渡需要二重要件这一观点。① 但是，没有正当原因而只通过让渡可以产生所有权转移的观点及仅存在正当原因而不通过让渡可以产生所有权占有的观点，笔者将以与上述两种理由不同的观点提起反驳。表面上看，通过让渡的所有权转移所需的要件是让渡与正当原因。但是，让渡作为占有的转移，可以包含两种占有，即外表上的占有状态和市民法上的占有，二者划分的依据是是否具有正当原因。被赋予正当原因的占有即为市民法上的占有，这种占有通过占有的转移就产生了所有权转移的效力，因此不再需要其他正当原因；反之，外表上的占有状态则是事实的保有、支配状态，尚不具备正当原因的状态，通过这种占有不能产生所有权转移的效力。

就这种观点而言，在盖尤斯的段落中出现的让渡意味着只通过表面上占有状态的转移不可产生所有权的转移，这是我们已知的。也就是说，该段落中所说的"买卖、赠与或其他原因"，不是让渡的要件，而是在让渡的实现过程中出现的表面上占有状态所需要的，为了所有权的转移，其转移的占有必须是具有正当原因的市民法上的占有。这一解释更为合理。

通过保罗的段落中"单纯的占有"这一表述，我们可以更明确地认识到，这一占有是缺少正当原因的外表上的占有状态，仅有这种占有状态的占有不可产生所有权的转移，而让渡中的占有必须是具备正当原因的市民法上的占有。

也就是说，现有的观点认为，通过让渡的所有权转移的二重要件是让渡与正当原因，但从构成让渡的占有的观点上分析，所有权转移不是以上述两种要件的具备而成立的。让渡中转移的占有必须是市民法的占有，即为了转移所有权，让渡中的占有必须具备正当原因。

与所有权转移有关的让渡，是市民法上的占有的转移，转移所有权所要求的正当原因就是占有所要求的正当原因，而非独立于让渡。如上所述，这样的正当原因是作为占有心素的主观意图客观化后的类型。

---

① 参见〔韩〕Seo Eul－O《物权行为论에 관한 学说史的研究》，世昌出版社，2008，第 39～46 页。

（二）罗马法上的"原因"（causa）中所有权转移所需的正当原因

罗马法对原因没有明确的规定，因此"原因"（causa）在使用中具有多种意思。[1] 关于这种原因概念的情况主要有三种。第一种，为提出不当利益返还请求而需要证明的"原因不存在"中的"原因"。即可以排斥返还请求并保持支付物的"原因"。第二种，作为决定哪种约定可以进行诉求根据的"原因"。第三种，就是在让渡和使取得中作为所有权变动根据的"原因"。[2] 本文中，要探讨第三种。

让渡与使用获得中的"原因"则作为所有权变动的依据。与所有权变动相关的"原因"，正如上述所说，是作为"行为者所意图的目的"的，与市民法上占有心素有关的正当原因。本文中将只对与文章主题相关的，在继承取得的让渡中，作为所有权转移效力依据的原因进行论述。由于上文详细讨论了"原因"的性质，这里将以各自种类为中心进行解释。

1. 嫁妆设定

嫁妆（dos）是指结婚前后新娘或者相关家属给予新郎的资产。这种嫁妆制度在罗马法演变过程中经历了巨大变化，在初期的罗马法中，丈夫享有所有嫁妆的所有权和管理权。[3] 这种嫁妆的设定是指给予新郎嫁妆的行为，所有的财物、所有权以及以外的物权和债权都可设定为嫁妆。嫁妆设定通过实际财产转移完成，或通过负担某种义务来实现。嫁妆的设定意味着将相应财产的所有权、其他物权或者权利转移给丈夫。

嫁妆设定通过财产转移，即"嫁妆给付（dotis datio）"来完成。此时给付方式并不要求某种固定方式。仅仅根据由让渡权利的性质来决定其方式，就所有权转移方式而言，在古典法时代，对于要式物，嫁妆设定必须通过要式买卖和拟诉弃权所有权让渡方式，或者通过使用取得进行嫁妆设定。但是，到了优士丁尼时期，为了嫁妆设定，要式物也与其他物一样，仅通过让渡才能成立。

---

① 〔韩〕郑泰纶：《关于罗马法中的原因论的考察》，载于《法学论集》第 9 卷 1 号，梨花女子大学出版社，2004，第 110 页。

② 〔韩〕Seo Eul‑O：《物权行为论에 관한 学说史의 研究》，世昌出版社，2008，第 30 页。

③ 到了优士丁尼时代，虽然在理论上丈夫仍然是嫁妆的所有主，但是从实践意义上讲，丈夫只不过对在婚姻存续期间出现的嫁妆收益拥有权力，因此，当婚姻结束时，丈夫应当将嫁妆返还给妻子或者继承人。参见〔英〕巴里·尼古拉斯《罗马法概念》，黄风译，法律出版社，2010，第 80 页。

嫁妆也可以被设定为一种成立债权债务关系的方式。这种方式使用了债权形成方式，但在初期，则使用了要式口约、嫁妆声明①；到了狄奥多西二世（Flavius Theodosius Augustus The Great：346 – 395）时期，使用了简答协议；此后，则变为使用一种书面的方式。到了优士丁尼时期，在将婚前嫁妆变更为婚后嫁妆的情况，则认定"默示设定"。②

正如上述所讲，到了后期，嫁妆支付方式则不再依靠标的物种类（债权嫁妆除外）而是通过让渡来完成。通过让渡进行所有权转移，则需要一种正当原因，而这时通过让渡进行嫁妆所有权转移的正当原因就是嫁妆设定。此时需要注意的是，通过让渡的嫁妆设定作为一种现实行为，同时进行两种行为，一种是合意，也就是为了嫁妆设定而在丈夫和相应嫁妆设定人之间达成的出捐行为，一种是现实转移（让渡）行为。③ 也就是说，同时发生嫁妆的外表上的占有状态转移和所有权转移意图，从而产生所有权转移效果。需要与此相比的情况就是未来嫁妆给付问题。未来嫁妆给付一般是以要式口约形式来完成的。这种未来嫁妆给付，并不是通过视嫁妆设定为正当原因的让渡，而是通过将清偿看作正当原因的让渡，进行的所有权转移。

如此，一般的嫁妆给付总是一种现物交易行为（Bargeschäft），也就是依靠占有状态的转移来实现的。倘若占有转移目的跟当事人之间意图的外在显示形式，即嫁妆设定的目的一致，它就获得正当原因。由此，外表上占有状态的转移将嫁妆设定作为正当原因从而产生所有权转移效果。

在此我们还要注意，对让渡而言，像要式口约这种的债权债务契约无法成为所有权转移的直接正当原因。Seo Eul – O 教授在其著述"关于物权行为论的学说史研究"中解释说，嫁妆设定总是一种现实行为，即当事人之间的协议与让渡同时进行而产生所有权转移效果的统一的行为。在这种情况下，原因和让渡并非两种不同行为，而是同一行为不同层面的名称而已。并指出，这一点也就是嫁妆设定不符合现行法中有因或者无因框架。④

---

① 嫁妆声明是一种古典形式的、专用于嫁妆的允诺，在优士丁尼法中，它变成了非要式的行为。在誓言和嫁妆声明中，债产生于一人讲话之时（uno loquente），因而这种债在形式上不具有协议的特点。参见〔意〕彼德罗·彭梵得《罗马法教科书》，黄风译，法律出版社，2010，第271页。

② 〔意〕彼德罗·彭梵得：《罗马法教科书》，黄风译，法律出版社，2010，第121页。

③ 〔韩〕Seo Eul – O：《물권행위론에 관한 학설사의 연구》，世昌出版社，2008，第30页。

④ 〔韩〕Seo Eul – O：《물권행위론에 관한 학설사의 연구》，世昌出版社，2008，第51页。

对此，虽然笔者完全同意上述前半部分的陈述，但对于后半部分的见解持有不同意见。即无因、有因的问题可以理解成关于契约和占有转移（让渡）之间的关联性的问题。也就是说，正当原因作为从占有中派生出来的概念，即使在外部上被类型化，最终可以说是一种为确保当事人对于占有中的所有权转移意图的机制。这种正当原因可以说是作为一种确认占有转移中是否包含所有权转移这种当事者意图的概念，已经被"让渡"这个概念所包含。即该让渡是否具有所有权转移效果这个问题，就是在让渡中，占有是否具有正当原因的问题，即这个占有是否就是市民法的占有这个问题。在这一点上，笔者同意 Seo Eul－O 教授所讲的"原因和让渡并非两种不同行为，只是同一行为不同层面的名称而已"，但是本人对后半部分"这与现行法中有因或者无因框架是不相符的"却不以为然。因为他把有因、无因的问题看为原因和让渡之间的关系问题，如果它们是同时发生的话，就无法追究两个概念之间有因、无因问题。但是笔者认为，为了发生所有权转移效果，占有就必须已经具备原因（正当原因），所以它们只能同时发生。这一点在其他正当原因中也可以发现。（买卖的情况虽然形式复杂）。因此，按照原因与让渡关系体系，无法成立有因与无因的问题。也就是说，有因、无因的关系不是指原因和让渡之间的关系，而是包含正当原因的占有转移（让渡）和债权债务间的关系问题。根据通过要式口约成立的未来的嫁妆设定给付相应嫁妆时，此时所有权转移的正当原因则不是债权债务关系而是清偿。此时，清偿与现实让渡同时存在，而且成为让渡，即占有转移的正当原因。

因此，有因、无因问题并非是针对原因（正当原因）和让渡（占有转移）关系的问题，而是债权债务关系和让渡（与正当原因有关的占有转移）间是否存在具有效力的因果关系的问题。因此，在罗马法还未吸收从让渡中分离出来的原因的情况下，对现代有因·无因论的讨论是不合适的。

2. 消费借贷（matuum）

消费借贷作为实物契约中的一种，是贷主以借主的消费为目的进行向借主转移物品。在消费借贷中"物品转让"，即贷物所有权转移成为借主承担义务的根据，借主根据受取标的物的数量来承担义务。因此，在不发生所有权转移情况，也同样不发生消费借贷。[1] 即消费借贷是由当事人的

---

[1] 〔英〕巴里·尼古拉斯：《罗马法概念》，黄风译，法律出版社，2010，第 158 页。

合意与贷主的履行同时构成的一种现实行为。

对于消费借贷，虽然存在当事人间的协议但未转让标的物的情况，即约定将来进行消费借贷在罗马法上不构成消费借贷。① 因为正如上文所讲，消费借贷实质上是一种实物契约，所以把转移标的物作为其效力要件。由此，未来消费借贷的约定根据要式口约来完成，在履行契约时，把清偿作为占有转移，即让渡的正当原因，从而发生所有权转移的效力。

除消费借贷之外，属于实物契约的还有使用借贷（commodatum），委托（depositum）、质权（pignus）。这些实物契约的共同特征简单来说就是，债权债务并非从合意本身产生，而是从有形物（res corporalis）的转移中产生的。②

如此，实物契约将转让作为契约成立要件，但是，仅是其中的消费借贷可成为所有权转移的正当原因。在这里需要注意的是，消费借贷原本是一种契约，并由合意和让渡要件构成。这种作为契约的消费借贷成为所有权转移正当原因的意义为何？可以说，作为正当原因的消费借贷并非指作为契约的消费借贷。即上述的让渡是外表上的占有状态的转移，合意是指关于占有转移以所有权转移为目的的合意。那么，消费借贷就是指具有所有权转移意思的标的物的外在占有状态的转移。

这一点则是跟将合意与让渡作为成立要件，但却无法产生所有权转移效果的其他实物契约的不同之处。即使用借贷把使用作为目的，委托把保管作为目的，质权把提供担保作为目的。这种实物契约在外表上的占有状态转移中不存在所有权转移意图，因此，它们的占有转移最终无法成为市民法中的占有转移，仅是一种单纯的外表上的占有转移。因为这一点，它们无法成为所有权的正当原因。

3. 赠与（donatio）

赠与是指赠与者以受赠者获得利益为单纯的目的，无偿向受赠者转移自身财产权利的行为。这种赠与作为一种不要求任何反对支付而实现的无偿出捐行为，适用于所有的财产权，大体上有转移所有权的实物赠与、为受赠人进行债权设定的债权赠与，以及解除受赠人债务的债务解除赠与等。③ 这种赠与根据让渡权利的性质来决定其赠与方式，所有权赠与只能

---

① 〔韩〕Seo Eul - O：《物权行为论에 관한 学说史의 研究》，世昌出版社，2008，第51页。
② 〔英〕巴里·尼古拉斯：《罗马法概念》，黄风译，法律出版社，2010，第158～159页。
③ 〔意〕彼德罗·彭梵得：《罗马法教科书》，黄风译，法律出版社，2010，第315～316页。

通过让渡进行。①

罗马法和现代法关于赠与的差异在于，罗马法上的赠与并非一种典型的契约类型。②虽然在现代法中，赠与是典型契约的一种，但在罗马法上赠与则不属于契约类型。这时的赠与是指一种通过让渡来实现的现实赠与，即"赠与合意和让渡作为一个行为而实现"。关于马克思·卡泽尔（Max Kaser）这一定义，③ Seo Eul‑O 教授称，"罗马人不将赠与中的原因和让渡进行区分，而是理解为一个整体，如果作为该行为原因的功能成为问题，那么就称为原因；如果占有转移或者所有权转移成为问题，则称为让渡。即在现实赠与中，原因和让渡总是一个概念。现实赠与既是赠与的原因（causa donandi）同时也是以赠与为原因的让渡（causa donandi）。"④换句话说就是，不对赠与中的原因和让渡进行区分而是看作一体，是指让渡，即占有转移是否具有所有权转移意图的问题，如果在占有转移中存在这种意图，那么原因和让渡就是一体的。

罗马法上通过让渡的所有权转移，其核心是占有。占有表现出最现实的状态，可以说是权利关系中最初期的形态。为了使这种占有表现出所有权这种比较抽象的权利，而出现的概念就是正当原因，这种正当原因在权利变动层面，将现实占有转变为所有权这种实质权利上起到了桥梁作用。占有转移之后，为了确保当事人间的占有转移就是所有权转移，仅靠基于当事人主观性的个人心素来确保法的稳定性是明显不足的。因此，需要一种更加客观的条件设置，最终出现了"正当原因"这个概念。这个正当原因就是与占有转移同时存在的当事人间合意的另一种说法，这个合意就是让渡，即通过占有转移想实现的目的就是所有权转移这种相互间的合意。这个合意作为通过当事人相互作用来实现的结果，也就是说，每个人的占有心素通过与对方的沟通显现出来，最终成为相互间的一种公示形式。因此，上述卡泽尔的"赠与合意和让渡是作为一个行为而实现"意味着让渡（占有转移）在以所有权转移作为目的进行的情况下，（作为赠与的）合意作为一种包含于让渡（占有转移）内的概念，实际上这两者已经是同一

---

① 为赠与受赠人以用益权，在新法中只要求简单的协议；为设立地上权，则要求订立有关的契约，等等。赠与允诺在优士丁尼以前的法中要求达成要式契约，比如口式要约。参见〔意〕彼德罗·彭梵得著《罗马法教科书》，黄风译，法律出版社，2010，第316页。

② 〔韩〕Seo Eul‑O：《物权行为论에 관한 学说史的研究》，世昌出版社，2008，第48页。

③ 〔韩〕Seo Eul‑O：《物权行为论에 관한 学说史的研究》，世昌出版社，2008，第48页。

④ 〔韩〕Seo Eul‑O：《物权行为论에 관한 学说史的研究》，世昌出版社，2008，第48~49页。

种概念。即市民法上的占有转移就是赠与等具有所有权转移正当原因的让渡，是现实行为和所有权转移目的一起结合而完成的。这里的合意是与包括契约在内的债权关系相独立的所有权转移的合意。它最终成为以后物权合意以及债权行为和物权行为之间无因性、有因性的最重要素材的部分。

如上所述，作为罗马法正当原因的赠与意味着一种现实赠与。因此，对于未来进行的赠与，是通过要式口约（stipulatio）来确保其约束力的。首先成立以赠与为目的的要式口约，此后履行出捐行为的话，那么该履行行为则属于清偿。这种清偿依旧通过让渡来实现，此时，发生所有权转移效果的让渡的正当原因自然并非是问契约而是清偿。①

4. 清偿（solutio）

在现行法中，因为清偿是通过履行行为（给付行为）来实现给付的，所以清偿是一种与履行行为本身相区别的概念。② 但是，在罗马法中，清偿反而与履行行为很相似。也就是说，虽然它是一种为了履行既存债权的行为，但是并非同现行法上一样，从债权的消亡的层面来进行抽象的理解，而是被解释成一种现实行为，同时也是获得所有权的原因。③

正如前面所述，如果嫁妆设定、消费借贷、赠与等不是通过现实行为而实现，而是依据要式口约来达成未来进行相应行为的合意，并且在约定时间内履行的行为的话，则这些履行行为就是清偿。此时实行的让渡以清偿为正当原因发生所有权转移效果。

如此，清偿把债务作为前提，这种债务不仅是指基于要式口约的债务，也是基于契约、私犯（不法行为）以及判决的债务。并且不管清偿的支付形态是金钱支付、其它转移、限制物权的设定，还是占有的提供，只要履行债务，都构成清偿。这一点被多数说所接受。④ 也就是说，在罗马法中，债务是根据契约、准契约、私犯而形成的，⑤ 如果按照多数说，履行由此而发生的债务的行为就是清偿。

---

① 〔韩〕Seo Eul‐O：《物权行为论에 관한 学说史的研究》，世昌出版社，2008，第50页。
② 〔韩〕宋德洙：《新民法讲义》，博英社出版社，2008，第955页。
③ 〔韩〕Seo Eul‐O：《物权行为论에 관한 学说史的研究》，世昌出版社，2008，第53页。
④ 〔韩〕Seo Eul‐O：《物权行为论에 관한 学说史的研究》，世昌出版社，2008，第72页。
⑤ 优士丁尼接受了盖尤斯对债的分类方式，在他的《法学阶梯》中，将契约分为实物契约、口头契约、文字契约以及合意契约。实物契约包括消费借贷（mutuum）、使用借贷（commodatum）、寄托（deposit‐um）、质押（pignus）、合意契约包括买卖（emptio venditio）、租赁（locatio conductio）、合伙（societas）、委托（mandatum），还有无名契约和简约（pactum）。此外，还存在作为准契约的无因管理和不当得利。参见〔英〕巴里·尼古拉斯《罗马法概念》，黄风译，法律出版社，2010，第156页及其后。

如此，罗马法上的清偿并非是像现行法中的给付实现，而是现实行为。即清偿作为所有权转移的正当原因，将以所有权转移为目的的相应债务履行作为义务，表现为现实进行的相应标的物的占有转移。换句话说，这里主要的外部行为就是现实占有转移，其正当原因就是履行以所有权转移为内容的债务的"清偿"。

为了准确理解这种清偿的特性，我们要注意考察的就是债务、清偿以及占有转移的关系。对于它们之间的关系，可以通过非债清偿（solutio indebiti）获得准确的理解。① 非债清偿是指不存在债务，但债务者却进行清偿的情况，在罗马法中，通过让渡实现的所有权转移，不考虑是否存在债务，即就算是非债清偿也是有效的。这种非债清偿的基本构成可以分为债务、让渡以及正当原因。此中的债务因为要式口约等多种原因而发生（但债务内容局限于所有权转移），而且债务受到履行约束。以所有权转移为内容的履行通过让渡来实现，在这里，让渡就是以所有权转移为目的的占有转移，清偿就是这种占有转移的目的，也就是所有权转移合意的别称。即如果当事人之间就"让渡的目的是清偿"达成合意，并且进行让渡的话，即使债务不存在，也可产生标的物所有权转移效果。这里的合意就是为了履行让渡（占有转移）之前存在的债务而形成的合意，这并非是关于债务的合意而是关于与债务独立的作为现实行为的让渡的合意，这就是正当原因。它之后受到注释学派深入讨论，而且对"titulus – modus"（名义—方式）理论产生了很大的影响，并且成为无因性物权合意（abstrackte dingliche Einigung）中的核心素材。

如此，罗马人将清偿本身看作一种所有权转移的正当原因。维尔纳·弗卢梅（Werner Flume）称其原因在于，罗马人并非围绕法律关系而思考，而是关注了这个行为本身，因此在清偿中也并非从债务消除这个层面，而是针对清偿这个行为本身进行了关注。② 并且，Wolfgang · Kunkel

① 在罗马法中，关于让渡的规定只要以一般性原则为主，而且相关资料并不丰富。与此相反，使用取得则拥有丰富的资料，其中包括许多具体的事例。因此，在有关让渡的争论中，不断尝试利用使用取得的相关资料来得出有关让渡的结论。特别是使用取得原因的项目与让渡项目大体上一致，更是如此。Rabel，Beseler，Ehrhardt，Kunkel，Hazewinkel – Suringa 等完全将让渡原因与使用取得的原因当作同一概念来看待，将从使用取得得出的结论全部拿到让渡中使用，但是卡泽尔、弗卢梅等则认为只有部分内容可以互相适用。并且，非债清偿也在使用取得的资料中出现，对此，Kaser，Flume，Mayer – Maly 认为，它也可以适用于让渡。参见〔韩〕Seo Eul – O：《物权行为论에 관한 学说史의 研究》，世昌出版社，2008，第 72 ~ 73 页。
② 〔韩〕Seo Eul – O：《物权行为论에 관한 学说史의 研究》，世昌出版社，2008，第 54 页。

等认为将清偿看作所有权转移的原因，是因为受到初期罗马的责任法特征很大的影响。即依靠古代市民法上的责任发生行为（Haftungsgeschäft）而形成的债务者的约束状态（der Zustand der Gebundenheit），仅依靠特殊的解决行为（Lösungsgeschäft）就可以消除，这种特殊的解决行为被认为是清偿，它作为具有与一般债务不同的独立性的概念，被当作所有权的正当原因所接受。① 如此，正如同嫁妆设定、赠与与契约、债务无关，其本身则可以作为有效原因一样，清偿过程的让渡是否以所有权转移为目的决定清偿能否成为有效原因。

5. 买卖

买卖作为一种双务合意契约，从买受人一方获得相应代价，同时转移标的物的占有以及相关的所有权利的合意。但是一种与此不同概念的买卖也存在，就是作为所有权转移正当原因的买卖。②

在罗马初期的买卖中，让渡人无须一定转移所有权，仅仅是进行占有转让。③ 即出卖人的第一义务是标的物的占有转移（vacuam possessionem tradere），因此即使买受人获得标的物的让渡后仍未取得所有权有关权利，但买受人仅靠这个理由无法采取任何救济举措④（仅仅在发生目的物追夺⑤的情况，或者在没有追夺但丧失交易利益的情况，仅可以向出卖人提出赔偿请求）。也就是说，买卖既不是为了转移所有权的契约，也并非是要求转移所有权和取得所有权的契约。

在经济贸易关系中，人们实际上用货物来交换货币等价物或者其他物品。但是罗马初期，这个过程不发生任何债务和契约，这是因为双方当事人都同时履行各自交换。⑥ 这种买卖在初期对于要式物是通过要式买卖来实现的，在要式买卖中，不发生债务。因此，通过要式买卖的买卖与之后作为契约的买卖具有相互不同的性质。但是，在买卖通过要式买卖进行的过程中，从之前单纯的现实占有转移这种买卖性变成所有权转移性，这种

---

① 〔韩〕郑泰纶：《民法上的原因概念与罗马法中的 causa》，载于《比较私法》第 14 卷 3 号，韩国比较私法学会，2007，第 54 页。
② 〔英〕巴里·尼古拉斯：《罗马法概念》，黄风译，法律出版社，2010，第 284 页。
③ 〔英〕巴里·尼古拉斯：《罗马法概念》，黄风译，法律出版社，2010，第 285 页。
④ 〔英〕H. F 乔洛维茨、巴里·尼古拉斯：《罗马法研究历史导论》，薛军译，商务印书馆，2013，第 377 页。
⑤ 追夺是指对买卖标的物的权利属于第 3 者，因此，此后买受人被第 3 者剥夺标的物的权利。
⑥ 〔英〕H. F 乔洛维茨、巴里·尼古拉斯：《罗马法研究历史导论》，薛军译，商务印书馆，2013，第 211 页。

发生变化的买卖性质扩张适用到略式物。即对略式物而言，它是通过要式口约来进行的买卖。① 之后，最终买卖逐渐变成一种合意契约形式。

但在罗马法中，履行买卖并不属于清偿。在保罗的论述及其见解所代表的古典法的立场中，明确写明买卖的履行并非清偿。这与学界上对于 Paulus D. 41，3，48② 解释中的见解是一致的。③ 若这样，则提出了为什么买卖履行不属于清偿的疑问。这个问题可以说是在理解正当原因方面一个很重要的问题。

这种作为正当原因的买卖被认为是与买卖的初期形态相关。即清偿最终不管是有效还是无效，都把债务关系作为基础（如上所讲的，清偿作为正当原因，其概念是指与一般债务相独立的形式）。但是，买卖在作为合意契约之前，最初形态是现实占有转移。也就是说，买卖初期形态是以现实占有转移这个现实行为为基础，即使到了买卖契约形成以后，买卖契约的履行也不属于清偿范畴之内，而是买卖继续与清偿独立地作为买卖契约的正当原因。

对此，Wolfgang. Kunkel 认为，古代人不知道通过买卖而成立的所有权转移中的义务负担行为和履行行为概念的区分，而且他们只知道现物交易行为，从这种的观念中成立这样的现象。④

随着买卖作为合意契约被逐渐接受，其要求标的物、价格以及合意作为成立要件，这点产生了买卖与清偿之间适用差异。⑤ 这点产生了买卖与清偿之间适用差异。Paulus D. 41，4，2 pr⑥ 对此进行了论述。即因为履行买卖不是履行清偿，所以买卖契约必须实际存在，并且不仅在让渡时需要

---

① 〔英〕巴里·尼古拉斯：《罗马法概念》，黄风译，法律出版社，2010，第 286 页。

② D. 41，3.48 保罗《教科书》第二卷 "……这种区分的原因：在其他原因中，应当考察的是清偿的时间，在进行要式口约时对物归他人所有是否知情并重要，只要在清偿时认为它归你所有就可以了；而在买卖中则要考察契约成立的时间和清偿的时间。"参见《学说汇纂（第四十一卷）》，贾婉婷译，中国政法大学出版社，2011，第 191 页。

③ 虽然该片段是关于使用取得的内容，但正如脚注 49 所讲的，学界上一般认为，让渡也同样适用。

④ 〔韩〕郑泰纶：《关于罗马法中的原因论的考察》，载于《法学论集》第 9 卷 1 号，梨花女子大学出版社，2004，第 96 页。

⑤ 〔英〕巴里·尼古拉斯：《罗马法概念》，黄风译，法律出版社，2010，第 162 页。

⑥ D. 41，4，2 pr 保罗《论告示》第 54 卷 "那些实际上购买了某物的人可作为买卖人占有，但仅在观念上认为自己作为买卖人占有是不够的，还必须存在购买的原因。……但在买卖中还应该考察形成合意的时间，因而不仅买卖应出于善意，对占有的取得也应当出于善意"。参见《学说汇纂（第四十一卷）》，贾婉婷译，中国政法大学出版社，2011，第 191 页。

买受人的善意而且在签订买卖契约时也需要。相反，除买卖之外的其他债务履行都属于清偿，并且，因为在清偿中不用考虑作为其根据的债务，所以即使实际上并不存在债务（非债清偿），也可以进行使用取得（如上所说，一般认为，关于使用取得的段落内容也同样适用于让渡。因此，使用取得上的非债清偿的内容也可以适用于让渡。），受让人的善意也仅在清偿时（让渡）才被要求，在原债权成立时则不受到要求。① 在这里，买卖与清偿要求的善意时间点不同。即买卖在契约签订时和让渡时都要求善意，而清偿则仅仅在让渡时要求善意。

产生这种差别的原因在于，买卖契约履行的性质与除此以外的契约履行，即清偿的性质在根本上是不同的。特别要注意的是，作为买卖根据的买卖契约是合意契约这一点。在合意契约中，与所有权转移有关的仅仅是买卖契约。合意契约正如上述所说，将合意作为其成立要件，因此在合意阶段也要求善意。这一部分与清偿中承认非债清偿，也就是说，即使不存在债务，也可以把清偿作为正当原因来实现所有权转移的内容形成对比。即对于罗马人，他们认为，通过清偿来获得所有权具有无因性的特征，通过买卖实现的所有权转移具有有因性特征。② 因此，在清偿中，仅在让渡时要求善意，在契约成立时则不需要善意。这两者的差别是因为合意契约与其他契约的性质、成立要件不同。

如此，随着买卖从单纯的占有转移发展成为所有权转移概念，买卖以要式买卖、要式口约的形式进行，在这个过程中，买卖的内容逐渐归属于合意契约，并且，在所有权转移方面，与其他契约不同，买卖不是以清偿而是买卖自身为正当原因。

这种罗马法上的正当原因，此后通过中世纪罗马法学者以及教会法学者的研究发展，逐渐形成了原因论。并且，随着它作为一个重要概念被物权法所接受，其成为权源形式理论的核心要素。

---

① 〔韩〕Seo Eul - O：《物权行为论에 관한 학설사의 研究》，世昌出版社，2008，第 87 页。
② 〔韩〕郑泰纶：《关于罗马法中的原因论的考察》，载于《法学论集》第 9 卷 1 号，梨花女子大学出版社，2004，第 96 页。

案例教学如何嵌入学术思维

——以"赵 C 姓名权"案为例

沈桥林 *

内容提要： 近年来，法学专业案例教学广泛开展，特别是专门的案例教学课有效地改变了过去寓案例于相关课程教学之中的不足，克服了过去案例主要用于对法条诠释的不足，使案例教学朝职业训练方向发展。本文拟以"赵 C 姓名权"案为例，对案例教学作些探讨，特别是探讨如何将理论学习、学术研究与职业能力、实践工作衔接起来，在强调实践教学、传授职业技能的同时，保持理论学习和学术研究的传统，最大限度地发挥案例教学的功效。

关键词： 案例教学；学术思维；职业训练

近年来，针对过去法学教学"重理论、轻实践，重学术研究、轻职业能力"等方面的不足，国内高校及教育主管部门积极探索、开展了一系列法学专业教学改革，所有这些改革具有一个明显的特征或是共性，即重实践教学、重法律职业能力培养。为此，不少高校在校外建立了一批稳定的教学实习基地，在校内建起了教学实验中心。此外，还比较普遍地开设了一系列实践教学课程。这些有声有色地开展起来的法学专业教学改革，为克服过去教学上的不足、使大学教育更好地服务于市场需要、让法学专业毕业生能够较快地适应法律职业，都具有无可置疑的积极意义。但与此同时，我们也应该清晰地认识到，所有这些改革措施依然存在一定的不足。校外实践基地建设与过去的教学实习相比较，很难说有较大飞跃或者说是本质区别。校内实验教学中心与当今法律职业实践依然存在一定距离，也无法反映社会丰富多彩的法律生活样态，而且大多数学校未必有条件建立校内教学实验中心。有鉴于此，本人认为，对大多数处于一般层次的高校法学专业来说，主要精力还是要放在加强实践教学课程建设上面，安排部

---

* 沈桥林，江西师范大学教授，博士生导师。

分真正在理论和实践方面都有一定造诣的"双师型"教师，实实在在地开设几门实践教学课程。

通常而言，法学专业教育的任务有二：一是理论知识学习；二是职业技能训练。过去，我们偏重于理论知识学习，现在又强调职业技能训练。如何将二者很好地结合起来而不至于有所偏废？本文拟以"赵C姓名权"案为例，对案例教学作些探讨，探讨的重点在于，如何将理论学习、学术研究与职业能力、实践工作衔接起来，在强调实践教学、传授职业技能的同时，保持理论学习和学术研究的传统优势，避免为实践而实践、为职业而职业，将案例教学变成简单枯燥的案情与法条对号入座，甚至使法学教学从一个极端走向另一个极端。

为了兼顾理论与实践、学术研究与职业训练，本人将案例教学分为以下几个步骤：首先是案情介绍，然后要归纳和分析问题，并针对问题展开辩论，辩论结束即与案件实际处理进行比较，找出其中的亮点和不足，最后，还要列出几个值得进一步深入探讨的问题，作为课堂案例教学的后续工作，供有兴趣的学生深度思考，以期达到余音绕梁、回味悠长之效。

一 案情介绍

案情介绍是所有案例教学必需的，但可以放在课外去做，不占用课堂时间。上一个案例教学结束之后，随即安排学生下一个案例教学任务，将书面案情介绍发给学生，学生也可以课外查阅下一个将要开展教学探讨的案例资料。如果可能，最好在学期授课之始，将本门课程需要探讨的案例及进度安排交给学生，让学生一开始即有个总体时间安排和把握，从而可以有更多时间充分查找资料、思考问题，特别是对有兴趣的案例可以准备得比较充分。学生准备得越充分，教学收效就会越大，课前思考得越多，课堂讨论就越深入。

"赵C姓名权"案的案情是这样的：

江西鹰潭公民赵C出生于1986年，"赵C"这一姓名是其出生时父亲帮他取的，并于当年进行了户籍登记。2005年赵C又用该名在鹰潭市公安局月湖分局申请了第一代身份证。

2006年8月，赵C到派出所申请换发第二代身份证，民警告诉他，公安部有通知，姓名中不能有"C"这种英文字母。后来，鹰潭市公安局月湖分局户政科又通知赵C，"赵C"这个名字进不了公安部户籍管理系统，建议赵 C 改名。

赵 C 的父亲赵某认为，公安机关要求赵 C 改名，侵犯了公民的姓名自由权。在从事律师工作的父亲鼓励下，赵 C 不同意改名，并于 2008 年 1 月 4 日向鹰潭市月湖区法院提起行政诉讼，请求法院判决鹰潭市公安局月湖分局作出为他换发第二代身份证的具体行政行为。

2008 年 6 月 6 日，鹰潭市月湖区人民法院对此案作出一审判决，赵 C 胜诉。随即，月湖公安分局向鹰潭市中级人民法院提起上诉。

2009 年 2 月 26 日，二审法院开庭审理，经过 3 个多小时的激烈辩论后，最终在法院的反复协调下，上诉人与被上诉人达成和解协议：被上诉人赵 C 同意变更姓名并使用规范汉字，依法申请变更姓名登记；上诉人免费并协助被上诉人办理变更姓名的相关事宜；上诉人撤回上诉；撤销一审判决。二审法院认为，上诉人鹰潭市月湖公安分局撤回上诉符合法律规定，进而当庭裁定，准许上诉人鹰潭市月湖公安分局撤回上诉。

二　归纳问题

归纳问题时可以先让学生归纳，让学生自由发挥，然后由教师去粗取精、补充完善，确定几个本案焦点及值得深入探讨的问题，这样，后面分析问题时就可以围绕这些方面而展开。

把问题归纳出来之后，老师先对这些问题从理论上作些解释和说明，为后面分析问题打下基础。在此，不要求对问题进行展开，但要求把问题的含义、性质等说清楚。

本案归纳的问题有以下几个：

1. 如何理解和保护公民姓名自由权？

姓名自由权是姓名权和自由权的结合。姓名权毫无疑问属于人格权的一种，此乃宪法上的公民基本权利。自由权显然也是公民基本权利。姓名表面看来只是公民自我设定的一个识别符号，但实质上姓名自由权则是公民的一项非常重要的基本权利。正如有的学者所说，"公民人格权，在公民基本权体系中具有基础性地位，是其他各类基本权之价值核心和思想源泉。"[1] 由此可见，姓名自由权对公民的价值和意义。

既然是公民基本权利，根据宪法学理论，国家公权机关就必须担负保

---

[1]　刘练军：《姓名权保护的度在哪里》，载《法治论丛》2011 年第 2 期。

障之责，也就是说，国家公权机关必须保障公民基本权利，创造条件使公民基本权利得到实现，更不能对公民基本权利有所侵犯。

我国《宪法》第38条规定，中华人民共和国公民的人格尊严不受侵犯。禁止用任何方法对公民进行侮辱、诽谤和诬告陷害。《民法通则》第99条也规定，公民享有姓名权，有权决定、使用和依照规定改变自己的姓名，禁止他人干涉、盗用、假冒。

需要指出的是，宪法上的公民基本权利与民法上的公民权利在法律性质上是不一样的。前者着重强调免受来自国家公权力的侵害，后者则是强调免受其他公民或私法主体的侵害。换句话说，它们是两个不同层次的权利，受到两个不同层次的法律规范保障。国家宪法、民法，包括其他法律都注意到了公民姓名自由权的保护，也足以说明这一权利的重要性。

2. 姓名自由权是否受限？如何限制？

权利不是随心所欲，更不是为所欲为，即便是受宪法保护的公民基本权利也是如此。西方经典法学家洛克曾说，哪里没有法律，哪里就没有自由，意指自由必须在法律的轨道上行使。孟德斯鸠也曾说过，自由是做法律所许可的一切事情的权利。诸如此类的论述还有不少。

对公民姓名所使用的文字符号进行限制，世界上并不鲜见，限制内容大多为：不能使用有伤社会风化的文字符号；不能使用有违善良风俗的文字符号；不能使用怪癖文字符号；不能使用过于冗长复杂的文字符号；等等。我国《居民身份证法》第四条规定："居民身份证使用规范汉字和符合国家标准的数字符号填写。"我国台湾地区的姓名条例第六条第一款第六项亦规定，命名文字字义粗俗不雅或有特殊原因经主管机关认定者，得申请改名。

当然，对公民基本权利的限制更不能随意为之，而必须符合一定的原理。根据通行的宪法学理论，对公民基本权利限制通常要遵循以下几个原则。

（1）法律保留原则

法律保留思想产生于19世纪初，最早提出该思想的是有德国"行政法学之父"之称的奥托·迈耶。根据他的定义，法律保留是指在特定范围内对行政自行作用的排除。也就是说，某些行政行为只有在立法机关对之已有法律规定时，行政机关方能为之。《中华人民共和国立法法》第八条规定，对民事基本制度只能制定法律。《中华人民共和国行政处罚法》第九条规定，限制人身自由的行政处罚，只能由法律设定。这些都是法律保留原则在我国法律上的体现。根据上述规定，在我国除法律有权设定限制人身自由的行政处罚之外，行政法规、地方法规、规章等都无权限制公民人身自由，效力等级更低的规范性文件就更没有此种权限。

法律保留原则就是要明确，行政行为干预公民的某些权利时，必须经由法律规定或得到法律的授权。法律保留原则通常可以划定立法权与行政权的界限，有效克服行政机关对公民权利的侵犯。

（2）比例原则

比例原则是宪法和行政法上的一项重要原则。通说认为，比例原则包含适当性原则、必要性原则和狭义的比例原则三个子原则。比例原则强调行政行为除了必须要有法律依据外，还必须选择以对公民权利侵害最小的方式进行。

比例原则要求行政主体实施行政行为应当兼顾行政目标实现和行政相对人权益保护，如果行政目标的实现可能对相对人的权益造成不利影响，则这种不利影响应被限制在尽可能小的范围之内，也就是说，行政目标和相对人权益二者之间要有适当的比例。

（3）信赖保护原则

信赖保护原则是指，行政行为一经作出，就被推定为合法有效，行政相对人对此应予信任和依赖，相对人基于对行政行为的信任和依赖而产生的利益，也要受到相应保护。根据信赖保护原则，行政行为一经作出，非有法定事由和非经法定程序不得随意撤销、废止或改变，即便是行政主体自我纠错，也要受到一定的限制，并对由此而给相对人造成的损失给予补偿。

我国《行政许可法》第 8 条就体现了信赖保护原则。该条规定："公民、法人或者其他组织依法取得的行政许可受法律保护，行政机关不得擅自改变已经生效的行政许可。""行政许可所依据的法律、法规、规章修改或者废止，或者准予行政许可所依据的客观情况发生重大变化的，为了公共利益的需要，行政机关可以依法变更或者撤回已经生效的行政许可。由此给公民、法人或者其他组织造成财产损失的，行政机关应当依法给予补偿。"

3. 公安机关不予换发身份证的行为是否合法？

本案中，公安机关拒绝为赵 C 换发第二代居民身份证的依据和理由主要有四：一是《中华人民共和国居民身份证法》；二是《公安部关于启用新的常住人口登记表和居民户口簿有关事项的通知》；三是由公安部组织起草的《中华人民共和国姓名登记条例（初稿）》；四是公安部门现行使用的户籍管理系统无法录入。

那么，这四个依据或理由是否成立呢？或者说，公安机关不予换发身份证的上述依据是否具有法律效力？

《中华人民共和国居民身份证法》是国家法律，由十届全国人大常委会第三次会议通过。该法第四条规定，居民身份证使用规范汉字和符合国家标准的数字符号填写。这一规定理所当然应该得到执行。但这一法律规范的规范内容是居民身份证需要填写的所有项目，而不仅仅是作为身份证内容之一的公民姓名，而且，可以用于填写居民身份证的，除规范汉字之外，还可以是符合国家规定的数字符号。鉴于居民身份证登记中，实际上已经广泛使用"X"这样的字母，既然肯定字母"X"是符合国家规定的数字符号，可以用于身份证登记，那么，作为同一性质的字母"C"应该也可以用于身份证登记。故这一问题似乎在本案中可以不作为重点讨论。

关于《姓名登记条例（初稿）》，因为该法律文件尚属草案，还没有完成立法程序，显然还不具有法律效力，无须讨论。

关于《公安部关于启用新的常住人口登记表和居民户口簿有关事项的通知》及户籍管理系统，在本案实践中起到了非常重要的作用，甚至可以说就是这两条理由直接导致公安机关不予为赵C换发第二代居民身份证，故该两条有必要在下文专门予以讨论，在此不作展开。

4. "C"是否属于规范汉字？

基于上面分析，《居民身份证法》第四条对本案应该可以不产生实际影响，因为无论"C"是否属于规范汉字，都可以和字母"X"一样，用于居民身份证登记。而本案争议的实质是公民姓名自由，即"C"是否可以用于公民姓名符号。故"C"是否属于规范汉字这一点，本来应该没有重点讨论的必要。但在案件审理实践中，双方围绕这一问题展开了反复激烈辩论。争论一方认为，"C"既是英文字母，也是汉语拼音符号，属于规范汉字，可以用于姓名登记，也不违反《居民身份证法》；争论另一方认为，"C"不属于规范汉字，不能用于姓名登记，否则有违《居民身份证法》。

当然，根据《公安部关于启用新的常住人口登记表和居民户口簿有关事项的通知》规定，常住人口登记表和居民户口簿应使用国务院公布的汉字简化字填写。如果肯定这一通知与法律具有同等约束力，则"C"是否属于规范汉字就具有讨论的必要。因为，若"C"不属于规范汉字，就不能用于常住人口登记和户口簿的填写，当然也就不能用于身份证姓名登记。

加之这一问题在实践中成了一个实际争论的焦点，在此也将之作为一个问题归纳出来。

三　分析问题

问题归纳出来之后，需要对之进行分析。上述几个问题的分析，大致可以围绕姓名自由权和公安机关拒绝换发身份证的行为是否合法来展开，分析问题时有必要充分考虑到我国当前的社会实践和法治建设的实际水准以及案件审判中各方的实际操作。这里的分析应该有理论、有实践，同时能够为学生后面的辩论打下基础、设定方向，不至于让辩论天马行空、信马游江而失去方向。

基于这些考虑，本案主要分析以下三个问题。

1. 关于姓名自由权

前面已经讲到，姓名自由权是公民基本权利，受到宪法及法律的保护，同时，在必要的情况下，国家也可以依法对之进行限制。那么，如何处理保护与限制的关系？在什么情况下应该强调保护？在什么情况下可以对其进行限制？

应该说，通常而言，公民基本权利首先强调的是保护，限制只能是在特殊情况下才可以依法为之，或者说限制只能是保护的例外，而不能是常态。承认和保护公民基本权利是社会进步和文明的表现，而且，随着社会的发展，公民也必然切实享受到更多的权利保障。拉德布鲁赫（Gustav Radbruch）曾说："人之所以为人，并不是因为他是一种有肉体和精神的生物，而是因为根据法律规则的观点，人展现了一种自我目的。"[①] 在这里，拉德布鲁赫就是想表明这样一种观点，法律规则应当把人本身当作目的，应当保障人的权利，并有利于个人自我目的的实现。哲学家康德也曾说过，人本身即是目的。康德认为，"不论是谁在任何时候都不应把自己和他人仅仅当作工具，而应该永远看作自身就是目的"。[②] 这一点，在我们国家的传统历史上有许多值得反思的地方，正因为如此，有着"最后的

---

① 〔德〕拉德布鲁赫：《法哲学》，王朴译，法律出版社，2005，第134页。

② 〔德〕康德：《道德形而上学原理》，苗力田译，上海人民出版社，2005，第53页。

儒家"之称的梁漱溟先生曾感叹："中国文化最大之偏失，就在于个人永不被发现这一点上。一个人简直没有站在自己立场说话机会，多少感情要求被压抑，被抹杀。"①

个人自由是社会发展的动力和源泉，个人权利是社会发展的标志和体现。从宪法学角度说，公民姓名权自由在不妨碍国家、社会、他人利益时是不受任何限制的。"任何人的行为，只有涉及他人的那部分才须对社会负责。在仅只涉及本人的那部分，他的独立性在权利上则是绝对的。对于本人自己，对于他自己的身和心，个人乃是最高主权者。"② 而且，"在解释上，基本权之存在，不必积极地有利于社会、国家、人群，只要消极地不对社会共同体造成侵害即可受宪法之保障。换言之，基本权具有'社会中立性'，基本权之行使不对社会或国家负担义务，故国家拟对基本权加以限制时，须符合法律保留原则。"③

当然，考虑到"人是社会的人"这一点，同时考虑到法律本身的存在就是为了规范社会行为、促进社会文明和社会发展，公民姓名自由权的行使还是应该具有一定的严肃性，应该遵循社会普遍的文化价值取向，在个人与社会之间达成一种平衡。换句话说，从社会公共利益角度来讲，通过法律来规范公民姓名自由权的行使还是有必要的。否则，就可能引起社会混乱，妨碍社会管理，危害公共利益，最终也不利于个人权利实现。

2. 关于公安机关的通知

本案中，公安机关拒绝为赵 C 换发第二代居民身份证的重要依据之一就是《公安部关于启用新的常住人口登记表和居民户口簿有关事项的通知》，该通知以公通字〔1995〕91 号文下发，于 1996 年 7 月 1 日开始实施，根据通知，常住人口登记表和居民户口簿应使用国务院公布的汉字简化字填写。那么，如何理解这一通知呢？

在我国，有中国特色的社会主义法律体系已经建立。在我国社会主义法律体系中，具有最高法律效力、高居法律金字塔之顶的是《中华人民共和国宪法》，紧随其后的是法律，然后是法规，再然后是规章，规章之后是规范性法律文件。当然，规章及其之后的规范性法律文件严格来说不能称之为法律，但这些数量巨大的文件却实实在在地在各地各部门发挥着广泛的规范作用，故不得小视。

---

① 梁漱溟：《中国文化要义》，上海人民出版社，2005，第 221 页。
② 〔英〕密尔：《论自由》，许宝骙译，商务印书馆，1959，第 10 页。
③ 李惠宗：《宪法要义》，台湾元照出版公司，2006，第 340 页。

所谓规范性法律文件，通常而言，就是指各级机关、团体、组织制发的各类文件中最重要的那一类，因其内容具有约束和规范人们行为的性质，故称为规范性文件。对于规范性法律文件，实现中存在广义和狭义两种理解。广义的规范性法律文件，包括宪法、法律、法规、规章和除此以外的由国家机关和其他团体、组织制定的具有约束力的规范性文件。狭义的规范性法律文件，是指除宪法、法律、法规、规章以外的，其他具有约束力的规范性文件。目前，这类规范性法律文件制定主体非常之多，内容也非常之广泛，在实践中发挥着非常重要的作用。

总之，法律一定是规范性文件，而规范性文件不一定就是法律。只是因为许多规范性文件在实践中广泛地发挥着法律效力，故将这类文件统称为规范性法律文件。也正是因为这类规范性法律文件数量众多、涉及面广、内容庞杂，存在一定的问题，故不少人明确提出，应该将规范性法律文件规范化、系统化。

3. 案件处理过程中各方的现实关切

案件审判、甚至法律学习，都不是在真空状态下进行，也不仅仅是基于法条的形式推理。所以，我们在分析问题时，还必须考虑到案件处理过程中各方的现实关切，甚至是博弈，将可能影响案件处理结果的实际因素纳入分析。

本案中，公安机关和审判机关，包括公民赵 C 都会特别关心裁判文书的执行，思考如何对待法院的裁判文书。公安机关必须考虑若万一败诉，是否执行法院判决，又如何执行？审判机关必须考虑若裁判文书万一得不到执行，会面临怎样的窘境？赵 C 面临的问题则更为直接，其使用多年的姓名能否继续延用？无论胜诉与否，这个问题对他而言都会客观存在。如果败诉，更名是必然；如果胜诉，公安机关不予执行怎么办？是否还存在其他有效救济途径？

实践中，公安机关和审判机关也确曾就案件有关问题向各自的上级请示汇报。

作为一审被告的鹰潭市月湖区公安分局，在接到败诉的一审判决后，立即提出了上诉，并向上级部门请示如何执行法院判决。问题逐级请示到了公安部，甚至引起了中央的关注。公安部的批复意见大致是，根据有关法律精神，居民身份证姓名登记项目应当使用规范汉字填写，并与常住人口登记表和居民户口簿姓名登记项目保持一致。公安机关发现常住人口登记表、居民户口簿或居民身份证姓名登记项目未使用规范汉字填写的，应请本人协助更正，并免费为其办理更正后的居民户口簿、居民身份证等。江西省公安厅接到公安部批复后，及时抄送给了江西省高级人民法院，江西省高级人民法院又及时转给了鹰潭市中级人民法院。

在审判机关方面，未见有书面的请示和批复。

四　展开辩论

经过以上的归纳和分析，辩论环节我们为学生设定了以下几个问题，要求学生围绕以下问题展开。每位学生的立场、观点事先不予确定，学生可站在正、反两个角度自由发言，这样更有利于学生发挥。考虑到这是案例教学，教学重点应当放在实际问题的解决方面，故辩论的问题力求具体明确，并能够找到理论和规范方面的论据。辩论过程中，老师可以给予适当的提示和引导。

1. 公安机关可否以公安部《关于启用新的常住人口登记表和居民户口簿有关事项的通知》为由，拒绝为原告换发身份证

从公安部《关于启用新的常住人口登记表和居民户口簿有关事项的通知》的性质来看，由于其仅仅只是行政机关的内部文件，从法律上来说，最多也只能称得上是规范性法律文件，法律效力等级较低。根据前述限制公民基本权利相关理论，这样一种效力等级较低的行政机关内部文件，显然无权约束公民基本权利，不能限制公民姓名权自由。公安机关不能以此为由拒绝为赵 C 办理姓名登记、换发第二代居民身份证。这是所有学生的共识。

在老师的引导之下，接下来深入展开，则形成了以下两种不同意见。

一种意见认为，如果法院经审理认为，公安部《关于启用新的常住人口登记表和居民户口簿有关事项的通知》符合宪法和法律的精神，属于为执行宪法和法律而采取的措施，不违反宪法和法律的规定，并不损害宪法和法律保护的公民基本权利，那么，该通知就是公安机关对法律的贯彻执行，其效力应当得到肯定，无论是公安机关还是公民个人，都必须遵守执行。在这种情况下，公民姓名与通知规定不符的，就应当更改。或者说，公安机关有权以公安部《关于启用新的常住人口登记表和居民户口簿有关事项的通知》为由，拒绝为原告换发身份证。这种情况下，表面看来是公安部的通知约束了公民姓名自由，但实质上，公安机关拒绝为原告换发身份证的行为，不应当理解为是执行上述通知，而应当理解为是执行宪法和法律，因为通知本身即是对宪法和法律的贯彻实施。也就是说，是法律本身对公民姓名自由权作出了一定限制。

另外一种意见认为，如果法院经审理认为，公安部《关于启用新的常住人口登记表和居民户口簿有关事项的通知》与宪法和法律的精神不符，比宪法和法律更多地限制了公民基本权利，那么，因为通知本身不具有限制公民基本权利的效力，同时通知又与宪法和法律精神不符，不属于对宪法和法律的贯彻落实，法院就可以对通知置之不理，进而依据宪法和法律判决公安机关履行行政管理职责，为赵 C 办理姓名登记、换发第二代居民身份证。又因为我国审判机关无权审查法律之间的冲突，也无权审查抽象行政行为，为慎重起见，人民法院如果认为通知与宪法和法律精神不符，不属于对宪法和法律的贯彻落实，就可以逐级上报至有权机关处理。同时中止诉讼，等待有权机关处理结果。

2. 公安机关可否以"进不了户籍管理系统"为由，拒绝为原告换发身份证

大多数同学认为，根据有关法律，公安机关是我国的户籍管理机关。作为户籍管理机关，月湖公安分局应该认真履行管理职责，并为公民户籍登记提供尽可能多的方便。在公安机关自身存在某些条件欠缺的情况下，不能因为条件欠缺就消极不作为，拒绝为公民进行姓名登记，甚至要求公民为适应其管理系统而改变姓名。如果这样，那就是典型的削足适履。公安机关应该做的是，创造条件、千方百计为公民户籍登记提供优质、高效、全面的服务。当自身户籍管理系统不能满足公民姓名登记需要时，公安机关应当投入相应的人力物力，设法改进管理系统，采取措施努力实现宪法和法律确认的公民权利，努力为公民提供高质量的服务，克服困难行使好户籍登记的行政职能。特别是在涉及保障公民姓名自由权这样的宪法权利时，就更应该如此，而不能消极懈怠。因此，我们可以毫无疑问地肯定，公安机关不能以"进不了户籍管理系统"为由，拒绝为赵 C 换发第二代居民身份证。

更何况在本案中，月湖区公安分局已经为"赵 C"办理了户籍登记并颁发了第一代居民身份证，理应视为行政机关作出了具体行政行为，确认了其姓名有效。众所周知，行政行为具有确定力、先定力等，行政行为一经作出，即便是作出该行政行为的行政主体，非依法定理由和程序，也不得随意改变其行政行为的内容，不能就同一事项重新作出行政行为。

此外，根据信赖保护原则，公民赵 C 的姓名已经使用多年，并经户籍管理机关登记，颁发了第一代居民身份证，赵 C 完全有理由认为其姓名合法有效，可以放心大胆地继续使用、长期使用。

也有部分同学认为，我国颁发第一代居民身份证时，由于当时的条件有限，身份证内容为手写记录，在这种情况下，公民姓名使用任何符号都不影响登记成功。随着社会发展和管理手段的更新，第二代居民身份证已经实行信息化管理，若公民姓名使用了计算机系统无法识别的字符，公安机关就无法为其办理姓名登记，无法为其换发第二代居民身份证。故公安机关拒绝为赵 C 换发第二代居民身份证的行为，并不是由公安机关的主观原因造成，而是由于客观因素导致的，在法律上属于行政不能，合法性应当肯定。而且，赵 C 能领到第一代居民身份证也很好地说明了公安机关无意约束其姓名自由。升级改造户籍登记系统费时费日，客观上也存在技术和经费上的困难。对此，赵 C 应充分理解，配合公安机关信息化管理。

3. "C"是否属于规范汉字，能否用于居民身份证姓名登记

关于这一问题，审判实践中，双方争论激烈，各执一词。课堂讨论上，也是各展才华，互不相让。不过，尽管辩论激烈，但双方辩论并不完全是围绕"'C'是否属于规范汉字"而展开，辩论内容基本焦点还在于"'C'是否可以用于身份证登记"。故辩论似有跑题之嫌。

肯定的一方认为，"C"既是英文字母，又是汉语拼音字母，也是符合国家标准的数字符号，因而可以用于居民身份证填写，其合法性不容置疑。根据《居民身份证法》第四条规定，居民身份证使用规范汉字和符合国家标准的数字符号，故第二代居民身份证由汉字、数字、符号三种元素组成的，"C"完全可以用于居民身份证登记。而且，既然在居民身份证登记中已经实际使用"X"这样的符号，那么，作为同一性质的"C"应该也可以用于身份证登记。赵 C 的父亲在庭审辩论中甚至认为，"C"是左半月形符号标志，属于国际通用的标准符号，符合我国居民身份证法数字符号的规定。

否定的一方认为，"C"不属于规范汉字，而是英文字母。尽管汉语拼音中也存在"C"这样一个符号，但作为汉语拼音的"C"与作为英文字母的"C"发音完全不同。实践中，所有人在拼读这一符号时都是按英文字母发音而不是按汉语拼音发音。

根据我国《国家通用语言文字法》第二条规定，国家通用语言文字是普通话和规范汉字。规范汉字的标准由国家颁布。在国家发布的规范汉字中，不存在"C"这样一个汉字。故"C"不能用于居民身份证姓名登记。

尽管根据《居民身份证法》第四条，居民身份证填写可以使用规范汉字和符合国家标准的数字符号，但在法律条款中，"数字"和"符号"之间没有顿号，故"数字符号"是一个概念而不是两个概念。在这里，"数字符号"只能理解为以数字形式出现的符号，不能理解为"数字和符号"。

在现代汉语中，非汉字符号包括三种：标点符号、数字符号和字母符号。通常而言，"数字符号"是指以阿拉伯数字为主的数字系统，不包括"字母符号"。因此，《居民身份证法》第四条说的"符合国家标准的数字符号"，应当是指以阿拉伯数字为主的数字系统，主要用于居民身份证中的出生日期、公民身份证号码、有效期限等需要用数字符号填写的登记内容。

4. 姓名中有"C"这样的符号是否有害于社会

赵 C 用"C"作为自己的名字符号，是否妨害了国家对社会的管理，有碍于社会秩序，有损公共利益？这是一个很难有精准答案的问题。

肯定的一方认为，取名赵 C 不属于我国《刑法》中妨害社会管理秩序罪的行为，也不属于《治安管理处罚法》第 19 条列举的扰乱公共秩序的行为。而且，赵 C 及其父亲也没有扰乱公共秩序的故意，赵父给儿子取名赵 C 是行使公民姓名自由权，其行为无害于社会，只是有点个性彰显而已。

实践中，据赵 C 的父亲在庭审中所说，自"赵 C"这个名字使用以来，二十多年里，没有发现一个重名，且便于他人书写、记忆、称呼、区别，更方便了户籍部门的管理。同时，该姓名的使用，从未给本人及他人带来任何不便，在中考、高考时网上录取学校、买商业保险、办理银行存取款业务都非常方便快捷，未增加相关部门的任何成本，没有给国家、社会和他人造成任何不利影响，更未违背宪法秩序和公序良俗。赵 C 自己也说，这个名字很好记，而且很实用，老师、同学一看就能记住我，同时也给他人带来了易读、易写、易记等诸多便利。

反对的一方认为，公民姓名是社会文化的有机组成部分，也是社会公共生活的重要内容。中国公民在名字中使用外国文字，不利于本国文化传承，是对本国文化的变相侵蚀，也不利于社会交流，这种行为属于为了彰显自己个性而不惜牺牲本国文化的表现，具有巨大的隐性社会危害。

而且，据月湖公安分局在庭审中说，公安机关现行人口管理信息系统，是严格按《中华人民共和国居民身份证法》规定设计和运行的，以"赵 C"为姓名无法实现国家对公民的户籍登记和管理，妨碍了社会管理秩序，也违反了居民身份证法等法律规定。如果因为满足赵 C 个人姓名登记需要，而耗费人力物力对公安机关人口信息管理系统升级改造，也是一种牺牲社会资源的表现，有损国家利益和社会公共利益。

同时，赵 C 本人也坦言，这个名字在给他带来易读、易写、易记等便利的同时，也给他带来了很多麻烦，常常因为这一姓名不符合社会的普遍期待而引起别人的误会。

五　反观实践

因为是案例教学，又因为是真实的案例，在课堂上，完全有必要将课堂分析等内容与案件的实际处理进行比对，进而找出自身的差距、分析法院处理的得失，只有这样，才能将案例教学的效果发挥到最好。

通过前面几个环节，学生对案情已经有了详细的把握，对涉及的问题有了比较明晰的认识。这时再把课堂上的分析和认识拿来与案件实际处理结果进行比较，学生的认识就可能更深入，反思也可能更深刻。

本案一审是以判决形式结案，判决结果责令被告鹰潭市公安局月湖分局允许赵 C 以"赵 C"为姓名换发第二代居民身份证。

在判决书中，月湖区人民法院认为：公民享有姓名权，有权决定和使用自己的姓名。赵 C 经公安机关核准领取了第一代居民身份证，应视为被告作出了具体行政行为。换发第二代身份证是为了提高身份证的质量和防伪性，而不是改变登录的内容。赵 C 姓名在使用 22 年过程中未给国家、社会及他人造成不利，鹰潭月湖公安分局应当允许"赵 C"保留现有姓名，并为其换发第二代居民身份证。

二审过程中，经过法院耐心细致的工作，双方当事人都作出了让步，并达成了庭外和解。和解内容为：被上诉人赵 C 同意变更姓名并使用规范汉字，依法申请变更登记；上诉人免费并协助被上诉人办理变更姓名的相关事宜；撤销一审判决。鹰潭市中院认为："上诉人鹰潭市月湖公安分局撤回上诉符合法律规定，准许其撤回上诉。撤销一审判决"。进而当庭裁定，准许上诉人鹰潭市月湖公安分局撤回上诉。

结合所学知识与课堂分析讨论，考虑到实际的司法环境，大家比较一致地认为，司法机关对本案处理值得肯定的地方及需要反思的地方主要有以下两点。

1. 值得肯定的地方

一审法院判决，责令被告鹰潭市公安局月湖分局允许赵 C 以"赵 C"

为姓名换发第二代居民身份证……这是首先应该值得肯定甚至欣赏的地方。第一，该判决可谓是观点鲜明，勇于担当，姑且不论其所持观点和价值是否无可挑剔，仅就其对案件作出观点鲜明的判决本身，即应得到高度肯定。第二，判决有利于帮助审判机关打破习惯思维、强化法律权威、推动行政机关依法行政。第三，判决对公民姓名自由权给予了很好的保护，同时也保护了公民的个性和特质，有利于公民宪法权利实现，也有利于社会生活的丰富多彩和国家民主法治建设的进步。

一审判决的这种勇气和精神是值得高度肯定的。作为法官，通过审判实践推进法治建设和人权实现是其崇高职责所在。但并不是所有案例都能够在这方面发挥出理想的示范作用。认真对待一个千载难逢的好案例，需要慧眼、知识、能力和责任担当。具备这些条件的法官，能够碰上这样一个好的案例，也是人生之大幸，若能勇于承担，大胆判决，只要判决有理有据，能够旁征博引，洋洋洒洒，充分论证自己的观点，告诉读者为什么应该是这样判决，就会得到大多数人的支持和理解。这样一份判决，无论是原告胜诉，还是被告胜诉，都是法律精神和法官所持价值观的反映，而不可能给人以法官徇私舞弊的误解。

一名法官，如果一辈子能够做出一份对社会发展有历史影响，同时得到多数人认同的判决，应该足矣！

二审法院对本案的处理当然也有值得肯定的地方。第一，说服当事人自行和解，兼顾了法律效果、政治效果、社会效果的统一。第二，通过和解方式结案，绕开了不少棘手问题，体现了高度的工作技巧。例如，回避了不同层级规范冲突的处理，淡化了人们对行政批复干预司法的疑问等。

2. 需要反思的地方

本案需要反思的地方或者说存在明显不足之处主要体现在二审裁定之中。仅就裁定本身而言，鹰潭中院的这一裁定至少存在以下三点疑问：第一，上诉人与被上诉人间的和解能否涉及一审判决的效力，也就是说，一审判决的效力能否成为当事人和解的内容，值得认真思考；第二，二审法院应否认定涉及一审判决效力的和解内容；第三，裁定准许撤回上诉能否同时撤销一审判决。

依据法理和情理，当事人和解的内容只能涉及当事人之间的权利和义务。法律文书的效力是司法专属权，绝对不能成为和解的对象。本案上诉人与被上诉人之间的和解协议除涉及姓名变更和办理变更手续等相关事宜之外，还涉及一审判决的效力。其内容明显超出诉讼和解的界限，有悖法律精神，有违法律规定。对于这样一个涉及一审判决效力的和解协议，法院在裁定书中居然予以全部承认，并明言撤销一审判决，不能不说是一个遗憾。

二审法院本身也许已经意识到问题所在，故在裁定书的裁定部分仅有"准许上诉人鹰潭市月湖公安分局撤回上诉"之内容，回避了对一审判决效力的处理。然而，二审法院裁定准予撤回上诉，即产生类似不上诉的法律后果。此时如果一审判决的上诉期未满，则一审判决在上诉期满后生效；如果一审判决上诉期届满，则一审判决自二审裁定准许撤回上诉之日生效。

鹰潭中院的裁定书一方面在合议庭意见部分确认双方当事人的和解内容，认可撤销一审判决。另一方面又在裁定部分裁定准许撤回上诉，实属矛盾。当然，若从严格意义上说，裁定书之最后裁定仅有"准许撤回上诉"之内容，由此推知，一审判决理应生效。但这既不是当事人和解的意思内容，肯定也不符合二审法院的原意，不是二审法院愿意看到的结果。

其实，若二审法院执意回避矛盾，不想触及问题实质，依据现行法律，正确的做法应该是，发回原审法院重审。在一审法院重审过程中，当事人达成和解，然后撤诉，让案件回到未起诉状态。二审法院径直裁定准许撤回上诉，是一个不应该出现的程序错误。

除二审裁定本身存在的反思之处外，本案二审法院如此结案，也是值得反思的内容之一。行政诉讼中，法院肩负行政行为合法性审查之责，同时也肩负保障公民权利、规范权利行使之责。正因为如此，法律规定，行政诉讼不适用调解。本案中，法院本可通过这起行政诉讼案件的审理，为公民姓名自由权划定一个边界，至少可以澄清公民姓名权的一些模糊认识。但二审法院对此不置可否，让人大失所望。二审法院如此结案，仅仅是终结了一个诉讼程序，而没有对涉及的问题作出回应，留给广大公民的依然是迷茫，公民依然无法判断"赵C"之类的姓名是否合法。

六　延伸思考

上述各环节完成之后，为深化理论学习、促进学生思考，还需要从中抽出几个问题来供学生深度探索和思考。从本案来看，我们认为，值得进一步思考和研究的问题有以下几个方面。

1. 本案究竟是宪法案例还是行政法案例

本案表面上看来是一个行政诉讼案例，实质上则是一个彻头彻尾的宪法案例。第一，该案涉及公民姓名自由权的边界。关于公民自由权的案例显然是宪法案例，而不只是行政诉讼案例。如果本案能以判决形式结案，则无论最终是判决原告胜诉还是判决被告胜诉，关于公民姓名自由权的边界就基本确定下来了。第二，本案涉及行政机关规范性文件、法律草案等的效力问题。公安机关以《公安部关于启用新的常住人口登记表和居民户口簿有关事项的通知》和《姓名登记条例（初稿）》为据，又以户籍管理系统无法录入为由，拒绝为公民换发第二代居民身份证，是依法行政还是行政不作为？首先需要对上述规范性文件（即上述通知）的法律效力作出认定。如果认定其规范性文件的法律效力，认定这种规范性文件可以约束或者说对抗公民基本权利，则是依法行政，否则应该就是行政不作为无疑。因为法律草案显然是不具有法律约束力的，管理系统也只是为管理工作需要而设计的，管理系统本身并不具有约束力，管理系统无法录入是可以修改和完善的。为保护公民基本权利需要修改管理系统而不修改，其性质与应该为公民换发第二代身份证而不换发一样，都是行政不作为。第三，本案还涉及国家机关之间的权力关系问题。在案件二审过程中，公安部给江西省公安厅的批复，尽管从理论上来讲是其系统内部工作请示和答复，对外不具有约束力，但在实践中，审判机关是否真的可以对公安机关的这一批复视而不见？而且，从理论上来讲，尽管是审判机关对行政机关依法行政进行监督，但实践中审判机关是否真的能起到对行政机关的监督作用？假如二审法院维持原判，公安机关是否会执行法院判决、创造条件为公民赵 C 换发第二代居民身份证？

所有这些，显然都是宪法问题。所以说，赵 C 姓名权案是一个以行政诉讼形式表现出来的宪法案例。在当前我国还没有宪法诉讼的情况下，通过行政诉讼形式来处理宪法问题也是必然的。

2. 司法机关为什么不给姓名自由权划定一条边界

本案结案了，但公众期待的问题并没有解决。换句话说，司法机关并没有通过本案的审理，澄清模糊认识，给老百姓一个说法，为姓名自由权划定一条边界。

案件审理过程中，大家普遍预期二审法院将对本案争议问题给出一个说法，并由此规范姓名权行使，引领个性时尚。然而，二审法院裁定既未对争议问题作哪怕是只语片言的评论，也未对姓名权行使给出任何规范性意见，更别说通过案件审理引领社会发展。二审法院如此结案，实际上是对争议的问题采取回避态度。

不可否认，根据宪法和法律，公民享有姓名自由权，但同时我们也必须承认，任何自由都有一个合理的限度。那么，我国公民姓名自由权的边界究竟在哪里？现行法律关于公民姓名权的规定散见于《民法通则》、《婚姻法》、《居民身份法》等条文之中。《民法通则》第 99 条规定，公民享有姓名权，有权决定、使用和依照规定改变自己的姓名，禁止他人干涉、盗用、冒用。这一规定确认了公民享有姓名决定权、使用权和变更权，但对公民姓名所使用的文字符号缺乏规定。迄今为止，关于公民姓名所使用的符号范围，在我国法律上还是一项空白。

既然如此，在缺乏成文法规定的情况下，司法机关可否通过判例为公民姓名自由立个规则？划定界限？我们认为，答案应该是肯定的。本案中，只要二审法院敢于担当，无论是维持原判还是依法改判，无论最后结果是原告胜诉还是被告胜诉，只要法院能持一种观点、给一个说法，事实上就为公民姓名自由确立了一个界限，公民就能明确知晓是否可以继续在姓名中使用类似"C"这样的符号。

那么，司法机关为什么没有这么做呢？也许是因为其怕惹麻烦，缺少责任担当的勇气；也许是因为其缺乏对法律理论的透彻把握，担心判决说理不透，不能引起大家的共鸣。不管是因为什么，本案如此结案，离人们期望的"铁肩担道义"还存在一定距离。

其实，司法机关即使是出于某种担心，也完全可以根据现行法律规定，中止案件审理，将自己认为与上位法相冲突的规范性文件逐级上报有关部门处理，等待处理结果。待接到处理结果后，再恢复案件审理，依据上级处理结果对本案作出判决。这样，既不会有大的风险，又成功地解决了本案焦点问题，回应了广大民众的关切，为公民姓名自由划出了一条界线。

3. 司法能否发挥引领社会发展的功能

司法的功能有许许多多，如定纷止争、监督公权、维护社会正义，等等，除此之外，司法能不能引领社会发展，通过案件审理，给社会发展指明方向？我们认为，答案应该是肯定的。倘若司法真能做到众人皆醉我独醒，岂不美哉！当社会公众一片茫然，期望给出一个答案或方向时，司法就应当勇挑重担，发挥引领社会发展功能，为社会发展指明方向！如果司法缺少这种勇气和智慧，便不可能成为正义的化身，也不可能是完美的司法，有违"铁肩担道义"之美誉。

美国女大法官鲁思·金斯伯格（Ruth Bader Ginsburg，1993 年起任职）曾说，法院不应该让自己关注于某一天的"天气"（weather），但应该留意特定时代的"气候"（climate）①。在这里，大法官鲁思·金斯伯格不仅表达了法官应当关注社会整体舆情走势的意思，同时也蕴含了法官应当把握社会发展方向，并承担引领社会朝着正确方向发展的责任。美国历史上，司法也曾确实有过这种担当。例如：与种族隔离相关的系列案例，一步步引领美国社会废除了种族隔离，实现了种族平等。

美国法官们的理论和实践，对我们是否具有借鉴意义，值得认真思考。本案最终若能以判决结案，则无论法官们持什么观点，如何判决，均取决于其世界观和价值观。可以说，本案判决原告胜诉或原告败诉都可以找出一万条理由，究竟如何判决，就看法官持什么样的价值观。

如果法院参考《姓名登记条例（草案）》第十二条、第十三条的规定，肯定公民姓名必须使用规范汉字，也具有足够的理由。因为将公民姓名权自由界限划定在必须使用规范汉字，对公民姓名自由权也并不构成实质侵害。汉字数量众多，意涵丰富，可以演化出无数的组合，足以表达公民姓名所希望蕴涵的意义。要求公民姓名必须使用规范汉字，只是对公民姓名的符号形式予以一定程度的限制，并未对姓名自由权构成实质的侵害，公民在姓名自由方面依然具有广阔的发挥空间和选择余地，足以表达自己所要表达的任何意思。

4. 如何看待案件审理过程中公安机关的内部批复

一审判决下达后，作为被告的鹰潭市公安局月湖分局一方面当庭决定上诉，另一方面向上级公安机关请示如何执行法院判决、以"赵C"为姓名为原告换发第二代居民身份证。江西省公安厅接到请示后非常重视，及时组织厅有关部门进行了研究。为慎重起见，省公安厅还就此问题书面请示公安部。公安部回复意见为，根据《中华人民共和国居民身份证法》及《中华人民共和国国家通用语言文字法》规定精神，居民身份证姓名登记项目应当使用规范汉字填写，并与常住人口登记表和居民户口簿姓名登记项目保持一致。《公安部关于启用新的常住人口登记表和居民户口簿有关事项的通知》已明确要求姓名登记项目使用汉字填写。公安机关发现常住人口登记表、居民户口簿或居民身份证姓名登记项目未使用规范汉字填写的，应请本人协助更正，并免费为其办理更正后的居民户口簿、居民身份

---

① 任东来等：《美国宪政历程：影响美国的 25 个司法大案》，中国法制出版社，2004，第 11 页。

证等。

江西省公安厅接到批复后，将该批复抄送给了江西省高级人民法院。江西省高级人民法院又将批复转给了鹰潭市中级人民法院。

那么，公安部的这一批复对本案处理是否产生影响？应当如何看待之？从法理上看，公安机关内部就履行自身职能过程中的某些具体问题向上级请示，上级就该问题给下级指示和批复，完全属于正常工作和正常现象，不应有任何质疑。当然，行政机关的内部批复也仅供指导下级工作之用，对外不具有法律约束力，也不应干扰其他机关的工作，不应妨碍公民行使法律权利。而且，更重要的是，上级行政机关对下级行政机关的指导和批复应该符合法律精神，具有法律依据，否则就是违法行政。

故从理论上来说，无论是司法机关还是行政机关，都是国家法律的实施机关，二者都必须遵守和服从国家法律，司法机关和行政机关的关系应当是分工协作的关系。在各自履行自身职能过程中，应该互不干扰。任何一个机关都不应干扰另一机关的工作，任何一个机关的内部批复对另一机关也不具有法律约束力，另一机关完全可以置之不理。而且，由于作为司法机关的人民法院具有监督行政机关依法行政的功能，故在审理行政诉讼过程中，若认为行政机关没有依法行政，则应当行使法律赋予的职权，实现司法机关的职能。

当然，实践中，公安部的批复对本案最终处理产生一定影响甚至较大影响的可能性还是存在的。鹰潭市中级人民法院作为本案的终审法院，在收到公安部的相关批复后，不能不慎重对待之。

域外法苑

全球化与刑罚结构*

〔美〕萨维尔斯伯格 赵 赤** 译

一 导言

20 世纪后期开始的全球化进程已经深刻地影响了包括刑法及刑事司法在内的各个法的领域。就全球化这一进程而言,学术界已经给予了很好的描述,主要从三个方面进行了分析论证。首先,经济全球化同时在经济结构和文化两个领域对全球许多国家构成了巨大挑战。此外,诸如大卫·加兰德之类的学者们已经就后现代这一社会形态的到来对刑事政策的影响进行了享誉学界的精辟分析(David Garland, 2001)。其次,全球范围的行动计划能够为各个国家所面临的挑战提供相同或类似的解决方案。与此同时,经济学领域的新制度学派人士也已经针对制度规范及解决方案从全球向各个国家及地方的传播进行了有力的分析(如 Meyer et al. 1997;Dobbin, 1994;Boyle, McMorris and Gomez, 2002;Frank, Schofer and Hironaka, 2000)。最后,法律社会学者在对世界范围内各种各样的法律(如贸易法、刑法)进行研究的过程中发现:一种新的全球性质的法律形式正在不断崛起,如全球普通法、新的全球性准则以及全球性法律机构如特别法庭和新的国际刑事法院(ICC)。

法律的全球化是否让国家层面的力量(以及跨国比较)变得无足轻重?富尔卡德和萨维尔斯伯格(Fourcade and Savelsberg, 2006)在 2006年召开的一个以法律及全球化为主题的专题讨论文集的序言中对此予以否认。不仅如此,在全球化研究这一旨在促进地方和全球之间认真对话的研

---

* 外文原文为《比较刑事司法与全球化》(Comparative Criminal Justice and Globsalization)(Ashgate Publishing Limited. 2011)之第四章《全球化与刑罚结构》(Globalization and States of Punishment),原作者是〔美〕乔启明 J. 萨维尔斯伯格(Joachim J. Savelsberg)。

** 译者简介:赵赤,湖南邵阳人,常州大学史良法学院教授,法学博士,主要从事犯罪学、刑法学研究。

究当中，他们还建议对"进程转向"（process turn）问题给予关注。本文将就作者近年来所从事研究中的一些实证材料以及分析论证进行简要综述。这些材料旨在说明，全球层面的刑法及刑事法实践与国家层面的刑法及刑事法实践之间是如何相互成为对方的组成部分。这些研究还将得出结论：全球化研究以及跨国比较研究十分必要，同时还必须将这两方面的研究紧密结合。

二　全球化研究中的"进程转向"

社会学理论认为，大范围的宏观性社会因素总是拥有凌驾于地方性过程（如调适、表达、矛盾以及抵制等）之上的优势力量与地位。然而，人类学以及后殖民政策的批评家最近对这种观点提出了质疑。此外，法社会学领域的学者已经从这种批评意见中得到了鼓舞（Silbey，1997；Halliday and Osinsky，2006），而且最近的实证研究也对此予以证实。例如，哈根、利维和菲拉勒斯三位学者考察了前南斯拉夫国际刑事法庭（ICTY）的诞生及运作情况。该研究证明，在构建国际刑法的过程当中一直伴随着质疑的声音，理由是几个主要玩家都是基于各自的法律、政治需要以及当地的机构运作来塑造刑事法实践（Hagan，Levi and Ferrales，2006）。即使是就那些以国际经济与政治压力背景下的地方司法改革为主题的研究而言，虽然从其表面上看似乎属于全球性传播研究，但其矛头最终依然指向地方层面。卡拉瑟斯和哈利迪在针对破产法在东亚地区的传播这一法律全球化的组成部分进行研究的时候，就对此进行过阐述（Carruthers and Halliday，2006）。此外，该作者还重点强调了成文法和地方性法律实践之间的"隔膜"现象。他们的研究还证明，存在着三个方面的重要因素：是那些人对制定破产法的努力给予支持，这些支持者在政府组织结构中处于什么地位以及他们与全球机构之间建立了何种联系。卡拉瑟斯和哈利迪最后认为，一个国家在自身能力与是否拥有连接世界和地方之间距离之桥梁这一平衡当中处于何种位置，这对于导致各国在制定公司破产法的时机把握以及形式选择等方面的差别而言影响十分关键。因此，地方的全球化进程也有赖于全球的地方化。

得益于以上研究的灵感激励，富尔卡德和萨维尔斯伯格（Fourcade and Savelsberg，2006）提出了关于全球化及其国家条件的四种理论主题（这几种理论主题与具体的刑法和刑事法实践同样相关）。

一是全球化这一现象的具体过程引领着学者们从学术上对其中的机制问题给予关注，也即包括政府官员以及积极分子在内的地方参与者是如何通过地方层面各种形式的行动与决策来实现全球化进程。比如，在地方层面以及战略方面，他们可以借助自己的跨国联系来施加其在某个具体领域的影响力及权威性。凯克和斯金克（Keck and Sikkink，1998）将地方参与者在面临压抑性及呆板性制度的情况下调动全球化这一各国政府所不能忽视的力量称之为"逆反效果"（boomerang effect）。

二是全球性和地方性之间的相互依存。全球化总是要体现为地方层面的具体实践和制度建构。从这个意义上说，全球性和地方性之间的关系不是一种相互反应，而是一种相互建构。比如，西班牙地方法庭的法官在判决中运用一种普遍适用的司法原则。他们对智利前总统皮诺切特提起控告并寻求对其予以引渡，尽管没有成功。

三是全球化进程本身置身于一种由美国主导的更为宏观的经济和法律秩序当中。一国与美国之间的关系既可能加快全球化进程，也可能阻碍这一进程或者改变该进程的方向，尤其是当该国与美国之间的关系被界定为对抗性质之时。比如，萨吉（Saguy，2000）曾经阐述了法国立法者是如何一再借鉴美国有关性骚扰的法律制度，尽管法国的制度与其参照的美国制度有明显区别。法国制订了性骚扰法律，但却在法律的含义及形式方面与作为拓荒者的美国划清了界限。在欧洲关于刑事政策的辩论当中，现在提起过去三十年里美国刑罚制度的大规模扩张似乎已经不再是模范意义而是令人生厌的事情。

四是全球治理（global governance）与各个国家之间对其的不同解读，这两者并不相互排斥。与法律体系及规则在纯粹形式意义上的趋同趋势相伴随的通常是法律体系及规则在目的、含义及实施方面的内在深层差异，这就是新制度主义思想所称的"隔膜化"（decoupling）现象。各个民族国家进行政策变革旨在增加或维系其国际合法性，然而却并没有对这些政策变化加以认真落实（如 Buttel，2000；Schofer and Hironaka，2005），反而在履行所谓的"仪式性的顺从（ceremonial conformity）"（Meyer and Rowan，1977）。同样的，全球结构性变化在发生的同时也对民族国家带来了挑战，但通常各个国家应对挑战的反应却不一样。就 19 世纪出现的"社会问题"而言，各个国家的应对方式、控制对策及福利政策的类型均存在差别。各地学者通常以知识生产和政治法律决策的历史演进规律以及地方文化规范和认知结构这一路径来解读和审视全球化所带来的挑战（Dobbin，1994；Savelsberg，1994，2004；Sutton，2000；Savelsberg and King，2005；Whitman，2003）。

总之，对于那些有志于在全球化背景下从跨国比较意义上理解刑法及刑法实践的历程、运作、含义以及文化特征的人士而言，就全球需要与地方需要之间的辩证关系进行认真探究十分必要。实际上，对以上议题的探究目前仅仅处于初期阶段。以下有限的实证例子旨在就前述四个方面的问题展开探讨：地方层面应对全球化挑战的具体反应，后现代社会里应对全球化挑战的具体反应，基于一国的宗教历史以及民族特征来考察其知识生产的机制形式、法律及政治决策。

三 全球挑战与地方应对：以后现代为例

就后现代社会中刑罚观念、刑罚政策及其实践的变迁及其影响进行大视角的跨国性的结构性和文化性考察而言，其中最为引人注目的研究之一是大卫·加兰德（David Garland）的力作《文化的控制力》（*The Culture of Control*）。加兰德生动地揭示了后现代性是如何引起重大挑战并由此导致横跨各个社会阶层的高度不确定性。这些挑战包括生产领域的急剧变革，尤其是信息技术的崛起。伴随着这些变革的是所谓的时代变迁，也即从消费资本主义的黄金时代，青年文化、社会权利、团结政治（1950～1973年）到以劳动力市场的分化、社会福利下降、城市青年徘徊在合法机会之外以及社会各个阶层之间日益减少的联系沟通为特征的所谓"危机年代"。此外，家庭结构的变化、女性就业率以及离婚率的增加趋势、家庭人口的减少趋势等要素也带来了新挑战。与以上所有变化相伴随的还有社会生态、社会统计意义上的变化，如拥有私人住宅的增加，乘公交上下班的增多，城市白人中产阶级向市郊的迁徙（"白色迁徙"），日益贫穷的内城社区，大众媒体的急剧变化（如电视观众的增加、小报的出现、全国信息系统的形成以及地方新闻日益超越当地背景并具有全国影响），社会生活日益平等化、权利化的民主进程，去从属化，对专业知识的怀疑论，更多的个人主义以及特定群体的提升。

与此同时，以上后现代性变迁也已经对犯罪行为和被害风险产生影响。比如，犯罪机会增多了，情景控制减少了，自我控制和社会控制的效率降低了，这些很可能是导致20世纪下半叶多数时间段里犯罪率上升的因素。此外，前述社会变迁中的部分因素造成挑战的主要是那些拥有发达市场经济体的国家，而其他的变迁因素则会影响到全球几乎所有的国家。

（一）全球刑罚调适

后现代社会中的社会结构变迁及其对犯罪和被害的关联变化正在对刑罚制度产生深远影响。加兰德敏锐地捕捉并正式提出了刑罚制度回应新的后现代性挑战（也即刑罚调适）这一宏大且和谐的叙事乐章，尽管有时也会听到不和谐的刺耳之音。他注意到一连串的"陡然间断"：罪犯康复理念的淡化，惩罚性制裁以及表现性司法的复兴，犯罪政策之情感基础的变化，被害人的回归，对风险的新型管理措施，犯罪政策的政治化及犯罪政策的新民粹主义，对监狱进行的旨在剥夺权利和惩罚的彻底改造，犯罪学思想向着控制理论和情景犯罪理论方向转型，犯罪学基础理论向着日益支持犯罪预防和社区安全的方向转变，犯罪控制机制的商业化趋势，新的犯罪控制管理模式以及警笛长鸣的危机意识。

作为面向后现代性挑战的对策，行政官员通常选择适用性刑事司法模式，其中包括司法的专业化和职业化，自省反思性，自我监控，以业绩指标为导向的司法商业化，问责制度以及减少自由裁量权，私营监狱和私营警务。与行政官员不同，政治家们则是赞同非继承性的（non‐adoptive）反应模式，如为"监狱效果"之类论证支持的"否定"方式，为"三振出局"法律以及"锁链囚徒"模式所支持的"付出行动"观念。以上这些民粹主义的反应模式具有镇压和宣泄性质，而那些一直以来寻求在执法过程中淡化上述效果的行政官员却通常反对上述反应模式。

因此加兰德认为，已经出现了一种全球性的后现代控制文化，这正如催生这种控制文化的全球性社会结构转型一样。虽然包括法庭、监狱等在内的现代刑罚的基本制度仍然得以维持，但它的运用、战略功能以及社会意义却已经发生了根本性改变。此外，虽然加兰德仅仅以美国和英国这两个国家为例对前述变化予以说明，然而其他国家的刑罚学家已经指出前述变化同样适用于他们国家（以德国为例，Dinges and Sack，2000；Hassemer，2001；Peters and Sack，2003）。

（二）后现代性刑罚反应中的国家特殊性

毫无疑问，加兰德的分析及其观点构成了一幅与全球性社会结构转型相适用的全球性刑罚调适图景。然而，按照富尔卡德和萨维尔斯伯格

（Fourcade and Savelsberg，2006）关于全球化中"进程转向"的分析，仔细考察后也能够发现各个国家之间的重要差别。就后现代的社会控制的分析而言，任何地方性情况都必须作为整体的系统性解释的一部分来看待。这主要有两个原因：一是全球性挑战总是以特定国家所具有的特定形式出现；二是反应方式总是通过当地的机制制度得以实现。在全球化这一背景下，上述观点要求进行跨国性的分析比较，或者说全球化进程研究当中需要对当地刑罚制度所处的条件及其影响保持敏感性。

就应对后现代性的挑战而言，各国的刑罚制度反应事实上各不相同。以监禁率这一公认的重要指标为例，即使对那些具有相同法律制度的国家而言，其处罚制度的发展依然呈现很大差别。学者苏通曾经就五个普通法系国家1955年至1985年期间的监禁率进行了全面而细致的比较研究。该研究指出"英国监禁率的增长比列明显高于美国（105%对约80%），美国监禁率的增长主要发生于1985年之后。新西兰的监禁增长率位列第三高，总的为26%，如果除掉1985年的大幅降低则为68%。加拿大位列第四，为14%。澳大利亚的监禁率则为减少5%，这主要源于20世纪70年代初期的降势（Sutton，2000：366）。"

作为大陆法系国家的联邦德国则经历了一个与美国、英国完全不同的监禁率变化。从更长的时间跨度上看，美国的监禁率增长从20世纪20年代和30年代就已经发生，到第二次世界大战期间出现降低，到20世纪60年代又开始新一轮急速增长，从20世纪70年代中期的100/10万人口增加到21世纪第一个10年的约500/10万人口。从英国的情况看，其相对稳定的监禁率到20世纪40年代初期开始终结，从那时开始其监禁率就一直呈现稳定增长态势，也即从约40/10万人口增加到约130/10万人口。德国这一时期经历了四个不同的政治体制时期，也即开始于魏玛共和国和纳粹政权，其魏玛共和国时期的监禁政策比较开明而纳粹政权也即国家社会主义时期的监禁政策则呈现过度控制特点。即便仅仅考察联邦德国自1949年以来的情况，其从现代到后现代的转型也遭遇了并发症。与美国和英国相比较，总的看西德的监禁率相对稳定。在第二次世界大战之后的多数时间里，西德的监禁率在50/10万人口到80/10万人口之间波动，到20世纪60年代后期和70年代初期以及80年代后期出现相对明显下降，到70年代后期和80年代初期出现增长。只有在20世纪90年代德国统一之后的时间里出现了到稍高于90/10万人口的低幅且持续性增长。

在德国，并未按照后现代论文中的观点予以展开的不仅仅是监禁率的变化趋势。1969 年，德国对刑法典进行了重大修订，该修订的指导思想旨在从过去的报应转变为兼顾报应、一般威慑和康复的均衡。与此同时，短期监禁被取消，其理由是与短期监禁的威慑作用相比较，短期监禁的污名标签以及疏离社会之消极作用更加突出。此外，1976 年德国通过了一项监狱改革法案，该法案的指导思想是"监狱生活应当尽可能地与正常生活条件相一致"。总的来看，康复的理念已经占据中心地位。上述先后数次法律修订，虽然属于局部革新但却标志着联邦德国刑法新的指导原则。

虽然后现代性及其挑战已经是摆在世界各国面前的既成事实，但各国的方式不同。加兰德针对美国、英国情况所描述的特点趋势同样适用于德国。聚焦于德国西部，例如离婚的人数从 1980 年的 96351 人增加到 1999 年的 161951 人。非婚同居的配偶从 1982 年的 516000 人增加到 2000 年的 2100000 人。非婚女性的生育率从 1960 年的 75.6/1000 人口增加到 1999 年的 221.4/1000 人口。在国家统一之后，德国社会向着后现代性的趋势继续发展。比如，单亲配偶在 1996 年之后的 10 年间增加了近 20%，从 1600000 人增加到 2100000 人。此外，与美国、英国一样，德国也经历了犯罪率的大幅攀升。例如仅在 20 世纪 70 年代的 10 年间，犯罪率增加了 75%，而暴力犯罪的犯罪率则增加了 100% 以上。这些发生在国家统一之前的多数变化趋势给德国社会带来了前所未有的紧张局面，尽管监禁率维持下降或者稳定水平。

总之，尽管后现代社会已经到来并给世界各国带来了不确定性，德国、英国和美国的监禁率、刑事立法和刑事司法状况表明，后现代背景下各国的社会控制反应方式各具特点。笔者认为，造成上述反应方式差别的原因在于各国不同的体制机制安排，正是这些体制机制安排不但产生和传播着关于犯罪和惩罚的知识，而且还孕育了法律和政治性决策。此外，这些不同的反应方式还会由于各国特定历史所根植的文化敏感性而得到进一步推动。以下首先探讨后者也即文化敏感性，之后讨论前者也即体制机制安排。

四　文化敏感性及其沉积

文化敏感性一方面对某些行动策略给予支持，另一方面对其他一些行动策略的合法性予以否认。文化敏感性源于历史经验、经典事件、共同记忆以及马克斯·韦伯所强调的宗教传统，其中包括宗教传统的世俗化沉淀。就这方面的研究情况，笔者作以下归纳。

德国刑法自19世纪初以来就一直定位于报应模式，这种模式根植于路德教会文化及其此后基于康德哲学的世俗化形态。与中世纪的思想不同，路德教会教义要求明确区分宗教教义与国家法律。宗教教义要求"内心行为"方面的仁慈、宽容和关怀，而国家法律则是不得不惩罚罪恶（外在行为）以保护善良。与路德教会的思想相对应且按着世俗的语言来看，康德将刑事处罚看成是对守法公民的保护。康德还坚持认为，国家法律只能处罚外在行为。可见，康德关注的焦点是犯罪行为而不是犯罪人，同时还注重对个人领域的保护。

上述康德思想首次体现于1813年巴伐利亚刑法典的制订，其后继续为1851年普鲁士刑法典所遵循，最后在德意志帝国建立后又反映在1871年帝国刑法典之中。德国刑法典直到20世纪60年代，其指导思想是以威慑为补充的报应观念。这种持续性源于德国20世纪上半叶的政治动乱，该政治动乱使得期间的几次改革努力最终流产。由于一系列的历史事件，德国刑法典得以与迈向刑罚福利状态（penal–welfare state）这一加兰德所描述的现代性特征相背离。

作为德国两个主要的宗教派别之一，路德教会在普鲁士时期占据统治地位，该教会在很大程度上放弃了自己对刑法改革的干预。另外，纳粹政权的暴行则导致了第二次世界大战后两次大的刑法变动。首先，罪恶的界定问题不再仅仅是各州的事情。其次，更为重要的是，康复以及宽恕这一观念虽然无关于私人领域，但却深刻地影响到教会对刑法的评价。在加兰德所称的一个刑罚福利状态终结且源于英国和美国的新控制文化得以兴起的时代，康复理念终于在德国走到了前台。

总之，某个宗教教义得以世俗化并转换为法律哲学，其后继续通过法典制度化。在宗教教义和法典的相互给力当中，也得益于20世纪的历史动乱这一契机，19世纪的法典、宗教教义以及主流的法律观念终于实现了现代转型。在德国，唯有纳粹主义这一特殊经历导致了重要变革，尤其是确立了康复这一新的法律核心观念。由此，德国的经历支持着韦伯学派的此种观点：当我们试图解释社会变迁之时，部分意义上根植于宗教教义之文化的基础作用（包括惩治文化的出现及其变化）以及历史事件的作用都必须在考虑的因素之列（Kalberg，1994）。各国之间的此种变化可能差别很大。

在美国，根植于历史的宗教传统至今仍然发挥作用，但却导致了与德国不同的刑罚思想和实践。最近几十年来已经见证了宗教活动的上升势头，尤其是基本教义派和新教派基督徒，他们对刑罚的态度与清教徒的观念较为相似。民意调查显示，无论基本教义派或者新教派基督徒，通常相比其他宗教派别更为坚定地相信犯罪人具有与生俱来的劣等品质、对犯罪的恒久谴责以及报应观念的正当性。此外，他们也更为支持死刑、法庭严厉执法、更为严格的法律、对小孩进行身体处罚以及威慑性刑罚（比如，Grasmick et al.，1992；Grasmick and McGill，1994）。许多基本教义主义者关于犯罪和刑罚的立场与加兰德的新控制文化的核心观点十分相似。当然，尽管新基督教派运动并未成为现代美国法律，然而它们高水平的动员能力和组织化程度却已经给美国刑事司法的近来趋势带来影响。实际上，雅各布斯和卡迈克尔就研究发现了美国各州的新基督教派团体的力量与这些州强有力的惩罚性犯罪政策之间的实质性关联（Jacobs and Carmichael，2000）。

在安·斯威德勒所撰的一篇颇有影响的文章当中（Ann Swidler，1986），文化被当成"工具箱"来理解，也即当事人一旦需要时可以从中取用的各种观点的集合。具有决定性意义的是，在特定情况下有哪些工具可以被取用。我们已经看到，这样的工具越来越多，至少部分原因在于宗教传统（或者如惠特曼所指出的那样或多或少地因为新基督教传统，Whitman，2003）。当然，工具的可用性只是必要条件而非充分条件。工具要想被随意取用，它必须是合法的。就政府在刑事司法这一关键领域中运用实力的合法性问题而言，各国之间显出了重要差异。最近的比较研究表明：在意大利、德国等国因为政府基于法西斯或者纳粹体制对自身实力予以滥用之后，对实力的运用至少部分地被认定为非法；而在诸如美国、英国这样的第二次世界大战解放国或战胜国，政府运用实力的制度仍然得以完整保留（Melossi，2001；Savelsberg and King，2005）。因此，美国与德国相比，不但有着更多的惩罚性工具可用，而且也能获得更多的合法性确认。

总之，针对美国和欧洲（尤其是德国）的比较研究表明：历史事件以及因历史而沉淀的某个国家特定的文化特征（部分源于宗教传统），一直以来对当代国家应对后现代挑战的刑罚模式有着深远影响。正是这些因素决定着各个国家自然形成且各具特点的控制文化。

五　制度特点

就各国如何找到适应自身特点的应对全球范围的后现代性挑战的反应

方式这一难题而言，要想进一步解决就必须考虑到各个国家应对新的本体性风险所依赖的本国特定的体制机制。本文在此讨论的首要是应对后现代性风险的知识和思想所赖以产生的体制，其次是刑罚决策所赖以形成的政治及司法机制。当然，即使是就西方民主国家而言，这种体制机制的差别较大。

首先，产生和传播信息和知识的制度在惩罚性文化的形成当中扮演关键角色，而不同国家的制度构架也各具特点。例如，美国的大众媒体主要通过市场机制予以运作，而多数欧洲国家至少就最近情况看则主要由公共广播电台和电视台所主导。有关大众传播的研究已经表明，市场导向的媒体往往更多地倾向于针对热点新闻进行渲染性的报道，其中包括犯罪新闻。这种情况会导致诸如美国这样的国家出现更多的恐慌。除新闻媒体之外，就公共舆情调查的制度化而言，美国的做法比欧洲国家更早。媒体定期将公共舆情调查结果反馈给公众，由此对公众的道德恐慌起到推波助澜的作用。

即使就有关犯罪和刑罚的学术研究这一与政治和公众情绪最为超脱的知识产生和传播领域而言，美国的市场化导向也要甚于欧洲国家；这种情况说明了前述与新闻媒体一样的道理。针对大学、研究部门以及个体学者的资源分配多少，很大程度上取决于他们在获得学生生源以及研究资助等竞争方面所取得的业绩。根据他们在研究、教学以及社会服务等方面的业绩对部门成员进行年度排名以及针对研究项目以及大学的类似排名情况，这样的制度早在几十年前就已经制定。学术机构也愿意服从市场导向机制。例如，在 20 世纪 60 年代后期刑事司法的专业化运作之后，数百项犯罪学及刑事司法研究项目在研究资助竞争当中胜出并获得立项，由此获得了联邦政府的大量经费资助（Akers，1992）。

学术界对政治性及政策性环境之关切的适用由来已久，这种情况同样会促使惩罚性观念的加强。最近一项针对 1612 年发表在主流的社会学和犯罪学杂志的有关犯罪和犯罪控制的学术论文的内容分析表明：专门性的研究项目往往更多地向那些在政治领域占据主导地位的主题和理论观点靠拢。对于那些由政治机构资助的研究项目而言，上述特点更加明显（Savelsberg，King，and Cleveland，2002；Savelsberg，Cleveland and King，2004；Savelsberg and Flood，2004）。虽然并没有其他类似的研究，但笔者还是希望那些较少竞争的学术研究机构还是不要像美国那样乐于迎合政治环境为好。

其次，各国专司政治以及法律决策的机构各不相同，其中同样尤以美国的相关机构市场导向最为显著（Roth，1987；Savelsberg，1994）。例如，在美国由大选产生的职务选举候选人，在欧洲多数国家却是通过政党委员会和议会产生。这样，希望自己能在职场上继续发展的美国政治家们就不得不至少像基于全体选民的观点与情感来确立自己的立场那样来对待其所在政党的立场。同理，包括总统和州长在内的行政部门首长都是通过公众普选产生，而不是如议会民主制度那样通过立法机构选举产生。这样，社会舆论在美国就更容易切入政治进程。此外，与一些公务部门和私人领域之间很少存在岗位交流的国家（如德国）比较，美国的高级别公务员由于可以在政府部门和产业、学界、法律部门之间进行岗位交流因而在政府部门的岗位比较流动，这种特点使得公共敏感性能够更为容易地切入到政府部门。

最后，与欧洲大陆国家相比，美国的政府执法部门与社会公共关切之间的互动也更为密切。这是因为，美国多数的检察官和法官通过普选产生，这就需要进行连任竞选。这就意味着，与欧洲大陆国家公务员的终身制相比，美国的检察官和法官在决策当中不得不更多地考虑公众的关切。

总之，与欧洲国家比较，美国整个的组织运作体制能够更为开放、自如地面向并适应公众关切。因此，以本体意义的不确定性为特点的后现代社会环境容易滋生担忧、道德恐慌以及公众对犯罪的惩罚性态度等社会情感，就上述社会情感因素对知识的产生和传播、政治及法律决策的渗透和影响而言，美国要甚于欧洲国家。

在市民社会的组织化进程当中，体制的特征具有重要影响。政治学者利萨·米勒最近就参与到美国政府不同层面的刑事司法政策制定过程的群体和组织的多样性问题进行了分析（Lisa Miller，2008）。该学者在研究中使用了大量的实证数据，其中着重就哪些群体以及在哪个政府层面参与了决策过程进行了考察。米勒的研究旨在证明，美国到第二次世界大战结束时是如何在联邦刑事政策制定过程中形成体制性的运作机制。与执法机构的做法一样，哪些热点案例所涉及的社会群体（通常是白人中产或者上层阶级）希望采取强硬的执法策略。与此同时，黑人犯罪被害人（相对多数）寻求代表性的路径以及将犯罪理解为广义的社会结构的一个方面的路径已被关闭。第二次世界大战之后，刑事司法机构以及单一议题社会群体对这些州以及联邦两个层面的体制化渠道予以利用。另外，在地方一级的城市中心却存在着所谓的社会分裂现象。米勒的研究还发现，社会上广泛的市民群体都关注着犯罪问题，认为犯罪问题根植于社会生活的诸多方面，如贫困、失业、混乱的社区以及种族主义等。这些社会群体并不认为单纯惩罚就能够解决问题。然而，这些社会群体所能运用的资源却远远少于州以及国家两级机构所能运用的资源。这种结果看起来似乎自相矛盾。严重暴力犯罪威胁最为严重的对象是地方一级的社会群体，可是地方一级政府在应对犯罪问题时却支配着较少的资源。然而，地方性的社会群体却不能通达州以及联邦政府，因为在州以及联邦政府的政策制定过程中占据主导地位的是执法部门以及单一议题社会群体，他们谋求的是惩罚性的解决方案。

如果与前述关于选举过程的观点一并分析，米勒的观察结论就尤其重要。对州以及联邦两级立法者中的多数行使选举权的并非米勒所说的城市中心的居民。极端贫困以及暴力犯罪集中于数量相对少的、范围很小的行政辖区，而郊区居民区、小城镇以及州及国家级的农村选举地区在数量上要远远多于前述地区。这样，形成于后述多数地区的惩罚性态度在州以及联邦层面的立法决策中占据主导地位。由此，那些在严重犯罪中受害最深的人群却很少在刑事司法决策中拥有话语权。然而，在欧洲遵循福利国家的背景中，这种极端的断裂现象难以想象。

综上，各国之间产生和传播知识的制度以及政治和法律决策的制度各不相同。就前述因素而言，美国的市场化倾向要明显强于欧洲多数国家。在以不确定性为特点的后现代社会，公众的忧虑更有机会切入美国的公共知识以及刑罚决策之中。全球范围的后现代性挑战由此通过特定的地方性制度加以处理和应对。本部分的比较分析表明，源于制度上的差别由此使得与美国相比，欧洲国家在应对后现代性挑战当中形成了更为现代的刑罚对策。

六　国家具体制度的全球化？

假如与制度性安排上的差别一样，各国的文化敏感性及其组成部分也存在着差别，如果这些差异在应对结构性、文化性挑战中具有意义，那么我们仍然面临着次一级别的所谓制度变迁问题。笔者所谓的制度变迁是指，为了以自己国家特定的方式引导和缓解全球结构性压力，各国的制度及其敏感性自身会不断变化。这就表明，次级层面的制度性变迁至少在部分意义上已经凸显。

首先，欧洲国家的福利保障系统正在弱化且其中的一些保障功能正在向市场机制转轨，尽管与美国比较而言欧洲国家的前述转轨不但比较缓慢而且也遇到了更多的阻力。此外，过去二十年以来欧洲国家的公共广播电台和电视台的影响力持续下降，同时由于市场的压力因而以市场机制运作的私营传播频道已经日益占据主导地位。与此同时，电影和新闻报道中描述犯罪尤其是暴力犯罪的节目成倍增加。于是，这些节目的观众往往过于夸大犯罪问题的危害程度，似乎各种类型的犯罪都出现了明显增加，尽管实际上这些年来犯罪呈下降趋势（Pfeiffer, 2004）。此外，由于媒体压力以及民意调查项目的日益增多，政治领导人正日益置身于强大的公众压力当中。由此，政治领导人以民意为导向拟定政党宣言的情况也就相应增加。

最近几十年以来，欧洲国家的民意调查项目持续增多，同时调查结果也会定期反馈给公众。例如，作为德国最大的两家电视台之一的 ZDF 电视台每月在 Politikbarometer 栏目中将民意调查结果告知观众。此外，2004年 3 月 18 日奥地利著名左翼报纸 Der Standard 就民意调查对刑事司法政策的可能影响进行了专题报道。该报一篇以《奥地利人生活在对盗窃的恐惧之中》为名的文章以大写字体说道 "维也纳首都城市圈的居民的安全感已经恶化，人们尤其害怕夜盗。私营安全行业与公众之间日益加强的合作有助于改善上述情况。" 该文章还说 "人口中近四分之三的人害怕有人闯入自己的家庭、汽车或者单位，还有 48% 的人害怕盗窃"。前述研究所依据的数据来自于接受奥地利安全企业联合会委托而从事民意调查的盖洛普公司。据《旗帜报》所称，奥地利安全企业联合会旨在希望上述民调结果带来 "更大的市场机会，与警方的更密切合作，甚至包括将警方的部分职能转移到私营安全公司"。该报最后称，奥地利内政部对上述期待给予认得到中央政策支持的单位所委派的。总之，民意调查给公众反馈了一种不安全感，同时具有讽刺意味的是这些调查项目却是由那些希望从公众的恐惧感中获利且得到中央决策者支持的人士所委派的。

除了次级层面的制度性变迁之外，新的媒体人和司法决策者群体在后现代社会以及不断变迁的制度性安排这一背景下经历社会化进程。为了衡量上述变迁对欧洲国家不断变化的新闻业和刑罚实践的影响，就相关群体展开研究是十分必要的。

与美国相比，欧洲的许多制度仍然得以保留其独有的特征。例如，大众媒体继续占有更为显著的地位。此外，政党政治依然强劲，政治岗位的候选人是由各个政党选择确定而不是在大选中由民众选举产生。行政部门首长是由议会成员选举产生，而不是像多数国家那样由直接普选产生。检察官和法官仍然不是由全体公民选举产生，对多数欧洲人而言有关前述选举机制的建议依然显得荒诞可笑。

考虑到上述基本制度的延续性，尽管存在着其他边际方面的变迁，欧洲的惩罚观念仍然维系得相当稳定。以德国为例，该国相对稳定的监禁率与其国民稳定的公共舆论成正向关联。例如，西德各州居民中赞同对盗窃予以监禁处罚的比例从 1989 年的 13% 增加到 2002 年的 19%。到 2002 年，59% 的居民要求对盗窃予以社区矫正处罚（减少了 1%），7% 的居民建议采用罚金处罚（减少了 2%），10% 的居民赞同缓刑（减少了 2%），另有5% 的居民赞同采用其他处罚方式（增加了 3%），其他人回答"不知道"（Reuband，2003）。考虑到后现代社会出现后所伴随的持续高的失业率、德国统一对文化冲击以及人口和经济转型所带来的负担以及前述所谓的制度性变迁因素，德国民众中要求采用监禁处罚的人数增加实际上相对平缓这一现象的确令人吃惊。这是因为，根据大量的社会科学文献，上述各种因素中每一方面都可能会导致惩罚性观念的大幅增加。值得注意的是，根据前述群体性分析，惩罚性态度的增加尤其集中于年轻人群体（Reuband，2003：103）。

基于上述对民意调查的观察，德国自 1992 年以来 50% 的监禁增加（从 71% 增加到 98%）虽然适度却也明显。此外，从 2004 年到 2007 年，监禁率又减少到 92%。与美国 20 世纪 70 年代和 80 年代高达近 100% 的监禁增加相比，德国从 20 世纪 90 年代到 21 世纪初的 50% 的监禁增加无疑适度。另外，美国 20 世纪 90 年代尽管严重犯罪出现了大幅减少，但监禁仍然增加了近 50%。就此而言，不同的文化敏感性，民意形成、立法、执行以及政府执法机构等方面的重要制度性差别可能是造成上述美国与德国等欧洲多数国家之间对比的原因。

七　结论：刑罚制度全球化之比较研究中的"进程转向"

显然，与 19 世纪的工业化浪潮、20 世纪 30 年代的大萧条一样，当今后现代性背景下的全球性挑战以及 21 世纪头十年的金融危机已经使全球各国面临着考验。这里，我们聚焦于与后现代性变迁相关的挑战。与挑战同等重要的是，为了给世界各国提供如何应对挑战的认知模式和规范要领，究竟应当如何确立行动计划和法律标准。美国作为霸主地位的超级大国在形成和确立上述模式当中扮演着特别的角色（如 Fourcade－Gourin-chas and Babb，2002）。学者大卫·加兰德曾经就坚定地主张，各国应当依据行动计划做出政治和政策反应，加兰德还就美国和英国的情况进行了论证（David Garland，2001）。此外，也有一些学者就全球行动计划在其他国家的实施情况进行了初步考察（如就德国而言，参见 Peters and Sack，2003）。

如果全球性的后现代性趋势具有普遍意义，那么全球化就是一种影响众多国家刑事司法和刑罚政策的强有力的进程。在此种背景下，传统上将每个国家作为独立的单元予以分析的比较刑罚研究方法不再具有正当性。此外，本文已经主要针对德国和美国的情况提出并论证了这样的观点，也即全球性挑战与当地条件相互影响。显然，需要进行视野更为开阔的比较研究。虽然这种有限的比较研究已经表明了全球化研究的紧迫性，但跨国性的比较研究仍然具有关键性意义。全球性挑战及其对策在现实中会遭遇当地文化条件的制约，该文化条件根植于宗教和共同记忆以及不同的制度性安排。上述因素在互动当中孕育了各国彼此不同的刑罚政策。例如，美国对一个有关建立宏大的刑罚制度或者持续支持死刑的若干全球性行动计划的签署和认可，这种情况甚至有可能引起偏离正轨。其理由是上述做法是与全球化研究所要求的"进程转向"相一致的（Fourcade and Savels-berg，2006）。

人物访谈

"无王期"时代的中国法理学

——於兴中教授访谈

於兴中教授简介：

美国康奈尔大学法学院 the Anthony W. and Lulu C. Wang 讲席教授，哈佛大学法学博士。

主要研究方向为法理学、法律与社会理论、法律文化、香港宪政、司法改革。代表性专著有《法治与文明秩序》（中国政法大学出版社，2006年版）、《法理学前沿》（中国民主法制出版社，2015年版）。

被访者：於兴中教授（以下简称"於"）

采访者：夏纪森（常州大学史良法学院副教授，以下简称"夏"）

夏：於教授您有一个判断，即认为当今世界的法理学研究已经进入"无王期"时代，能否请您具体谈一谈？

於：我的意思是这样的，我认为法理学研究已经进入了"无王期"的时代，也就是进入了百家争鸣、平起平坐的时代。换句话说，法理学界"后主流"时代已经到来，主流时代已经过去。在此之前自然法学、实证主义法学、社会法学三大流派，或者自由主义法学、新分析法学，其中的某个学派可能在某个时间占据主流位置。以哈特为例，他曾经统治法理学界四五十年。20 世纪 60 年代他写了《法律的概念》后，英美法理学一直就是他的天下。后来尽管德沃金日显重要，但无论如何哈特还是一直处于"王"的位置。但这一情况现在已经不存在了。法理学发展的"空位期"（interregnum）到来了。这个时期可能诸侯割据，百家争鸣；可能各派混战，群星璀璨；也可能泥沙俱下，万马齐喑。某个主流学派、某个权威指点法学前程的时代已经终结了。这个含义是很深刻的。这意味着西方法理学的话语霸权已经结束，意味着每一个民族、每一个国家的法律学者、法律工作者，都有机会在这个诸侯割据的时代揭竿而起，独树一帜，成就一番事业。当然，理想的状态不应该是形成逐鹿中原的场面，重新产生一个

"王";而是强调，他们目前面临着各种各样的可能性及巨大的发展和发挥的空间。这就为中国法理学的发展提供了一个很好的契机。这个时代也为传统的主流与非主流之争画上了句号。此前，法理学界始终存在主流、非主流之分。主流自然而然意味着好、对，应该采取。非主流则意味着被否定、被批判，或者弃之不顾。例如自由主义法学在英美，概念法学在德国，维辛斯基的法学在中国，都曾在一定时间、一定场景下占据过主流位置。但这一切现在看来仿佛都是过眼云烟。在 21 世纪初十多年的法理学舞台上，已经很难分清谁是主流、谁是非主流。一个派别林立、主次不分的状态已然形成。

夏：於教授，在这样的一个"无王期"时代，对于中国法学界而言，您认为什么才是当今时代的法理学？

於：这首先要弄明白中国所处的时代和中国法理学的现状。一方面，中国毫无疑问是处在世界的大时代洪流之中的；另一方面，就理论和学术而言，中国在近现代鲜有开世界先河之举，凡事总是跟在西方后面亦步亦趋。就社会文化状况而言，中国在鸦片战争之后，传统的文明秩序被推翻，新的文明秩序尚未建立起来，仍然处在一种过渡时期。人们总是在翘首企盼一种更好的、更加文明的状态的到来。在某种意义上说，中国人是最好的希望者，总是在不断学习进取。而过渡时期的中国实际上处在一个两难境地：一方面希望接受别人的好的事物，另一方面又必须坚持自己制造；一方面在向世界先进国家学习，另一方面又要坚持中国特色。这种两难境地普遍存在于知识界、理论界和学术界。

就法理学而言，这种两难境地也有非常清楚的表现。向西方学习的热情始终都伴随着对中国特色的关注，而两者又往往被对立起来。过去 30 多年来中国法学的研究基本上从欧美法学汲取灵感、移植问题并照搬解决问题的方法。其根本原因是我们尚不具备从事自主性研究的理论准备和相应的学术水平。而欧美法学在世界范围内的影响及其话语霸权也不允许弱势文化独辟新径，开创新的局面。如今时过境迁，世界法学界"后……时代"的法理学不可能是单一的和唯一的，很有可能产生于不同文明的多种知识系统的对话和融合。在构思中国法理学发展的未来时，我们所要考虑的可能不是一种，而是多种具有中国特色的法理学。有可能发展出一种宏大叙事的统揽式的大法理学（Great Jurisprudence，Major Jurisprudence），比如真正意义上的中国马克思主义法理学，儒、道、释、法的法理学；也有可能发展出若干局部的、细碎的、专门的小法理学（Minor Jurisprudence)，比如德性法理学、大地法理学、调解法哲学、礼乐之治等。一种具有中国特色的法理学有可能来自对传统的挖掘，也有可能来自对法律实践经验的总结。

现代与后现代是紧密相连的，两者之间存在着明显的冲突与矛盾，但并非水火不容。东西文明之间也并不是没有对话的可能。把握好两者之间的平衡是发展中国法理学的一个重要前提。这意味着在一系列相互冲突的观念、范式、侧重点及方法中寻求和谐，诸如逻辑和经验、规则与解释、原则与利益、确定性与灵活性、正确答案与多样选择、自主与开放、统一与多元、归纳与演绎、点－线思维与多中心思维、专业化与大众化、正式途径与非正式途径、人权与发展、法律与道德、法律与其他社会现象的冲突等。

就中国法理学发展的可能性来看，在关于中国法律实践的研究、关于中国传统的研究、关于马克思主义法学的研究、关于西方理论的研究、关于法学与其他交叉学科的研究等方面都是值得深入展开的。

夏：於教授，您认为在目前的时代背景下，对于马克思主义法学该如何进行研究？

於：我认为需要重新深入理解马克思主义法学的生命力和它的重要性。这意味着使马克思主义法学回归到一种富有生命力的学术和思想的地位。马克思主义法学关于法律是自由的体系化的思想，关于人类解放的宏伟目标，以及对于资本主义的深刻批判在新的时代具有新的意义，需要心平气和地认真对待。

夏：那么，基于中国改革开放以来的法律实践，您认为该如何对现实进行概念化？

於：中国在过去几十年的改革中，肯定产生了不少值得研究的法律实践。这些实践被证明在现实生活中是行之有效的，是无数聪明人和实践者智慧的结晶，很值得研究推广。这显然是发展具有中国特色的法理学的一个重要渊源。把现实概念化可以分七步完成。

第一步，把握实践中的问题。现实生活中肯定出现了许多值得研究的做法，需要认真对待，适当地把握。

第二步，对现实的概念化。现实存在和对现实的概念化之间存在着很大的距离。同样的现实存在可能有不同的概念表达，取决于理论工作者的视野、知识背景和对现实的认识程度，也取决于特定文化传统和历史条件的限制。

第三步，概念的表达。概念的表达需要精确、清晰并符合逻辑。应该避免一些含糊不清的词语。比如程度不同的相对形容词：大小、新旧、薄厚、好坏、高低、中西、黑红、深浅。再如数词，用数词表达概念是中国文化的特点，便于记忆，但不能成为理论分析的概念，更何况，它起过限制思想的作用，也会限制理论的发展。再如含糊不清的抽象词语：必然性、必然规律、必然要求、有机统一、有机结合、既矛盾，统一……

第四步，概念的组织与归类。由于概念范畴是对现实存在的概念化，而现实存在是丰富多彩的，概念范畴便必然是千姿百态的。但是在众多的概念范畴中，有些起着决定或制约的作用，而另一些则只是子概念或次概念。起决定作用的概念范畴为主要概念范畴，不起决定作用的范畴称为次要概念范畴。比如说，"德"这个概念，在中国的文明秩序中是一个主要概念，而"法"则不是主要概念；"利"在当代西方的法律秩序中是一个主要概念，而"义"（righteousness）则不是一个主要概念。

第五步，与同类研究进行比较。概念和概念之间需要对比，对比之后看有什么共同的东西是可以提炼的。比如中国古代的"德"的概念和罗马人的"virtue"及希腊人的"arete"之间的异同。

第六步，评估概念的理论重要性。一个概念是否具有理论价值需要仔细评估。这需要相当的理论功底和对某一特定研究领域的扎实的把握。需要集众人的智慧来共同完成。

第七步，发表。当一个概念被评估为具有理论重要性之后，就应该以相应的形式和风格予以表达，公之于众，接受学界的批评和考验。发表的学问，犹如广告的学问，不可小觑。

夏：这个概念化的七步骤很有新意。目前的法学研究受到西方话语的强烈支配，您认为，在当今时代对于西方理论应采取什么样的态度？

於：需要以成熟的方式对待西方的理论。中国法学界对西方法理学的研究已经有100多年的历史，取得的成就也很引人注目。但是，直到现在，中国法学界极少有学者能够和其他国家的法理学者进行理论对话。其中的原因，除语言障碍之外，更重要的是我们的研究主要还是停留在译介层面，还不是真正的研究。发展中国法理学的一条途径乃是真正地进入西方法学的研究学界，同世界上的法理学同仁交流切磋。在译介的基础上参与讨论，在全面理解的基础上批判阅读。并且，应该摒弃那种基于中西现实差异而把西方法理学和中国法理学截然分开的机械唯物论。事实上，当今中国的法理学中使用的术语，绝大部分来自西方法理学。而关于中国法律实践中出现的问题的讨论也往往要借助西方法理学中的观点和方法。

在这里，威廉·推宁的见解很具有启发意义。他认为，就发展一般法理学而论，最重要的问题在于首先认清当代西方法理学存在的诸多问题，然后探讨如何应对这些问题所带来的后果，以及如何在更宽广的范围内从事一般法理学的研究。在他看来，西方法理学，亦即欧美法理学、主流法理学，存在很多问题。

推宁认为，西方的法学研究直接受到威斯特伐利亚和约（1648）二分法的影响，把法律分为国际法和国内法两个系统来进行研究。这种做法是不可取的，因为它把很多可以被看作法律的内容排除在外，比如洲际法律，国与国之间的法律，地区和地区之间的法律，以及国家法之外的非制定法和习惯法等。他认为，当代西方的法学研究，从大体上来看是封闭的，各自为政的。比如说，研究美国的法律完全不用考虑德国的或法国的法律，更不用考虑中国的法律。然而，人们往往会从这种封闭的研究中自诩得到了普遍的真理。当代西方法学基本上是对建立在理性基础上的官僚体制的研究，具有十分明确的功利性。法律被看作为了达到一定的目的而采取的一种社会手段。就对法律的认识理解而言，推宁认为，当代西方法学采取了一种从上往下的态度，一种从统治者的角度、立法的角度、官员的角度、精英的角度去理解法律的态度。而不是从使用者、消费者、受害人的角度去理解法律。当代法学研究的主要对象是观念和规范，而不是对社会事实所做的经验性的研究。这种情况在分析法学和自然法学的研究中尤其盛行。当代法学研究的主流只注重研究西方的法律，而不重视研究非西方的法律。当代法学背后的基本价值系统是单一的，尽管其哲学基础是多元的。

以上种种在推宁看来，都可能会成为发展一般法理学的障碍。尽管在20世纪中后期这些问题可能发生了一些变化，但大的趋势依然如此。推宁所指出的西方法学研究的弊端有些是人所共知的，有些是个别学者早就指出了的，其中也有颇具新意的。认识这些因素，对于发展有中国特色的法理学大有裨益。

夏：接下来，能否请您谈谈对于中国传统研究的认识？

於：截至目前，中国学者尚未写出一本从比较的角度系统研究中国法理学的专著。梁启超的《中国法理学发达史论》其实还是一部机械地运用西方法学观点分析儒、道、法各家法律思想的史学著作。梁治平的《寻求自然秩序的和谐》倒是一部法理意蕴浓厚的对传统的解读。江山的《中国法的理念》也比较接近法理学著作。中国法律思想史方面的研究有很多成果。但是，这些成果要么是儒、道、法三家法律思想的汇总，要么是某个思想家法律思想的诠释或浅注，可以称得上是中国法理学的专著极少。中国学者，尤其是研究中国文化的学者和研究法律思想史的学者往往比较倾向于笼统地梳理历史和学问，而不注重概念分析。他们始终都忘不了自己的使命是研究历史，而不是开发哲学概念。然而，概念分析虽然不是中国学者治学的最佳方法，但却是法理学的建构必不可少的研究方法。

重新解读传统就意味着要对现有的解释的全面了解。一部集中国各种法律思想和流派的解释和疏注将是重新解读传统的出发点。对各种解释的比较研究则会是更为深入的探究。而在世界法理学的背景下探究和发现什么是中国特色乃是重新解读传统的旨趣所在。就资源而论，天道气情德、仁义礼智信、和谐中庸等概念尚有待于系统地钻研和创造性的表述。这些都可以成为未来中国法理学的基本概念范畴。

夏：除了上面谈到的这些，於教授您认为，中国法理学值得研究的方向还有哪些？

於：从哲学、社会科学和自然科学的研究方法和研究成果中汲取营养，从而发展中国自己的法理学。回顾法理学的发展史，但凡新的流派的出现，新的观点的发表都有赖于借助法学以外的资源。自然法学受到神学和哲学的影响自不待说，社会法学的出现端赖社会学研究方法的出现，而经济分析法学、法律心理学、法律地理学等学派、学科则完全是法学和其他学问之间的结合。因此，这条途径也是不可忽视的选择。目前特别需要强调的是互联网与法律的研究。虚拟存在完全改变了人的存在方式。网络空间的法律和秩序已经成为法学研究最热门的话题。国内在此方面的研究也有迅速发展的势头。

夏：於教授，刚才我们谈到了面对西方理论和中国传统的态度，这会涉及普遍主义和相对主义的问题，能否请您谈一谈您对于这个问题的认识？

於：普遍主义与文化相对主义之争不光是一个学术的问题，更多是一个政治问题。采取普遍主义更多可能是为了巩固自己的统治，把自己文化中产生出来的基本概念、价值观、制度传向世界各地。也有一些真正相信人类是具有共性的学者或知识分子，就认为不管什么地方产生出来的价值都肯定具有普遍性。在西方，德国、瑞士长大的人，就会认为他们文化里面产生的观念、价值、制度是具有普遍性的。如果你不是走向世界，就有可能是坐井观天。但是，从另一方面来讲，普遍主义是一种不可否认的价值体系和人生态度。不承认普遍主义就意味着不承认人的共性。普遍主义所强调的是人所共有的属性，它的表达方式、表达语汇经过长期发展已经形成一套系统。用这套系统衡量不同现实的时候，就会发现它是可行的，除非是有意去抵制它。这里面有一个比较大的分别。这个观点是黑格尔、胡塞尔这些人早就谈过的，就是存在的现实（现实的存在）和对这种现实的概念化之间有非常大的差距。这种差距也表明了文化和自然之间的差距。

普遍主义含有一种非常狂妄的自负，它完全忽视了文化上的差异。尽管文化也是用概念来表达的，但各种各样的概念和其所形成的价值体系也各有不同。西方的权利、民主、自由、诉讼，和中国的道德、仁智、信理、情义，这两套价值体系之间到底有没有可比性，有没有通约性？文化普遍主义是一个不可否认的事实，但文化之间仍然有很多不可通约的东西。

在某种意义上，从法律的角度看，采取普遍主义还是文化相对主义，是一个很关键的问题。假设采取普遍主义的态度，法律的价值是普遍的，就必然具有客观性，在什么情况下都是可以适用的。这也使得法律移植正当化，人们就会相信法律移植毫无疑问。比如我们要制定证券法，就会认为翻译德国、英国或者美国的，抄过来就完全解决问题了。因为法律是普遍、客观的，在某个地方能用的东西，在另一个地方也能用。

相对主义态度则与之相反，否定法律的普遍性和客观性。有一部分学者很相信吉尔兹的《地方知识》（*Local Knowledge*），认为法律是一种地方性知识，不具有普遍意义，不能推而广之，这就否定了法律移植的可能性。所以，采取哪种态度是非常重要的。假设采取了地方性知识这一说法，首先，就否定了法律的客观性、普遍性；其次，否定了法律移植的可能性。如果坚持这样的观点，我们中国这几年所做的法律移植工作就没有了依据。在什么程度上采取普遍主义，在什么程度上采取文化相对主义或地方性知识，这牵扯到法律是什么、文化是什么的问题。我们把法律是什么看作是哲学问题，法律是统治阶级意志的反映，是上帝的意志、理性的反映等，我们给了法律很宽泛的定义。这么宽泛的定义对法理学的发展并没有太大的指导意义。相反，如果你采取一种地方性知识的态度，法律是某一时、某一地，在某一具体文化场景之内解决纠纷，采取什么措施来解决纠纷，你会发现这个定义非常有用，非常具体。也许这才是法律定义真正要走的路。也就是说，需要采取一种具体的态度。

跨域对话

法律、道德与社会：法治所涉诸议题

（跨域法政微信对话录）

2016 – 04 – 08

何志辉/整理

【编者按】 跨域法政同仁聚焦公共话题，本辑围绕法治所涉法律、道德与社会诸议题，不同学者基于立场及视角，做出不同评议，借此展开讨论。本辑所录对话，虽属只言片语，不乏重要议题，有待深入讨论。为尊重言论，兹实录对话，仅做最低限度的技术处理。

议题（一）

重庆～陈忠林：分享微信文章《这些国外制度，遇到聪明的中国人就漏洞百出》观点摘录：中国人不仅异常聪明，而且异常勤劳，却不富有，为何？中国人的聪明都用在了什么地方？把占人家便宜看成"聪明"，把奸巧看成"能力强"，把挑拨族群看成"和解共生"，真的是价值错乱。许多股友在讨论巴菲特的选股标准时，却往往忽略了他一再强调的：他非常重视一家公司 CEO 的诚信，不够正派的公司他绝不考虑。今天你会钻法律的漏洞，明天你掌权了，就会去修改法律，让自己的违法变合法。这几年来，我们看了太多这种例子。当彼此信任度越高时，管理就越少，彼此方便，成本自然下降，工作也越愉快。相反的，彼此猜忌、防范、围堵、监督，不但降低生产力，工作也被动，不愉快。所以从现在开始，就将心胸打开，用开放的心胸、信任的态度，来对待每一位伙伴。

重庆～陈忠林：在真正的商品经济中，人的信誉往往是个人最有价值的东西，这是我说商品经济的实质应是道德经济，而不是法治经济的原因。文中这些事实应该是活生生的实例。

澳门～龚曙东：@陈忠林，非常正确，我们为法治奋斗了这么久，猛然回头发现法治本身需要很多基础，其中道德是不可忽视的，前面似乎有不少人把法治与道德对立起来，似乎只要法治就可以解决我们所面对的问题。可路怎么走都不见起色。

湖南～谢晖：@陈忠林@龚曙东，信誉、道德，本来是法治应有之义。不装置信誉和道德在其中的法治，治谁呢？应当反思对法治人云亦云的理解，而不是在法治之外再立信誉、道德。

辽宁～王思远：要不怎么说法律必须被信仰，否则将形同虚设呢！

重庆～陈忠林：@谢晖，不把法律视为基本道德要求的具体化、规则化、制度化，反而把道德视为自然包含于法治的应有之意，不仅从根本颠倒了道德与法治的关系，而且只可能将法治变成少数自诩懂"法律"的人，对那些不可能先学法后行为的老百姓的专制！中国法治的乱象，就是这种理论造成的！

重庆～陈忠林：@王思远，由于任何法律在实际上都必须通过有司法、执法权的理解来变为现实，按照最终有权决定的人意志变为现实。所以，任何把法律当作信仰的人，都必然是权力者的奴婢。

香港～周沁：感觉像在上法理学课……

辽宁～王思远：感觉是自然法和实证法对道德和法治关系不同观点的体现呢……

辽宁～王思远：不过这样的讨论在中国还是有必要的，让我想起了德沃金和哈特。

重庆～陈忠林：@王思远，我不相信任何学派，因为自然法实际上与实证法学没有实质的差别，因为他们的理论都可以归结为"恶法亦法"。

湖南～谢晖：@陈忠林，老兄说的和我讲的有实质区别吗？或许您总是纠结于最终的决定因素，但那是哲学家思考的问题。法学家所要思考的就是一旦最终决定者（您所谓良心、信誉、社会道德）被置于被决定者（表达为法律、法律设施、法律行为）中时，要首先诚实的尊重"被决定者"。

湖南～谢晖：人人都以最终决定者为由头，否定已经被"决定者所决定了的被决定者"（绕口吧？），那这个世界才既无诚信，也无道德——因为被决定者——法律就是已经约定的人们交往行为的契约。一个人要在法律之外再找信誉、道德，不是不可，但除非那法律本身不可信。否则，便是这个人对法律的不信，而不是法律和法治的不可信。

香港～周沁：如果抛去以前书本上学的各个学派，这个问题是不是更接近 legal consciousness 的探讨？

香港～周沁：Tyler 有本书就写的 why people obey the law。

重庆～陈忠林：@谢晖：有很大的差别，因为否认道德、信誉是可以独立于法治之外的东西，必然导致专制。如果不把法律看成反映社会基本共识的道德要求的具体化、规则化、制度化，就必然会将法治视为权力意志、精英思想的具体化、规则化、制度化。如果不承认法律的目的是维护作为社会基本共识的基本道德，法律就必然变成权力者任意横行的东西。

香港～周沁：道德本身也是一种精英思想。

重庆～陈忠林：@周沁，可以这样说，更正确的说法应该是"为什么法律必须服从人民"，而不是"人民为什么服从法律"。

辽宁～王思远：或者应该是中西法律传统意识的碰撞。

重庆～陈忠林：@周沁，我认为，道德是一种社会中为社会成员普遍认同的是非观、善恶观、价值观，是精英与民众共享的那部分价值，而不是精英特有的那部分价值。

辽宁～王思远：道德可不是精英思想。这点赞同陈老师的观点。

重庆～陈忠林：@王思远，不是中西法律的冲突，是现代民主与传统专制的冲突。

香港～周沁：这里有三点需要事先明确：1. 道德的概念和范畴；2. 哪一个区域、时间段的道德概念和范畴；3. 谁的道德概念和范畴。

香港～周沁：可能我下结论过于草率，没有论证过。sorry……

重庆～陈忠林：@周沁，我说的道德，是法院所管辖地区的民众在法院适用法律时所普遍认同的道德。

香港～周沁：普遍认同，又有多大覆盖面？

香港～周沁：没有100%的认同，也没有100%的不认同。问题在于，不认同彼此的道德，怎么办呢？

辽宁～王思远：所以陈老师说的是现代民主和传统专制的冲突，现代民主不就可以看成是西方所谓的多数人的民主。不知我这样理解对不对？

香港～周沁：我是觉得道德、法律都是一种社会控制方式。

辽宁～王思远：但感觉这样理解的话，把道德的范畴缩小了不少。

湖南～谢晖：@陈忠林，谁也没这样否定过吧？这种否定是不是您的凭空想象？只是法学家的事业，必须以既定的法律规范为核心，所谓规范法学即此。

湖南～谢晖：法律如果在道德上有瑕疵或落伍的现象，仍需借助法律的原则、精神来规范道德，而不是各说各有理，只有法无理。"道德是一种社会中为社会成员普遍认同的是非观、善恶观、价值观，是精英与民众共享的那部分价值"，难道这样的道德还不足以升华为法律吗？您可知道，历史上的所谓"德治"才是货真价实的"精英"治理呢。

湖南～谢晖："劳心者治人，劳力者治于人"，我们或许都听说过。把现代法律视为精英理性，这样的观点不时可见。而我以为，它不过是社会契约的表达。

湖南～谢晖：所以，把法治理解为精英治理，那实在是对法治的大大误解。因为法治自来分自治（权利之治）、互治（契约之治——权利义务互治）和他治（权力之治）三种。此种理解，至少把法治的前两个内容开除于法律治理之外，仅仅把法治视为权力治理了。果真是那样，只能唤作披着法律的人治。与法治相去甚远。

辽宁～王思远：脑子有点乱，不是学法理学的。

香港～周沁：@陈忠林@谢晖@王思远，谢谢今晚的指点。

重庆～陈忠林：@谢晖，否认道德可以独立于法治之外，强调法治之外不能再置道德，这可是你反驳我观点的第一个帖子中明确提出来的哟，再看看是你忘了，还是我的妄想？

湖南～谢晖：@陈忠林，我的第一条留言是："信誉、道德，本来是法治应有之义。不装置信誉和道德在其中的法治，治谁呢？应当反思对法治人云亦云的理解，而不是在法治之外再立信誉、道德。"

湖南～谢晖：如果不联系我们讨论的语境，或许会让您误解。但只要联系昨晚讨论的语境，似乎从中看不出我"否认道德可以独立于法治之外"吧？我一直强调法治的论域，强调法律家的思维应有所界限（而不是替代哲学家进行思考）。一旦法律订立，应围绕法律内的道德而展开，即使法律有道德瑕疵，仍应遵循法律的原则、精神和技术（技术的道德）行事，而不是在法律之外，另起道德炉灶，或不顾法律自身是一套德性体系，而强调法治和所谓"德治"的结合。

湖南～谢晖：法律本来是技术规范和道德规范的组合体，且技术规范必须服从于道德规范，为道德规范服务，是所谓"技术的道德"。只是法律更多关注的是普遍的道德或者可能，并需普遍化的道德。如果把道德四分为公共道德、职业道德、政治道德和私人道德的话，法律则更关注的是前三者。对私人道德，特别是所谓"高尚道德"，它不是不关注，而仅仅以权利放任的方式授权处理。

湖南～谢晖：公共道德，如诚实信用、公序良俗等，自古以来就是法律所追求的重要精神之一。职业道德在现代法律中表现为各种各样的职业法，如律师法之于律师道德，法官法之于法官道德，执业医师法之于医生道德，护士法之于护士道德等等，而政治道德的基本根据则是以宪法为核心的政治类法律。

湖南～谢晖：当然，这不是说法律不调整私人道德，它只是不拟采取国家强制手段令个人高尚。一个人是否选择高尚，或者在什么问题上选择高尚，什么问题上选择本分（中民道德），如前所述。毋宁是权利授权范围内自主的事。在此之外，法律所能做的就是对高尚道德的奖励性调整，或通过奖励以引导高尚选择。如此看来，法律不就是一个逻辑完整的德性体系吗？

湖南～谢晖：至于一个国家的具体法律是否充足地表达了道德，是否需要输送新的道德，那是另外一码事，且即便如此，也需要遵循法律的"技术德性"，而不能径直以所谓法律背德而抛弃法律。换言之，只要一个国家有法律，讲法治，而断然不顾法律本是一个德性体系，在法律之外另起炉灶，喋喋于法律之外的道德，那不过是以自我的道德理想和高尚追求架空法律的平常和日常。对于法治，岂止是不利？简直就是败坏。

湖南～谢晖：我因为他事缠身，就回复如上。对这个问题的系统阐述，如老兄及各位感兴趣，可参看我的《法治讲演录/德性的法治》（广西师范大学出版社，2005）。感动老兄那么晚还在琢磨这一问题！也感谢老兄的留言！

浙江～朱祖飞：在鄙人看来，谢、陈两位老师的观点，应当没有什么不一样。

重庆～陈忠林：@谢晖，看来我们的分歧还是在于：是否承认法治之外还有道德，甚至是法律之外的道德对于法治所有环节起着决定作用。在我看来答案是肯定的，而您却给出了一个否定的回答。至少您昨晚关于不同意"在法治之外再立信誉、道德"的字面表述，以及您今天所说的"一旦法律订立，应围绕法律内的道德展开"中包含的逻辑，恐怕都无法让我得出另外的结论。

重庆～陈忠林：我之所以会肯定法之外还必须有道德的存在，是因为道德的基本要求已经通过立法化为具体的法律规范，且在一般情况下，人们对这些规范的理解，也不会明显违背基本道德的要求。

重庆～陈忠林：但这依然不能否认道德，作为社会基本共识（即我所说的常识、常理、常情，或者您现在也开始用的情理）最核心的部分，只有在法之外，才可能在根本上起到保证法律的正确理解适用，不偏离基本道德要求的决定性作用。因为离开了法外的道德，法内道德的内容，根本就不可能界定。

重庆～陈忠林：对于现有的法律规范而言，基本道德不仅是它们的前提、灵魂，更是判断人们对法律理解适用是否正确的最终标准。对于任何事物来说，衡量该事物的标准本身都只可能是外在的。

重庆～陈忠林：立法法规定法律应反映人们的意志，宪法规定国家的立法机关应向人民负责，这些都说明法律的内容与道德之间的关系，不仅在产生时是被决定与决定之间的关系，在理解适用实施过程中依然是决定与被决定的关系。尽管这种决定与被决定关系，在技术上必须通过法律规定的位阶关系来作为连接的纽带，而不可能在法律规定本身之内得到解决。

辽宁～王思远：我觉得两位老师各自所讨论的是两个层面的东西。陈老师讲的是法律适用或者评价的标准，也就是说道德是对法律评判的标准，从应然的角度法律应当体现道德的内容，只有这样，法律才能受到普遍的认可。而从实然的角度来说，法律作为统治工具往往会践踏道德的内容。所以就会出现陈老师所谓的现代民主和专制统治的冲突问题。

上海～张祖平：在某些地域，道德与习俗对人的行为的约束力甚至大于法律。道德与习俗使人自我约束，法律好像是外来的约束。道德是日常的规范制度，法律是最后的惩戒力量。陈忠林老师说得好，要建立信任关系，法律只能作为最后的保障。本人是法律外行，全凭感觉发言，不当之处，各位大侠不要笑话。

辽宁～王思远：谢老师所讲的是法律与道德之间的关系，即法律本身体现道德的内容，同时在法律规范之外也同样存在道德规范，共同构建了社会规范体系。当然，我们的目标是法律更好地与道德相结合。不知这样的理解对不对，望指教。

上海～张祖平：日常行为靠道德约束，法律为社会提供最后的屏障。信任关系，背后靠法律支持。

辽宁～王思远：一位从纵向的角度，另一位从横向的角度在重点讨论法律与道德的关系，其实有交集但也有区别。并不体现孰对孰错。如果将两位老师的观点整合，我倒觉得构成了法律与道德关系的完整体系。挺好！

重庆～陈忠林：@王思远，道德对法律所有环节的决定作用、灵魂作用包括立法、适用、守法所有环节。这不仅是理论上应然，更是在现代法治（以联合国人权公约为基础的法治）背景下我国宪法和法律规定内容的实然。

重庆～陈忠林：道德与法律不是共同构建了社会的规范体系，因为二者不是简单的并列关系，而是道德通过具体化、规范化、制度化，构成了一个以道德为基础、前提、核心、灵魂，为最终判断标准与保障的社会规范体系。从法技术角度讲，有必要特别注意二者是否是通过法的强制力来实现的区别，但在价值上必须强调二者统一，特别要强调法的内容不能与外在于法的道德发生明显的冲突。

重庆～陈忠林：@王思远，有必要再补充的是：只要在价值上坚持法的内容与道德的统一性，技术上坚持按照法律规定的法律规范之间的位阶关系系统全面理解法律的内容，消融法律文字表述的缺陷，那就不存在任何恶法存在的空间，即使在实证法意义上也只能得出这样的结论：只有不懂法的人，没有不讲理（道德）的法！

湖南～谢晖：@张祖平，恕我直言，您这是对法律（至少是现代法律）的极大误解。譬如我等在志辉这个群里，本身就在运用法律的言论自由权利自由地发言。无论群友们发言时是否认识到其在运用并享受法律权利，但客观上我们已经在运用并享受这一权利。假设志辉因为一位群友并不悖法的言论而在群内横加干涉，这位群友可以依法予以抗辩。缘由何在？很简单，因为言论自由是法律保护的一项权利。即使群主对一个群做出了言论范围、论题内容的限定，只要群友们乐意接受并遵守此种限制，也就表明各位依法达成了一种默示的契约关系。否则，完全可以自由退出。可见，吾国倘要笃行法治，真需要认认真真从审视现代法律之 ABC 开始。

议题（二）

重庆～陈忠林：法律必须以社会普遍公认的道德为灵魂，为判断人们对法律的理解适用正确与否的最终判断标准。理由其实很简单：道德是一个人所在社会成员普遍认同的基本是非观、善恶观、价值观，任何人在日常生活中都只能根据自己在社会交往中体认到的社会基本道德行动。除了精神病人外，任何人都不会先学法律，然后按照法律规定来规范自己的行为。

重庆～陈忠林：如果把法律视为可以脱离道德存在的东西，那制定这个法律的国家就一定不可能是这个社会绝大多数成员的国家。如果允许对法律的理解适用与社会基本道德的要求相对立，那这个法律就一定会站在这个社会绝大多数成员的对立面。

重庆～陈忠林：如果认为，法律可以做出明显违情悖理的理解，那这个"法律"就不仅是少数自诩"懂法"人士对普遍只懂道理而不可能懂法的普通民众的专制，而且所有法学理论中那些关于法律保护公民权利、自由的说法，对于所有事实上不可能懂法的人来说，统统都是谎言。

英国～陈玎：@重庆～陈忠林：这也不能绝对吧。道德标准是变化的，也？很多是不正义不合理的。

澳门～何志辉：@重庆～陈忠林，那我们怎么处理一个多元道德社会的情况？道德观念往往边界模糊，自身也是变动不居，怎么能借此作为判断法律制定、理解和适用的最终标准？

重庆～陈忠林：@英国～陈玎，道德的标准在时间上是演进的，在空间上是多元的，但在具体的时空中法律不以道德为灵魂，不是道德为最终判断标准就会走向与民众的对立，法学就会成为谎言，这个论断的成立应该是规律性的！不能用现在的标准来衡量过去，这是常识；不能用一个社会、民族，国家的道德来衡量其他社会民族国家，是国际人权公约的首要要求！

重庆～林孝文：结合中国的实际，陈老师观点应该成立吧。

北京～马剑银：陈教授说的是在同质性的社会中的一般现象。不过在多元社会中，这种观念显然不合适。伦理学界区分道德和伦理，伦理是某个共同体的基本共识，而道德则是不同共同体相处的底线。前者以民主原则作为标准，即多数原则，后者以人权原则为标准，即少数原则。

重庆～林孝文：中国古代并无权利与自由等概念，其法律好像能深入人心，现在有了，反而法律离我们疏远了。

北京～马剑银：中国是多民族国家，是伦理多元的社会，无法以单一的所谓道德标准要求所有人，否则只能是压迫，多数人压迫少数人也是压迫。

重庆～林孝文：根据我的理解，陈老师所说的道德更加接近常识的含义。

北京～马剑银：多数人暴政并不比独裁高尚。

北京～马剑银：常识是什么，等于什么都没说。

重庆～林孝文：道德的多元性也要求法律的多元性，这个不矛盾。

重庆～林孝文：最终的真理都是说不清的，要不就不是最终的了。

重庆～陈忠林：@澳门～何志辉，方法也很简单，尽管在中国的司法人员用起来很难。这就是在立法上，用民主程序来保证多元道德中的最大共识；在司法、执法中，司法、执法人员应尽力根据他们所理解的最大共识最终标准来判断他们对法律的理解是否正确；在制度上，建立保证有序参与的普通民众能在正当程序的引导下最终决定案件事实和法律性质的司法民主制度。

重庆~林孝文：中国大一统的法律是违背常识，也是专制的体现，违背了道德的多元性。

北京~马剑银：法律多元也需要一个统一的宪法框架，否则就一盘散沙。

重庆~林孝文：所谓统一的宪法框架就是要求法律的与道德的自治。

重庆~陈忠林：@北京~马剑银：一个国家多民族的道德多元问题，应根据我国宪法规定的民族自治，即全国性的法律应作民族性的解释来解决。

重庆~林孝文：美国宪法就是典型。

重庆~陈忠林：@重庆~林孝文，支持你说的"所谓统一的宪法框架就是要求法律的与道德的自治"。

重庆~陈忠林：@重庆~林孝文，对于每个人来说，最终的道德应该他自己认同，同时还认为自己能够说服他人的那种道德。

重庆~陈忠林：@英国~陈玎，道德的标准在时间上是演进的，在空间上是多元的，但在具体的时空中不以道德为灵魂，不是道德为最终判断标准，法律就会走向与民众的对立，法学就会成为谎言，这个论断的成立应是规律性的！不能用现在的标准来衡量过去，这是常识；不能用一个社会、民族，国家的道德来衡量其他社会民族国家，是国际人权公约的首要要求！

北京~马剑银：道德是己所不欲，勿施于人。而己所欲，施于人，不是道德。

重庆~林孝文：虽然陈老师在西政上课时我逃课了，但是课后还是听同学说到你的观点哦，我一直在思考，在寻找答案，冥冥之中有所领悟而已！

重庆~林孝文：道德具有地方性。

重庆~林孝文：儒家衡量道德的统一标准：己所不欲，勿施于人。

北京~马剑银：@重庆~林孝文，有地方性的叫伦理，道德是普遍适用的，除非你不讲理。

重庆~林孝文：己所不欲，勿施于人，本身不是道德但是衡量是否道德的标准——个人理解啊，这个太复杂。

重庆～陈忠林：@北京～马剑银：不论"己所不欲，勿施于人"还是"己所欲，才施于人"，都不是道德的最基本的要求，因为道德最基本的要求是：不害人。

北京～马剑银：@重庆～陈忠林：不害人，可以用己所不欲勿施于人来判断。

澳门～张元元：楼上这段话可以再考虑考虑。

重庆～林孝文：道德太复杂啦，好难，康德都怕这个了，呵呵。

重庆～陈忠林：@北京～马剑银，"不害人"偏重于以对方、社会对这个问题的看法为标准，"己所不欲"则是以个人的感受为标准。尽管在大多数情况下，对于尊重社会道德的人来说，二者的内容大致是重合的。

北京～马剑银：而现在很多制度不是道德的制度，而是强迫的制度。

英国～陈玎：@重庆～陈忠林：关于法治讨论由来已久，本身就有多种定义。您所言解决方案与罗尔斯相类。个人并不相信道德价值，理解为长期博弈＋进化选择结果。

重庆～陈忠林：@英国～陈玎，1. 到现在为止，我没有谈及法治定义问题；2. 我与罗尔斯不同点在于：罗尔斯没有发现黑暗之幕后面的东西是什么，我指出这个东西应是每一个人自己与社会其他成员之间的最大共识（规范日常生活的基本道德，或者更准确地说常识、常理、常情）；3. 同意将法治理解长期博弈＋进化（尽管我更倾向于"因博弈而进化"这种带规律性的表述）；4. 社会基本道德之所以应是法治的前提、基础、核心、灵魂、最终判断标准，因为它是一个社会各种势力博弈＋进化的过程中在该社会成员中形成的最大基本共识。

英国～陈玎：@重庆～陈忠林，这不是我的专项，随便说说而已，跟您请教。

重庆～陈忠林：@英国～陈玎，这也不是我的专项，互相学习。

议题（三）

浙江～王家国：法律与道德，千古绝唱，唱不完的歌。

澳门～何志辉：转载分享李天飞《神仙犯了天条该怎么罚：从"针决"到"毁形灭性"》部分观点：我们常常在《西游记》里看到"犯天条"这个词，犯过天条的神仙还不少。那么具体犯了什么天条该怎么处理？好像这些小说都没有细说。其实"天条"是有的，这就是道教中适用于鬼神的法律。人间有法律，神仙也有法律。今天不妨深究一下。制定这些法律的前提是：神仙、鬼怪也会犯罪。犯了罪，就得用相应的法条惩治它们。因为道教历史太长，不同的教派、时期都有不同的法律。

澳门～何志辉：蒋海松博士对此有精辟研究，期待海松大作问世。另外，有人搞过西游八十一难大数据分析，结果……狠补脑！

湖南～蒋海松：《西游记》确实无意中是古代许多法律观念的折射……

浙江～王家国：不过，作为传统治理模式，它应该有部分合理性的东西，不然不会维系一个古国社会五千年不倒。从这个意义上讲，还是值得深入再研究的。传统治理模式，法与律是两条路，交融共治，法自治，律他治，合于社会治理，其中法是根本。所以鄙人以为，法律与道德之关系的根本问题是如何理解法律二字。

澳门～何志辉：想法、办法、设法……这些民间词源考溯起来，所涉"法"字都有权变、谋划、紧急及临时处断之意，与"律"有别。

浙江～王家国：说文解字，"法"本义非术。

浙江～王家国：《法经》其实传道的是一种理念，不偷不抢不杀，类于道德。

浙江～王家国：我的本意不在分析概念，而在社会如何治理。

重庆～陈忠林：@何志辉、@王家国，"法"与"道德"在词源上应有共同的含义。按"说文"的说法，"法"的古字是上面一个"一"字，中间一个"人"，下面一个"口"，即众人口中都认为是正确的东西（胡适即采此说）。

重庆～陈忠林：在中国古代的构词法中的"一"字，多有共同、共通的意思。

重庆～陈忠林：重大错误更正："法"古字的字形是"金"，而不是"人""一""口"相加。故将相关帖子的内容改为："法"与"道德"在词源上应有共同的含义。按"说文"的说法，"法"的古字为"金"，由上面一个"一"字，中间一个"人"，下面一个"正"，即是人都认为是正确的东西作为统一的标准来规范（正）人的行为的意思（胡适即采此说）。

重庆～陈忠林：而道德中的"德"字，在词形上则是由"双人""直""心"和表示一致、共同的"一"等部分组成，其义应该是指众人心中都共同认为是正确的东西。即法和道德都应该是众人共同认同的东西，区别只在于一个在"心"，一个在"口"。心中有了，口中才可能说得出，所以"德"（存在于熟人——部落成员之间共同认同的习俗，或者说是非标准），在部落间进行交往（即与不熟悉的人交往）时，就需要通过口头交流达成一致，作为陌生人交往的规则"法"就由此而生。这个词源的解释，仿佛也与实际情况相符。

重庆～陈忠林：所以，法的起点与生命都不在逻辑，而在经验。这是我主张法律必须是常识、常理、常情的具体化、规则化、制度化的原因。关于法律是认知科学的说法得谨慎，法的来源、基础、灵魂、最终标准都只能以经验的形式存在，而经验，严格地说是体悟的结果，而无法作为认知的对象。当然，如果说认知是指关于法的知识，法体系形式上的位阶逻辑，法与道德、习俗等其他规范之间的关系，当然是可以作为认知、考察的对象的。

上海～姚尚贤：转载分享《渠敬东：破除"方法主义"迷信——中国学术自立的出路》观点摘要：当今日中国再次面临时代更迭、中西碰撞，社会问题纷繁复杂的局面，我们的社会科学能够为国家发展带来怎样的思想启示与决策参考？而社会政治环境又将如何影响学科建制？这些问题在今天显得尤其重要。渠敬东在访谈中毫无保留地批判了趋附"方法主义"所带来的"学问与生活的疏离"，而这导致了社会科学整体学术范式的深层危机。渠敬东认为，好的社会科学，一要"讲理"，讲人们生活的道理，构建生活的结构机制是什么？世风民情是什么？对这种生活的内在理解是什么？二要"动情"，人若没有感同身受的能力，没有与社会周围的感情连带，他怎么会尽可能地去包容这个世界呢？方法主义的最大麻烦，就是让研究者的情商变得极低。

澳门～何志辉：渠敬东的批判很值得反思，他尤为鲜明地指出方法主义之最致命的特点，就是方法主义可以建立一种迷信：似乎越能够寻得一种精巧的方法，就越有信心把握住我们全部的生活经验。常规方法最容易标准化，因而也最容易与科层制的学术体制相结合，成为衡量和评价学问的尺度和准则，由此再形成一套对学问的技术治理标准。如今的科研积分、大学排名、论文指标、学生绩点这一套技术治理的标准，都是从我们对方法的迷信中推展出的系统性体制。

上海～葛四友：根源如果在于方法，那只是个笑话。不敢秀观点，只好秀方法……

上海～葛四友：大学排名如果说病根在方法，我信我就傻。

重庆～陈忠林：先正心诚意，然后才有格物致知，对于社会科学来说立场目的是决定方法对象的东西。这是我在与陈金钊、谢辉、舒国滢等一起讨论法学方法论时提出的观点。

广东～张宏海：转载分享 1981 年里根总统就职演说视频：在当前这场危机中，政府的管理不能解决我们面临的问题。政府的管理就是问题所在。……我们是一个拥有政府的国家——而不是一个拥有国家的政府。这一点使我们在世界各国中独树一帜，我们的政府除了人民授予的权力，没有任何别的权力。

广东～张宏海：其实，一个国家治理的好坏，不是政府治理人民的好坏；而是人民管理政府的好坏！一个国家的人民，如果能够设法管理好他们不得不需要的那个政府，那这个国家才可能有良好的治理。

北京～胡玉菡：转载《说一说你心目中的法治》，有人说，治民无常，唯以法治；有人说，法外无权，天下准绳；有人希望，在法律面前人人是平等的，凡事都有法可依；还有人认为，法律之内，应有天理人情在。一千个人眼中就有一千种"法治观"。

北京～马剑银：其实哪有一千种！只有两种，一种是立法者守法的法治，另一种是立法者修法的法治。遇到立法者意志和既有法相冲突时，立法者选择守法，还是选择修法，是区别两种法治的重要标志。

北京～张翔：里面要考虑违宪审查制度的有无。

北京～赖海榕：【转载】赖海榕《奥比·萨克斯大法官的遇刺不死与别样报复》，本文系《断臂上的花朵：生命与法律的奇幻炼金术》之读书笔记。奥比·萨克斯是南非结束种族隔离制度后新宪法的起草者之一，新成立的宪法法庭的 11 名大法官之一。1988 年 4 月 7 日，南非种族隔离当局派特务到莫桑比克策划汽车炸弹爆炸袭击萨克斯，萨克斯受重伤并失去一只手。大难不死的萨克斯考虑的报复是"温柔的复仇"，因为我们将生活在法治之下。让所有南非人民都获得自由，远比将单独监禁与酷刑折磨施加于那些曾如此对我们的人身上，更属有力的复仇。

北京～赖海榕：种族隔离制度垮台以后，南非进入真相与和解进程，当年安放炸弹的亨利为了获得赦免曾经到萨克斯的办公室找过他。此时的萨克斯已经身处高位、手握重权，亨利则是个祈求赦免的小人物，二者的强弱对比发生了 180 度的转变。萨克斯选择原谅亨利。又过了若干年，萨克斯大法官与亨利在一个私人宴会上相遇，作了一番平常的交谈，亨利在灵魂深处感到了惭愧和忏悔，回家后连续两个星期不时痛哭流涕。

北京～赖海榕：萨克斯与亨利的经历是南非种族隔离制度向民主制度过渡的典型例子，反映了南非旧时代深仇大恨的和平了结。南非种族隔离制度的许多后遗症今天仍然严重，但是南非没有像很多以牙还牙、以暴易暴、冤冤相报的国家那样，滑入互相监禁甚至屠杀的深渊，得益于许许多多萨克斯这样的思想者、行动者。

浙江～王家国：摘录吴敬琏（国际著名经济学家）部分观点："中国1990年的货币总量为1.53万亿元，2011年89.56万亿元，21年翻了58.53倍。美国货币总量同期只增加了1.99倍。美国法律规定货币发行量不得超过GDP的70%，中国已经超2倍了。"

浙江～王家国：5年后的今天，M2已142万亿元，3年后的今天，将达184万亿元左右。

法国～吕晓红：转载分享洪朝辉《追思杨小凯为人为学的境界》观点摘录：该帖作者提出历史上面对全球化的进程，存在四大类国家，包括先知先觉、半知半觉、后知后觉和不知不觉，并认为过去的亚洲四小龙和当今的中国大陆大致属于半知半觉，所以应该反对有限全球化和局部全球化。对此，小凯提出他的后发劣势论，认为如果只模仿技术，不模仿制度，就将缺乏宪政秩序和法治，并可能导致制度化的国家机会主义，导致统治阶层的假公济私和腐败分子的前仆后继。小凯认为，尤其可怕的是，在中国，规则的制定者、仲裁者、执行者和参与者往往都由相同的组织来安排，由此就必然导致国家机会主义的制度化。

法国～吕晓红：转载分享《京都大学校长在新生入学式上的讲话》观点摘要：京都大学总长（在日本，只有东大与京大，校长按习惯称作总长）在今年新生入学式（2016年4月7日）上的致辞，"自由"一词在其中出现了34次。很明显是对现政权所作所为的一种委婉的批评姿态。山极教授是一位著名的文化人类学者，是当今研究灵长类动物黑猩猩的第一人，素有"山极黑猩猩"之爱称。去秋，山极即将出任京大总长一传开，许多师生纷纷联名向校方请愿，要求禁止山极教授离开研究阵地去当总长。可见他是如何深孚众望。山极教授以他长年对动物以及动物社会的研究，反观人类以及人类社会，或正因如此，他对人与社会，人和自由的深知灼见，才愈显得不同凡响。

法国～吕晓红：在日本《宪法》中，同样也讴歌这些精神。共计11章103条的日本宪法，出现了11次自由。序言中有"我们确认，全世界人民都同等具有免于恐怖和贫困并在和平中生存的权利"，第14条明确写明"全体国民在法律面前一律平等。在政治、经济以及社会的关系中，都不得以人种、信仰、性别、社会身份以及门第的不同而有所差别"。关于学术，第 23 条称颂"保障学术自由"。那么，"学术自由"又是何物？我认为，乃"思考之自由、言论之自由、表现之自由"。

浙江～王家国：子女该不该"依法"尽孝？上海市新修订的老年人权益保障法明确规定，子女不探视父母可被起诉，甚至可能影响信用。然而这样的法律能有多大实际效果？孝道入法合理吗？

重庆～陈忠林：关于法律原则规定与具体规定之间的关系，依照宪法（第 67 条（三））、法律规定（如刑法第 101 条）和法学理论应有逻辑，在我国现行法律框架内的部门法基本原则与具体法律规定之间的关系，应该是适用于被适用的关系。具体讲，这种关系意味着司法机关无权直接适用原则认定案件性质，但司法机关必须根据原则的要求理解具体条文规定的内容，即根据原则的理解来扩张或缩小条文适用的范围。

重庆～陈忠林：以曾引起全国很大争议的四川泸州中院裁决"遗嘱继承纠纷案"的判决为例。我个人认为，该判决直接适用公序良俗原则认定遗嘱无效的做法，尽管符合法律的原则，但在形式上是有缺陷的。正确的做法应该是根据民法通则第 7 条关于"民事活动应当尊重社会公德"来决定我国民法关于遗嘱继承法律规定中不应该包括允许"不尊重社会公德"的内容，然后根据这样理解来裁定相关遗嘱因不符合我国民法中有关遗嘱继承的法律规定无效。

重庆～陈忠林：必须指出的是适用法律中的原则规定来决定具体法律的内容，是宪法和法律关于司法人员履行职责必须遵循的义务性规定；不顾法律规定的原则，而对具体规定作出违背原则规定的理解，应该是一种（严重）的枉法行为。

重庆～陈忠林：哲学家为什么会转向宗教。有人说，哲学家在理性面前束手无策的时候，就转向上帝求救。我认为，产生这种现象的原因很简单：因为在理性的尽头应该是作为理性起源的作为个体人生活方式所决定的与他人能够交流共处的经验，而哪些个人的经验能够沉淀下来并作为理性发展基础的，则是由人区别于其他动物的本能需要与需要满足方式所决定的。由于在现实生活中，这些内容都只能以常识、常理、常情为表现形式，所谓宗教，不过是在不同人群中以不同形式将他们共同认同的最普遍的经验神圣化了而已。哲学家们转向上帝寻求理性的终极答案，是因为他们从根本上瞧不起作为人类生活最基本规律的经验形态的常识、常理、常情，自认为真理应在他们手中的那种优越感，让他们无法在普通民众面前低下他们那颗自视为"高贵"的头！

北京～杨学林：甘肃陈一超行贿案，惊人内幕开始爆料。案子还在纪委时，陈一超的两千多万元现金就被划走；五辆轿车被过户给办案单位；名烟名酒被私分。触目惊心啊！

江苏～喻胜云：@杨学林，这就是革命的逻辑啊！

重庆～陈忠林：心中没有普通民众地位，没有实践观念的人的哲学，最终都必然会是神学！

江苏～喻胜云：新中国的革命就一直遵循着这样的逻辑。但是，中国的法治进程则助推、掩盖、合法了这一逻辑。中国的法治进程其实是通过法律的抽象与形式，干的是淘汰人的事情。进化论体现得淋漓尽致。

江苏～喻胜云：@杨学林：问题是谁都有目前这种法治进程助推被淘汰的可能，无论你是谁——害怕与恐惧由此产生。

广东～张宏海：西哲笛卡尔有句名言：我思故我在。一般理解是，我思考，所以我存在；也有人理解为：通过思考而意识到或确认自己的存在。我在这里继续引申为，我如何思考就如何存在，或者是，我的思维方式，决定着我的存在方式。

广东～张宏海：可以看到，今天中国现实生活中的种种荒谬与偏狭，其实都可以在观念和思维模式上找到最后的根结。实现中国社会的现代化转型，首先需要走出观念的迷障，实现从传统思维模式向现代思维模式的转型，然后才有如何用现代思维模式看待和继承传统文化资源的问题。第一个问题不解决，第二个问题就无从谈起。在传统中谈继承传统，犹如在传统中反传统一样荒谬可笑。就像我们每个人反思反省自己时的情形一样，一个民族在自我认识自我反省的过程中，也会遇到一些让人感到不快的事物，一些令人难堪的结论，往往还会伴随有一种刻骨铭心的痛。这时，我们不仅需要极大的勇气，更需要理性的指引，以及宽容之心、谦卑之心和平等相待之心。

广东～张宏海：国家强盛，民族复兴成为近现代中国历史的主题诉求，成为支撑现代中国人的唯一信念和衡量一切事物的最高价值，成为一切理论探讨和政治行为最后的归结点。在这一点上，过去很长一个时期，我一直陷于某种迷茫：谈到民族复兴，谈到国家强盛和国家利益，谈到传统文化，似乎就触到了底线，不容置疑，不敢再往前跨出一步。然而，"万国之上还有人类在"，胡适先生60多年前留下这句名言，直到今天还不能为大多数国人所认同和接受。

上海～费小兵：补充一下。笛卡尔这句话在全文中的含义是：一切都是值得怀疑的，唯有我思是存在的。而关于中国文化，我陋见认为：古典与传统是两回事。谭嗣同在《仁学》中已经谈到这一点"两千年之学皆是荀子之学而非孔学"！当代李幼蒸也区分仁学与儒学。另外，古典中普世价值的有老庄，外来思想中国扎根的佛学中有深刻的众生平等观，都是普世价值。用客观冷静看古典，并以之进行对现代的思考，开出来的花朵是美丽的。熊十力等人做的或许值得敬佩与认真对待。不偏见于西方某家观点，也不偏见于中国某家观点，客观、冷静、深度比较，或许有其价值。

广东～张宏海：转摘某学者观点：儒学要寻找新生的出路，不是想方设法继续捍卫其独尊地位，而应该从一尊回到百家，由国学回归民学，从制度性硬件回归软件，从国家意识形态回归人性常识，由国学大师回到布衣孔子，由居高临下的道德圣者，回到平等对话的独立个人。

重庆～陈忠林：所以，"儒学"再生的着力点应是儒家学说中包含的那些至今还被民众普遍认同的价值，而不是儒家本身系统的学说或某圣人的主张。在这个意义上，孔庆东关于"毛泽东时代是中国历史上孔子精神最得到充分体现的时代"（大意）的话，尽管很偏激，但也不是完全没有意义。

上海～费小兵：@陈忠林@张宏海，完全赞同你们两位的观点！我在四川大学道教与宗教文化研究所今年年初出站报告答辩的题目是"佛性启迪出的本性法"，就是此心态下的拙文。我原来博士毕业论文《〈老子〉法观念探微》也是用现代逻辑思维来展现古典命题的现代价值。虽不成气候，但是立场清醒。

江苏～喻胜云：有歌唱的力量，但没了歌唱的力气……

重庆～陈忠林：记得本人在 2000 年前后呼吁现代法治应是"人性之治"，"良性之治""常识常理常情之治"时，遭到了法学界的大佬们几乎众口一词的坚决反对，根本没想到这么快就能形成这样有影响的学术潮流。如果说心中有感慨，很可能就这么一句：常识不可反，常理不可悖，常情不可违，历史归根结底是会按那些普通人的愿望发展的。尽管有很多精英都会感到"天命不可湛，斯民心难测"，但"民心惟本，厥作惟叶"却不能不是所有社会科学者应该时时铭记于心，才可能使所作所为对社会发展有正面作用的箴言！

上海~费小兵：陈忠林老师说得好！很多人不懂"常"之永恒。

法国~吕晓红：拜读了陈忠林先生用象形字解说的"法"和"德"，胡适之先生亦用之。

法国~吕晓红：可法语的道德是"Moral"，法律是"la loi"，从信仰者的角度，法就是不违背上帝的旨意。

法国~吕晓红：如果说法律是制约人类的行为，是硬件；那么道德则是精神层面，是一种社会意识形态，属于良心范畴，是软件。

法国~吕晓红：不同的社会环境有不同的意识形态，道德准则也是良莠不齐。而且良心是会受到世俗恶的方面影响，就是常说的世风日下，道德败坏。

图书在版编目（CIP）数据

法律与伦理 . 第一期 . 2017. No. 1 / 侯欣一主编
. -- 北京：社会科学文献出版社，2017.7
ISBN 978 - 7 - 5201 - 1004 - 4

Ⅰ. ①法…　　Ⅱ. ①侯…　　Ⅲ. ①法律 - 伦理学 - 研究
Ⅳ. ①D90 - 053

中国版本图书馆 CIP 数据核字（2017）第 150057 号

法律与伦理（第一期 . 2017. No. 1）

主　　编 / 侯欣一

出 版 人 / 谢寿光
项目统筹 / 刘骁军
责任编辑 / 王雯雯　关晶焱

出　　版 / 社会科学文献出版社 · 集刊运营中心（010）59367161
　　　　　　地址：北京市北三环中路甲 29 号院华龙大厦　邮编：100029
　　　　　　网址：www. ssap. com. cn
发　　行 / 市场营销中心（010）59367081　59367018
印　　装 / 北京季蜂印刷有限公司

规　　格 / 开 本：787mm × 1092mm　1/16
　　　　　　印 张：18. 25　字 数：318 千字
版　　次 / 2017 年 7 月第 1 版　2017 年 7 月第 1 次印刷
书　　号 / ISBN 978 - 7 - 5201 - 1004 - 4
定　　价 / 78. 00 元